Kohlhammer

Der Autor

Dr. phil. Holger Schäfer ist Förderschulrektor und Schulleiter (SFgE) sowie Beiratsmitglied und Mitherausgeber der Fachzeitschrift LERNEN KONKRET (Bildung im Förderschwerpunkt geistige Entwicklung) im Westermann-Verlag.

Holger Schäfer

Mathematik und geistige Behinderung

Grundlagen für Schule und Unterricht

Mit einem Geleitwort von Erich Ch. Wittmann

Verlag W. Kohlhammer

Dieses Werk einschließlich aller seiner Teile ist urheberrechtlich geschützt. Jede Verwendung außerhalb der engen Grenzen des Urheberrechts ist ohne Zustimmung des Verlags unzulässig und strafbar. Das gilt insbesondere für Vervielfältigungen, Übersetzungen, Mikroverfilmungen und für die Einspeicherung und Verarbeitung in elektronischen Systemen.

Die Wiedergabe von Warenbezeichnungen, Handelsnamen und sonstigen Kennzeichen in diesem Buch berechtigt nicht zu der Annahme, dass diese von jedermann frei benutzt werden dürfen. Vielmehr kann es sich auch dann um eingetragene Warenzeichen oder sonstige geschützte Kennzeichen handeln, wenn sie nicht eigens als solche gekennzeichnet sind.

Es konnten nicht alle Rechtsinhaber von Abbildungen ermittelt werden. Sollte dem Verlag gegenüber der Nachweis der Rechtsinhaberschaft geführt werden, wird das branchenübliche Honorar nachträglich gezahlt.

Dieses Werk enthält Hinweise/Links zu externen Websites Dritter, auf deren Inhalt der Verlag keinen Einfluss hat und die der Haftung der jeweiligen Seitenanbieter oder -betreiber unterliegen. Zum Zeitpunkt der Verlinkung wurden die externen Websites auf mögliche Rechtsverstöße überprüft und dabei keine Rechtsverletzung festgestellt. Ohne konkrete Hinweise auf eine solche Rechtsverletzung ist eine permanente inhaltliche Kontrolle der verlinkten Seiten nicht zumutbar. Sollten jedoch Rechtsverletzungen bekannt werden, werden die betroffenen externen Links soweit möglich unverzüglich entfernt.

1. Auflage 2020

Alle Rechte vorbehalten
© W. Kohlhammer GmbH, Stuttgart
Gesamtherstellung: W. Kohlhammer GmbH, Heßbrühlstr. 69, 70565 Stuttgart
produktsicherheit@kohlhammer.de

Print:
ISBN 978-3-17-035220-9

E-Book-Formate:
pdf: ISBN 978-3-17-035221-6
epub: ISBN 978-3-17-035222-3
mobi: ISBN 978-3-17-035223-0

Geleitwort

Mit einem Geleitwort in das Themenfeld *Mathematik und geistige Behinderung* einzuführen ist mir in diesem Zusammenhang deshalb ein großes Anliegen, weil dieses Grundlagenwerk sowohl für die Sonderpädagogik als auch für die Mathematikdidaktik von besonderer Bedeutung ist.

Wer die Entwicklung der Mathematikdidaktik in den letzten 50 Jahren, die mehr und mehr vom angelsächsischen Sprachraum dominiert wird, aufmerksam studiert, kann nicht übersehen, dass sich diese Disziplin zunehmend vom Fach entfernt hat. Der Klagenfurter Mathematiker und Mathematikdidaktiker Willi Dörfler spricht hier zurecht von einer »Entmathematisierung« der Mathematikdidaktik. Hinter dieser Entwicklung steht folgende Logik: Das Fach kann im Wesentlichen nur die Inhalte liefern. Aufgabe der Didaktik ist es, Lehrmethoden zu entwickeln, die auf bestimmte Gruppen von Lernenden zugeschnitten sind. Diese Methoden müssen notwendig aus anderen Quellen geschöpft werden, weil die Inhalte selbst keine Informationen für den Unterricht enthalten.

Diese Sichtweise ist in den Bereichen der Mathematikdidaktik am weitesten fortgeschritten, in denen es um elementare Inhalte geht, d. h. in der Mathematikdidaktik für die Grundschule und den Kindergarten, und sie ist auch in der Sonderpädagogik weit verbreitet, wobei sie hier noch berechtigter zu sein scheint. Unterstützt wird diese Sichtweise dadurch, dass die Bildungspolitik heute Bildungsforschern, die von den Fächern nichts verstehen, die Deutungshoheit über den Unterricht zuspricht.

Wenn man die Geschichte der Mathematik bis in ihre Anfänge zurückverfolgt, wird jedoch deutlich, dass Fach und Unterrichtsmethode in den Ursprüngen der Mathematik eng verbunden waren. Dies zeigt sich bereits am Wort »Mathematik«. Der Name dieser Disziplin leitet sich aus dem altgriechischen μαθηματική τέχνη ab, das die »Kunst des Lernens und Lehrens« bezeichnet. Diese Kunst war damals in der rasch fortschreitenden Mathematik offenbar am weitesten entwickelt und wurde für andere Disziplinen zum Vorbild. Bis zum Mittelalter blieben Inhalte und Methoden eng verbunden. Erst bei der weiteren Entwicklung der Mathematik in der Neuzeit haben sie sich getrennt, weil die Mathematiker bei ihren Publikationen und Vorlesungen die Inhalte zunehmend in komprimierte, auf die logische Struktur reduzierte formale Darstellungen gegossen haben.

Diese Darstellungen verkörpern aber genauso wenig das wahre Fach, wie Weißmehl, das in mehreren Mahlgängen ausgemahlen wird, nicht mehr die Vitalstoffe des vollen Kornes enthält. Um die ›Vitalstoffe‹ der Mathematik erfassen zu können, muss man die Mathematik als Aktivität verstehen, die in elementarsten Operationen des menschlichen Gehirns und Körpers verankert ist und von unten her in nahtlosem Fortgang prozesshaft entwickelt werden kann. Dabei kommt die Reichhaltigkeit der

Mathematik an Aufgaben unterschiedlicher Schwierigkeit, an verschiedenen Handlungs-, Darstellungs- und Sprachformen, an Problemlösestrategien, an unterschiedlichen Formen von Begründungen, an schönen Mustern jeweils *stufenspezifisch* zum Tragen.

Die Lernenden können sich mit diesen Mitteln auf der Grundlage ihrer Vorerfahrungen durch eigenes Tun mit den jeweiligen Inhalten vertraut machen und die Mathematik als Spielraum erfahren. Dieses A und O des Lehrens und Lernens bezieht sich auf *alle* Unterrichtsstufen und *alle* Lernenden. *Mathematik so zu erfahren ist ein Menschenrecht.*

Im Übrigen erschöpft sich auch die Universitätsmathematik keineswegs in den formalen Darstellungen der Inhalte. Bei den Forschungsprozessen ist der soziale Austausch der Mathematiker untereinander unverzichtbar, bei dem Beispiele, Bilder, informelle Darstellungen und eine problemorientierte Sprache benutzt werden und keine Scheu vor unfertigen Lösungen besteht. Mathematiker kommunizieren dies selten nach außen, da sie sich dabei, wie Hans Freudenthal so treffend festgestellt hat, vorkommen, als stünden sie in Unterhosen auf der Straße.

Der authentische Weg zum Mathematiklernen eröffnet sich, indem man die in elementaren Stufen des Faches »eingefrorenen didaktischen Momente« (Peter Heintel) zur Geltung bringt, und dieser Weg wird, namentlich im deutschsprachigen Raum, auch von einer signifikanten Gruppe innerhalb der Mathematikdidaktik beschritten, zu der das Projekt Mathe 2000 gehört.

Dass der Autor mich als Repräsentanten dieses Projekts eingeladen hat, ein Geleitwort zu dem vorliegenden Buch zu schreiben, unterstreicht ein wesentliches Hauptanliegen, das er mit diesem Buch verfolgt: *die Öffnung des fachlichen Zugangs zur Mathematikdidaktik auch für den Unterricht im Förderschwerpunkt geistige Entwicklung in ihrer ganzen Breite.*

Diese gewaltige Aufgabe hat der Autor in bewundernswerter Weise gemeistert: Das Buch bietet für den Mathematikunterricht im Förderschwerpunkt geistige Entwicklung sowohl in Förderschulen als auch in inklusiven Settings für Lernende mit geistiger Behinderung ein Kompendium, das kaum Wünsche offenlässt.

Den größten Raum, zwei Drittel des Buches, nimmt, der Intention des Buches entsprechend, der Kapitel 6 mit der Diskussion der Inhaltsbereiche »Muster und Strukturen«, »Zahlen und Operationen«, »Raum und Form«, »Größen und Messen« sowie »Daten, Häufigkeit und Wahrscheinlichkeit« ein, von denen der erste, dritte und letzte im Förderschwerpunkt geistige Entwicklung bisher kaum eine Rolle gespielt haben. Hier wird also Neuland betreten. Durch die Einbeziehung zahlreicher Beispiele, in die oft Unterrichtserfahrungen des Autors einfließen, wirkt dieser Abschnitt sehr lebendig und regt zu praktischen Umsetzungen an. Die allgemeinen mathematischen Kompetenzen werden in Kapitel 5 nur kurz umrissen, was ausreicht, denn diese Kompetenzen gewinnen ja erst im Zusammenhang mit konkreten Beispielen Leben.

Grundsätzliche Anmerkungen zu Methodik, zur Diagnostik und Förderplanung sowie zur curricularen Einordnung der Themen in den Kapiteln 2, 3 und 4 werden prägnant beschrieben und bieten für das inhaltliche Kapitel 6 eine gute Rahmung.

Die Literaturangaben sind sehr umfangreich und unterstreichen, wie gründlich der Autor gearbeitet hat. Lehrerinnen und Lehrer werden bei der praktischen Umsetzung der Praxisbeispiele freilich darauf verzichten können. Wer sich aber im

Rahmen einer wissenschaftlichen Arbeit in einzelne Punkte vertiefen möchte, wird den Umfang begrüßen.

Zur Einordnung des Buches möchte ich Beobachtungen nicht verschweigen, die ich im Laufe der Jahre bei meinen Begegnungen mit der Sonderpädagogik gemacht habe. Bereits in meiner aktiven Zeit ist mir deutlich aufgefallen, dass sich die Studierenden des Lehramts Sonderpädagogik mit dem fachlich fundierten didaktischen Konzept von Mathe 2000 viel offener und konstruktiver auseinandergesetzt haben als die Studierenden mit dem Lehramt Grundschule, die in der Regel eine gewisse Zeit benötigten, um sich an dieses Konzept zu gewöhnen. Vermutlich beruht diese Einstellung der Sonderpädagogikstudierenden auf einem Interesse an grundsätzlichen Fragen und der Fähigkeit, neue Angebote vorurteilsfrei zu prüfen und sich in kreativer Weise auf kontrollierte Versuche in diese Richtung einzulassen. Bei meinen professionellen Kontakten mit Elisabeth Moser Opitz, Birgit Werner, Christoph Ratz, Stefan Voss, Simon Sikora, Elke Reiter-Gündel, Wolfgang Gündel und nicht zuletzt Holger Schäfer, um nur einige Namen zu nennen, habe ich diese Einstellung durchgehend vorgefunden, die offenbar für die Sonderpädagogik prägend ist.

Ich bin daher sicher, dass das vorliegende Buch in der Sonderpädagogik die Resonanz und Wertschätzung finden und die Wirkung erzielen wird, die es verdient. Darüber hinaus hoffe ich, dass es auch in die Mathematikdidaktik hineinwirken und dort die Position des fachlich fundierten Zugangs zum Mathematiklernen stärken wird.

Dortmund, April 2019
Prof. em. Dr. Dr. h.c. Erich Ch. Wittmann

Inhalt

Geleitwort			5
1	**Einleitung**		11
2	**Mengen, Größen, Welterschließung**		14
	2.1	Zum Mathematikverständnis im FgE – aktuelle Entwicklungen	14
		2.1.1 Der anschlussfähige Mathematikbegriff	16
		2.1.2 Exkurs – Mathematikunterricht und (Allgemein-)Bildung	17
		2.1.3 Unspezifische Vorläuferfertigkeiten und Nichtnumerische Handlungsfelder	19
		2.1.4 Spezifische Vorläuferfertigkeiten und numerische Handlungsfelder	22
	2.2	Methodische Überlegungen	27
		2.2.1 Unterrichtsprinzipien	28
		2.2.2 Mathematik und Sprache	31
		2.2.3 Unterrichtliche Organisationsformen	34
		2.2.4 Darstellungsebenen	35
		2.2.5 Medien I – Veranschaulichung und Anschauung	37
		2.2.6 Medien II – Mathematikhefte	45
		2.2.7 Medien III – Computer und Lernprogramme	48
3	**Diagnostik und Förderplanung**		52
	3.1	Standardisierte Inventare	52
		3.1.1 Vorweg	52
		3.1.2 OTZ – Osnabrücker Test zur Zahlbegriffsentwicklung	53
		3.1.3 TEDI-MATH – Test zur Erfassung numerisch-rechnerischer Fertigkeiten	54
	3.2	Informelle Verfahren	58
		3.2.1 Grundlagen der Strukturierten Beobachtung	59
		3.2.2 EMBI – ElementarMathematisches BasisInterview	59
	3.3	Förderplanung	62
4	**Curriculare Orientierung**		64
	4.1	Bildungspläne (Auswahl)	65

		4.1.1	Aktuelle Entwicklungen	65
		4.1.2	Bayern (2003)	65
		4.1.3	Baden-Württemberg (2009)	66
		4.1.4	Hessen (2013)	67
		4.1.5	Ausblick	68
	4.2	Die Bildungsstandards der KMK (Grundlagen)		68

5 Allgemeine mathematische Kompetenzen im Kontext FgE ... 70
- 5.1 Problemlösen ... 71
- 5.2 Kommunizieren ... 72
- 5.3 Argumentieren ... 73
- 5.4 Modellieren ... 74
- 5.5 Darstellen ... 75

6 Inhaltsbezogene mathematische Kompetenzen im Kontext FgE ... 76
- 6.1 Muster und Strukturen ... 76
- 6.2 Zahlen und Operationen ... 85
  - 6.2.1 »Zahlen bitte« – zur Bedeutung numerischer Kompetenzen ... 86
  - 6.2.2 Didaktische Ansatzpunkte ... 91
  - 6.2.3 Das Stellenwertsystem ... 108
  - 6.2.4 Rechenoperationen ... 111
- 6.3 Raum und Form ... 137
  - 6.3.1 Die Grundideen der Geometrie ... 138
  - 6.3.2 Fachdidaktische Perspektiven ... 143
- 6.4 Größen und Messen ... 151
  - 6.4.1 »Größen und Messen« als Bindeglied zwischen Arithmetik und Geometrie ... 152
  - 6.4.2 Grundlagen ... 153
  - 6.4.3 Größenbereiche ... 163
- 6.5 Daten, Häufigkeit und Wahrscheinlichkeit ... 199
  - 6.5.1 Überblick und Orientierung ... 200
  - 6.5.2 Daten erfassen und darstellen ... 201
  - 6.5.3 Wahrscheinlichkeiten vergleichen ... 203

Literatur ... **206**

1 Einleitung

In den Entwicklungslinien der schulischen Geistigbehindertenpädagogik gehörten die sogenannten Kulturtechniken und damit auch die Mathematik in den Anfängen eher zu den Stiefkindern der didaktischen Ausrichtung. Nicht zuletzt die strukturellen Bemühungen und organisatorischen Belange der Schulen vor Ort (und deren Gründungen) standen in den 1950er- und 1960er-Jahren im Mittelpunkt, ebenso wie die pädagogisch-anthropologischen Fragen und formal-rechtlichen Perspektiven eines verbindlichen Schulbesuchs (Schulpflicht und -recht) für Schüler mit einer sogenannten geistigen Behinderung (vgl. hierzu Speck 2018).

Nach dem Aufbau des Sonderschulwesens stand in den 1970er-Jahren der Ausbau im Fokus der Länder und in zunehmend stärkerem Interesse der Konferenzen der Kultusminister, die für die schulische Geistigbehindertenpädagogik 1979 in entsprechende Empfehlungen mündeten (KMK 1979) und mit den 1998er-Empfehlungen unter dem Gesichtspunkt integrativer Entwicklungen (anschließend an die 1994er-Empfehlungen zur sonderpädagogischen Förderung in den Schulen der Bundesrepublik Deutschland) für den Förderschwerpunkt geistige Entwicklung (FgE) fortgeschrieben wurden (Schäfer 2017a).

Innerhalb dieser Entwicklungen über die Bundesländer hinweg begann sich auch die Didaktik im FgE mehr an den Fächern (bspw. Deutsch und Mathematik, auch Sachunterricht) zu orientieren und stellte sich beginnend in den 1990er-Jahren zunehmend den Erfordernissen inklusiven Unterrichts. Diese fachlichen Entwicklungen ließen sich für die Mathematik sowohl in der Praxis beobachten (vgl. hierzu bspw. das »Lernen konkret«-Themenheft Mathematik 1997) als auch in der universitären Ausbildung (vgl. bspw. die Herausgeberschaft von Susanne Dank o. J.).

Jedoch schlossen die Arbeiten in Theorie und Praxis wenig (oder gar nicht) an die fachwissenschaftlichen Grundlagen an, sondern beschritten eigene (mehr sonderpädagogische) Wege, die jedoch

- nicht selten fachlicher Grundlagen entbehrten,
- aus entwicklungspsychologischer Sicht nicht stimmig waren
- und zudem einen interdisziplinären Dialog mit der Regelpädagogik (und damit zugleich der Fachdidaktik der Mathematik) außer Acht ließen.

Forschung und Studien zur Mathematik im FgE stehen heute noch am Anfang (vgl. Moser Opitz et al. 2016, S. 123 ff.; Garrote et al. 2015, S. 24 ff.; Ratz 2016, S. 16 ff.). Sie deuten darauf hin, dass die Kompetenzfortschritte der Schülerinnen und Schüler im FgE nicht grundsätzlich anders verlaufen, jedoch Verzögerungen in der zeitlichen

Entwicklung sowie Grenzen infolge der Beeinträchtigung zu bedenken sind (bspw. Siegemund 2016; Peter-Koop 2016).

Die nachstehenden Ausführungen basieren u. a. auf den Herausgeberschaften der Fachzeitschrift »Lernen konkret – Bildung im Förderschwerpunkt geistige Entwicklung«

- »*Mengen, Größen, Welterschließung*« – Grundlagen der Mathematik im FgE (Schäfer 2015c – Heft 3),
- »*Zahlen bitte*« – Grundlagen der Arithmetik (Schäfer 2016b – Heft 4),
- »*Raum und Form*« – Grundlagen der Geometrie (Schäfer 2017b – Heft 4),
- »*Größen und Messen*« – Euro, Gramm und Zentimeter (Schäfer 2018a – Heft 4)

und beschreiben für den Unterricht und die Mathematik im FgE anschlussfähige Gedanken und eine interdisziplinäre (Neu-)Ausrichtung der didaktischen Positionen (vgl. Schäfer 2016a, S. 4 f.; Dönges 2016, S. 12 ff.; Schäfer, Peter-Koop & Wollring 2019).

Diese anschlussfähige Ausrichtung macht es sich für den FgE zur Aufgabe,

- sowohl die genuin fachwissenschaftlichen Grundlagen der Mathematik (auch mit der Perspektive auf die Bildungsstandards) im Unterricht zu berücksichtigen,
- als auch die Beeinträchtigungen und daraus hervorgehenden besonderen Bedürfnisse der Schülerschaft in den Blick zu nehmen und dahingehende sonderpädagogische Expertise im Planungsprozess zu bewahren und weiterzuentwickeln.

Diese annähernde Perspektive ermöglicht zum einen den wichtigen interdisziplinären Dialog, und trägt zum anderen zur Vermittlung bedeutsamer Inhalte bei, die durch einen verengten (sonderpädagogischen) Blick bisher zu kurz kamen (bspw. Geometrie). Bezugspunkte sind hier insbesondere die ideengebenden KMK-Bildungsstandards (KMK 2004; 2013), deren Systematik sich (mit Bezügen zu den allgemeinen und inhaltsbezogenen mathematischen Kompetenzen) in der Gliederung und im Aufbau der nachfolgenden Studien niederschlägt.

Die Zusammenstellung versteht sich im Sinne einer auch wissenschaftlichen Orientierung nicht als abgeschlossenes Kompendium der Mathematik für den FgE, sondern vielmehr als ein erster fachdidaktischer Entwurf,

- der zum Austausch zwischen den Disziplinen (Mathematik und Sonderpädagogik) anregen,
- fortschreibend Erkenntnisse zusammenführen und
- schließlich für den FgE eine Mathematik grundlegen möchte, die zur Erschließung der gegenwärtigen und zukünftigen Welt beitragen kann (Heymann 2013).

Ein herzlicher Dank (auch für den umfassenden fachlichen Austausch in Gesprächen und im E-Mail-Kontakt) gilt den Beiträgern der o. g. Themenhefte, insbesondere

- für die Didaktik der Mathematik Prof. Andrea Peter-Koop (Bielefeld), Prof. Bernd Wollring (Kassel), Prof. Ursula Bönig (Bremen), Prof. Meike Grüßing (Vechta), Prof. Erich Ch. Wittmann (Dortmund) und Prof. Michael Gaidoschik (Bozen)

- und für die sonderpädagogischen Perspektiven aus Forschung, Lehre und Praxis Dennis Bitter (Düsseldorf), Matthias Kruse (Oberursel), Dr. Christoph Dönges (Landau), Prof. Christoph Ratz (Würzburg) sowie Dr. Susanne Schnepel und Prof. Elisabeth Moser Opitz (Zürich).

Über Rückmeldungen und Anregungen, die den o. g. Dialog pflegen und diesen ersten interdisziplinären Entwurf fortführen freuen sich Verlag und Autor (per E-Mail gerne an Holger.Schaefer@Rosenberg-Schule.de).

Bernkastel-Kues im Herbst 2019
Dr. Holger Schäfer

2 Mengen, Größen, Welterschließung

2.1 Zum Mathematikverständnis im FgE – aktuelle Entwicklungen

Wesentlich selbstverständlicher gehört die Mathematik heute in den Fächerkanon im FgE, als dies noch in den 1970er- und 1980er-Jahren üblich war. Nicht zuletzt der disziplinäre Anspruch der Didaktik in diesem Förderschwerpunkt und auch das Selbstverständnis der spezifischen Schulform mit dem FgE (SFgE), die zunehmende Bedeutsamkeit im Bereich (auch inklusiver) berufsorientierender Maßnahmen, die Entwicklungen im Zusammenhang mit gemeinsamem Unterricht und schließlich die dahingehenden Erwartungshaltungen der Eltern führten berechtigterweise zur stärkeren Beachtung dieses Lernfeldes (vgl. Peter-Koop 2016, S. 6 ff.). Diese Veränderungen lassen sich in zweierlei Richtungen beschreiben:

- Auf der einen Seite findet eine Neubewertung der fachdidaktischen Grundlagen der Mathematik für den FgE statt, die insbesondere die Bildungsstandards Mathematik für die Primarstufe in den didaktischen Fokus rückt (KMK 2004). Hier sind es u. a. die Arbeiten von Ratz & Wittmann (2011), Schäfer (2015b; 2015c; 2016b; 2017b; 2018a), Peter-Koop (2016) und Schäfer, Peter-Koop & Wollring (2019), die den ideengebenden Charakter sowohl der inhaltsbezogenen als auch der prozessbezogenen mathematischen Kompetenzbereiche betonen (▸ Kap. 5, ▸ Kap. 6).
- Auf der anderen Seite bedeutet dieser Anschluss an die Mathematikdidaktik eine Ablösung vom sonderpädagogischen Konstrukt der Pränumerik hin zu einer Betonung der Numerik und des Zahlerwerbs von Beginn an. Aktuelle Arbeiten sprechen statt von einem erweiterten Mathematikbegriff von einem anschlussfähigen Mathematikbegriff im FgE, der fachwissenschaftlich an Modellen des Zahlbegriffserwerbs ausgerichtet ist (bspw. am ZGV-Modell von Krajewski/Ennemoser 2013) und auch im Rahmen der Lehrerbildung fachdidaktische Grundlagen orientierend bereitstellen kann (vgl. hierzu die aktuellen Arbeiten von Jandel & Moser Opitz 2017, S. 195 und Schnepel 2019).

Sozusagen im Kontrast zu diesen Entwicklungen stellt Ratz (2012) auf der Grundlage empirischer Erhebungen (Studie SFgE) in Bayern fest, dass oft »in Mathematik weniger Unterrichtszeit investiert wird, möglicherweise weil ihr weniger lebenspraktische Relevanz zugesprochen wird« (ebd., S. 146). Die Erkenntnisse der Studien sind nach Einschätzung der Autoren durchaus auch auf das Bundesgebiet übertragbar (Dworschak et al. 2012). Die Ergebnisse im Zusammenhang mit Mathematik lassen sich u. a. mit eben jenem verengten (überholten) Blick auf die Mathematik erklären, durch den weniger Inhaltsbereiche im didaktischen Fokus stehen.

Folgt man nämlich dem sonderpädagogischen Konstrukt der Pränumerik als (vermeintlicher) Voraussetzung mathematischen Handelns, richtet Unterricht den Blick auf zunächst unspezifische, nichtzahlige Inhalte (bspw. Sortierübungen ohne Mengenbezüge) und setzt sich sehr spät (ggf. gar nicht) mit den Grundrechenarten (mit einer Betonung der Addition und Subtraktion bei gleichzeitiger Vernachlässigung einerseits der Multiplikation und Division, andererseits der schriftlichen Rechenverfahren) auseinander.

Erschwerend kommt hinzu, dass wesentliche Inhalte des Kompetenzbereichs »Größen und Messen« (Peter-Koop & Nührenbörger 2012, S. 89 ff.) wie bspw. »Zeit« und »Geld« zuvorderst sachunterrichtlichen Unterrichtseinheiten (oft auch sogenannten Projekten) zugeschrieben werden. Dadurch können diese attraktiven und für den Unterricht im FgE zentralen Themen wiederum nicht zum Prestigegewinn des ohnehin schon negativ besetzten Schulfaches Mathematik beitragen (zugleich werden in solchen Projekten genuin mathematikdidaktische Grundlagen oft außer Acht gelassen) (Peter-Koop, Wollring & Schäfer 2018; Schäfer 2018a und b; Schäfer, Peter-Koop & Wollring 2019).

Vergleichbare Effekte sind zu beobachten, wenn man die alleinige Zuordnung mathematischer Größenbereiche zu Themenfeldern der Arbeitslehre und Hauswirtschaft betrachtet, wie etwa

- *Gewichte* (bspw. das Abwiegen beim Backen und Kochen),
- *Rauminhalte* (bspw. das Abmessen beim Backen und Kochen),
- *Längen* (bspw. das Ablängen beim Umgang mit Werkstoffen in der Schreinerei oder in der Schlosserei),
- *Flächeninhalte* (bspw. das Bestimmen von Inhalten bei Holzarbeiten usf.),

ohne sie zugleich im Mathematikunterricht aufzuarbeiten, bspw. durch annäherndes Umwandeln der Einheiten (1 l = 1.000 ml) und damit verbundene operative Übungen (100 ml + 150 ml = 250 ml = 0,25 l = ¼ l) (▶ Kap. 6.4).

Dieser verengte (und eben nicht wirklich erweiterte) Blick auf die Mathematik könnte sich möglicherweise weiten lassen mit einem anschlussfähigen Begriff der Mathematik, der sowohl

- für die Mathematikdidaktik die inhalts- und prozessbezogenen Kompetenzen der Bildungsstandards in den Blick nimmt,
- als auch aus sonderpädagogischer Perspektive die Beeinträchtigungen der Schüler im FgE zu berücksichtigen und eine kompensatorische Ausrichtung und bildende Akzentuierung des Unterrichts anzubieten weiß (Fischer & Schäfer 2019).

2.1.1 Der anschlussfähige Mathematikbegriff

Analog zu den Entwicklungen des sogenannten erweiterten Lesebegriffs für das Lernfeld Deutsch (bspw. Günthner 2013; Koch 2016, S. 67 ff.; Koch & Euker 2019) etablierte sich in der schulischen Geistigbehindertenpädagogik durch die tradierte Orientierung an dem didaktischen Konzept der Pränumerik auch ein erweitertes Verständnis der Mathematik, »das in der Sonderpädagogik nach wie vor als eine Art Dogma gilt und breit ausgearbeitet ist« (Ratz & Witmann 2011, S. 136, zitiert in Dönges 2016, S. 12).

Dahingehende Arbeiten gehen mit Bezug auf zum Teil überholte Anleihen an Piaget davon aus, das die Grundlegung *prä*numerischer (also *vor*zahliger) Kompetenzen zwingend (sozusagen bedingend) notwendig sei, um erst darauf aufbauend (und erst dann) numerische (also zahlige) Kompetenzen aufzubauen (vgl. hierzu weiterführend die kritischen und fachdidaktisch anschließenden Arbeiten von Moser Opitz 2008; Ratz & Wittmann 2011; Dönges 2016; Siegemund 2016). Ein solches pränumerisches (vermeintlich erweitertes) Verständnis von Mathematik (beginnend ohne Zahlen) berücksichtigt außerdem nicht,

- dass die Schüler auch im FgE mit *zahligen Vorerfahrungen* aus dem Elementarbereich zur Schule kommen,
- mitunter familiär geprägte *Interessen an Zahlen* in sich tragen (die Fachdidaktik spricht hier in Anlehnung an Dehaene (1997; 1999) vom Number Sense, also vom Zahlen-Sinn) und
- genuin *fachliche mathematische Interessen* (auch unbewusst) an den Unterricht mitbringen (vgl. Kaufmann 2011; Benz et al. 2015).

Eine an dem (sonderpädagogischen) Konstrukt der Pränumerik ausgerichtete Mathematik führt so – auch mit Blick auf aktuelle Studien (bspw. Siegemund 2016) – vielmehr zu einem weiteren (Be-)Hindern an der Auseinandersetzung mit dem Zahlerwerb. Dönges (2016) spricht in diesem Zusammenhang von einer »unergiebige(n) Warteschleife« (ebd., S. 13), die im Eingangsunterricht die Schüler zu einem Abwarten verpflichtet, statt fachwissenschaftliches Anschließen grundsätzlich zu ermöglichen und auch diagnostisch ermittelte Vorerfahrungen und Interessenslagen aufzugreifen (▶ Kap. 2, ▶ Kap. 3). Er verweist weiter auf dahingehende Problematiken im Kontext Inklusion, »denn wer ein fachwissenschaftlich widerlegtes Konzept zur Sonderdidaktik erklärt, läuft Gefahr, die sonderpädagogische Expertise für einen inklusiven Unterricht zu diskreditieren« (ebd.; vgl. hierzu aktuell Schnepel 2019).

Muss es stattdessen nicht viel mehr das Ziel sein, die tatsächlich besonderen Dinge der schulischen Geistigbehindertenpädagogik in den fachwissenschaftlichen Diskurs einzubinden? Einen Entwurf, der sowohl die fachliche Ebene als auch den sonderpädagogischen Blick wahren kann, zeichnet folgende Abbildung nach (▶ Abb. 2.1).

2.1 Zum Mathematikverständnis im FgE – aktuelle Entwicklungen

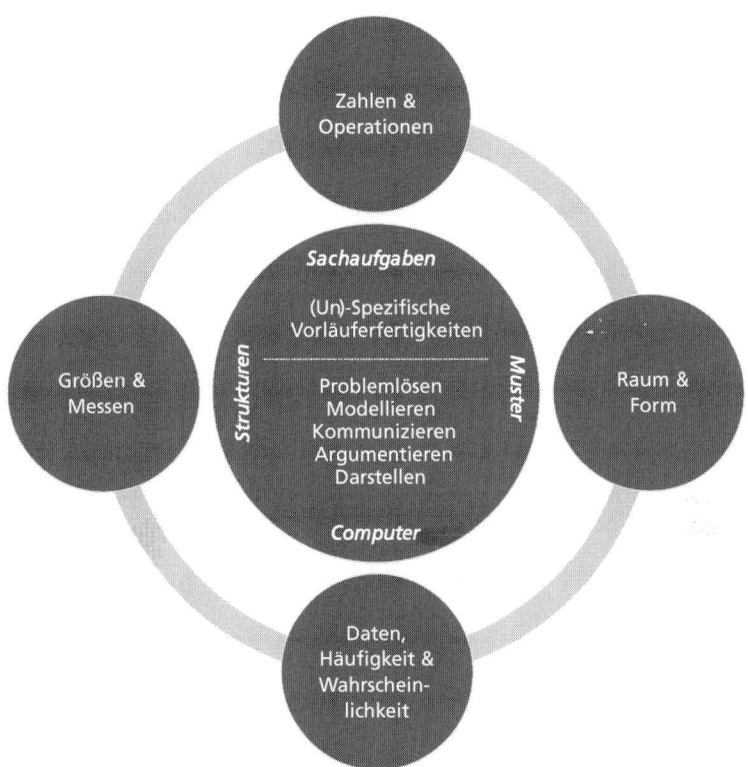

Abb. 2.1: Anschlussfähiges Verständnis von Mathematik im FgE

2.1.2 Exkurs – Mathematikunterricht und (Allgemein-)Bildung

Im Sinne bildungstheoretischer Didaktik ist die Mathematik den inhaltsbezogenen Lernbereichen (Speck 2018, S. 262) bzw. mit Klafkis Worten dem Materialen zuzuordnen (1959; 1963; 2007; Schäfer 2017a; 2017c; 2017d; 2019; Fischer & Schäfer 2017; 2019). In seinen Arbeiten zur »Allgemeinbildung und Mathematik« zeichnet Heymann (2013) nun Konturen eines allgemeinbildenden Mathematikunterrichts ab, dessen Akzente (s. u.) durch den pädagogischen (Lebenswelt orientierten) Zuschnitt im FgE ohnehin mehr gegeben sind, als dies im regelhaften Betrieb der Grund- und weiterführenden Schulen möglich sein kann.

Jedoch können diese Akzente zugleich Orientierung geben und im Sinne der wichtigen fachlichen Ausrichtung (bewahrende) pädagogische Impulse setzen. Folgende (auch für Kinder und Jugendliche mit geistiger Behinderung bedeutsame) Akzente sind mit Bezug zu Heymann (2013, S. 278–279) zu nennen:

- Berücksichtigung *unmittelbar lebensnützlicher Alltagsaktivitäten* (Schätzen, Überschlagen, Interpretieren und Darstellen) und die verständige *Handhabung techni-*

scher Hilfsmittel (Lineal, Zirkel, Taschenrechner usf.) (Stichwort: *Lebensvorbereitung*) (Schäfer & Wittmann 2017).
- Zentrale Ideen der Mathematik, die die Verbindung von Mathematik und außermathematischer Kultur exemplarisch verdeutlichen, sollten ausdrücklich thematisiert werden, wie bspw. das Messen, das räumliche Strukturieren oder das mathematische Modellieren (Stichwort: *Stiftung kultureller Kohärenz*) (▶ Kap. 6).
- Erfahrungen sollen ermöglicht werden, wie Mathematik zur Deutung und Modellierung, also zum besseren Verständnis primär nicht-mathematischer Phänomene herangezogen werden kann (Stichwort: *Weltorientierung*).
- Im Mathematikunterricht soll genügend Zeit und Gelegenheit gegeben werden, sich mit den Fragestellungen aktiv konstruierend und entdeckend auseinander setzen zu können (Ratz & Moser Opitz 2015). Mathematik soll zu kritischem Denken und Verstehen führen und anregen (Stichwort: *kritischer Vernunftgebrauch*).
- Es sollte Raum gegeben werden »für die subjektiven Sichtweisen der Schüler, für wechselseitige Verständigung über die anstehenden mathematischen Themen, für die produktive Auseinandersetzung mit Fehlern, für Umwege und alternative Deutungen, für lebendigen Ideenaustausch, für spielerischen Umgang mit Mathematik, für eigenverantwortliches Tun« (Heymann 2013, S. 279) (Stichworte: *Verantwortungsbereitschaft, Verständigung und Kooperation, Stärkung des Schüler-Ichs*) (Pitsch & Thümmel 2017) (▶ Kap. 5).

Diese Schilderungen scheinen einerseits für den Unterricht und die Didaktik im FgE sehr abstrakt, zugleich spiegeln sie wiederum die Grundzüge aktiv-entdeckenden Lernens und pädagogischer Haltung wider, wie dies Ratz & Wittmann (2011) in ihren fachbezogenen Arbeiten für den FgE schildern.

Darüber hinaus erscheint die Fokussierung auf die Arbeiten von Heymann (2013) gerade durch die stärkere Betonung der Fachorientierung im FgE sinnvoll; ähnliche (bzw. ergänzende) Dimensionen nennt u. a. auch Graumann (2015) mit

- der pragmatischen Dimension,
- der Aufklärungsdimension,
- der sozialen Dimension/Kooperation und Verantwortung,
- und der Persönlichkeitsdimension (ebd., S. 97 ff.).

Zurück zu den Akzenten von Heymann (2013): Während im regelhaften Bildungsgang (insbesondere im Sekundarstufenbereich der weiterführenden Schulen) auf die o. g. Ausführungen hingewiesen werden muss, um den Mathematikunterricht bildungswirksam werden (und nicht nur um seiner selbst willen stattfinden) zu lassen (Stichwort Weltorientierung), scheint dies im Unterricht im FgE zunächst selbstverständliches Gedankengut und pädagogischer Konsens zu sein.

Wenn jedoch die aktuell im FgE notwendige Fokussierung auf die Fächer (hier: die Mathematik) im Sinne von anschlussfähiger Didaktik und Methodik (Dönges 2016) jegliche pädagogische Haltung aus dem Blick verliert und sich die Schüler infolge auch ihrer geistigen Behinderung die Sinnhaftigkeit des Unterrichts nicht mehr erschließen können (in der Praxis sind gerade in inklusiven Settings durch ihre meist originäre Ausrichtung an regelhaften Abläufen erste Tendenzen zu beobachten), genau dann wird die oben gezeigte Akzentuierung notwendig, genau dann müssen die Stiftung kultureller Kohärenz und die Lebensweltvorbereitung im Zuge von Unterrichtsplanung und Gestaltung mitgedacht werden.

Und genau dann ist auf die Bedeutsamkeit kategorialen Erschließens im Sinne des Sich-Reibens materialer und formaler Inhalte hinzuweisen (Klafki 2007), damit auch im FgE die Mathematik nicht zum Selbstzweck, sondern sich ganz im Sinne bildungstheoretischer Didaktik bildsam entfalten und so für Kinder und Jugendliche mit geistiger Behinderung welterschließend wird (vgl. Schäfer 2016a; 2017a; 2017c und mit Blick auf die Lehrerbildung und dahingehende Bildungs- und Unterrichtsreformen auch Müller, Steinbring & Wittmann 2012) (▶ Kap. 4).

2.1.3 Unspezifische Vorläuferfertigkeiten und Nichtnumerische Handlungsfelder

Die in der Abbildung 2.1 gezeigten unspezifischen (und dann spezifischen) Vorläuferfertigkeiten sind zu verstehen als ein Komplex jener Fähigkeiten und Fertigkeiten, die im Entwicklungsverlauf nicht-beeinträchtigter Kinder im Elementar- und spätestens im Primarbereich abgeschlossen werden und mathematisches Handeln in der Regel im Bereich der Grundrechenarten ohne größere Hürden und weitere Schwierigkeiten möglich machen.

In der Didaktik der Mathematik werden für den Kindergarten- und dann für den regelhaften Grundschulbereich zahlreiche unspezifische Vorläuferfertigkeiten genannt. Für die Didaktik im FgE erscheint es sinnvoll, diese zu identifizieren, zu kennen und damit um möglicherweise unausgeprägte Fertigkeiten zu wissen sowie (auch aus einer kompensatorischen Perspektive) deren Förderung in den Blick nehmen zu können. Hier einige Beispiele:

- *Lorenz (2012)* nennt in seinen Ausführungen zur frühen mathematischen Bildung zahlreiche unspezifische (und daran anschließend) spezifische Vorläuferfertigkeiten. Er beschäftigt sich insbesondere mit dem Verhältnis von *Mathematik und Sprache* sowie in diesem Kontext *visuellen, nonverbalen, ganzheitlichen und auditiven Verarbeitungsstrategien* und spezifischen Sprachfaktoren, die mathematisches Lernen erschweren (u. a. die *auditive Figur-Grund-Diskrimination*, die *auditive Speicherung*, Serialität, *Wissen über Wortbedeutungen* und das *Verständnis der semantischen Grundstruktur*) (ebd., S. 21 ff. und S. 47 ff.).
- *Krajewski & Ennemoser (2013)* nennen als unspezifische Vorläuferfertigkeiten u. a. die *Gedächtniskapazität* im Sinne der auditiven und visuellen Merkspannen und die *Zahlenverarbeitungsgeschwindigkeit* einschließlich damit einhergehender Kompetenzen und notwendiger Vorerfahrungen. Mit Blick auf das Zahlen-Größen-Verknüpfungsmodell (ZGV) stellen sie auch Unterschiede zum Zahlwortgebrauch nach Fuson (1988) heraus und machen bspw. in Bezug auf Vorgänger- und Nachfolgerzahlen (welche Zahl steht vor 8 und welche Zahl folgt ihr) die Verortung auf der Ebene der Basisfertigkeiten (Ebene 1) und damit die Nähe zu den noch eher unspezifischen Vorläuferfertigkeiten und (auch schon als Schnittstelle

zu Schneider et al. 2013) die *Verbindung zur phonologischen Bewusstheit* deutlich (Krajewski & Ennemoser 2013, S. 48 ff.).

- *Schneider et al. (2013)* nennen – neben den spezifischen Vorläuferfertigkeiten (ebd., S. 52) – als »unspezifische Prädikatoren von Schulleistungen in Mathematik« (ebd., S. 56 ff.) die *Bedeutung familiärer Anregung*, die *Intelligenz*, das *Geschlecht*, das *Arbeitsgedächtnis* (visuell, phonologisch, exekutiv) sowie *linguistische Kompetenzen im Kontext phonologischer Bewusstheit*.

Während Kaufmann (2011) zu Recht die Relevanz der Förderung und Unterstützung spezifischer Vorläuferfertigkeiten betont (ebd., S. 21 ff.), lassen sich mit Schipper (2002) und Benz et al. (2015) zugleich Hinweise darauf finden, dass die sogenannten informellen mathematischen Kompetenzen sich nicht automatisch zu formalen mathematischen Kompetenzen entwickeln (lassen). Für die regelhafte Entwicklung im Vorschulalter weisen sie außerdem auf die große Heterogenität der Kinder hin (Benz et al. 2015, S. 5 ff.).

Dieses (vermeintliche) Spannungsfeld spricht dafür, die unspezifischen und im engeren Sinne nicht-numerischen Vorläuferfertigkeiten (wie bspw. die phonologische Bewusstheit) gerade im FgE nicht außer Acht zu lassen, sondern hinsichtlich möglicher Ursachen von Rechenstörungen stets im Blick zu behalten (vgl. hierzu auch Werner 2009, S. 55 ff.). Umso mehr erscheint dieser Übergangsbereich von den unspezifischen zu den spezifischen Vorläuferfertigkeiten für die Mathematik im FgE bedeutsam und der Einbezug bei entsprechenden Bedarfen wichtig, wenn man zugleich bedenkt, dass »die Entwicklung mathematischer Kompetenzen von Schülerinnen und Schülern mit dem FgE in ähnlicher Weise« verläuft wie die bei Kindern und Jugendlichen ohne Förderbedarf (Siegemund 2016, S. 203; Peter-Koop 2016).

Im besonderen Maße bedingt eine sogenannte geistige Behinderung in ihrer Komplexität umfassende Förderbedarfe und in der individuellen Betrachtung mehrdimensionale Herausforderungen im Bereich

- der *auditiven und visuellen Wahrnehmung* (z. B. visuelles Diskriminieren von Mengen),
- der *Motorik und Bewegungsabfolgen* (z. B. Zählen, Wegnehmen/Hinzufügen mit den Händen, Raumvorstellungen),
- der *Kognition* (z. B. das konzeptuelle Verständnis der Zählprinzipien, wodurch der Zählprozess insgesamt wiederum verlangsamt bzw. auch erschwert werden kann) (Siegemund 2016, S. 203 ff.) und
- eines *insgesamt eher passiven Lernverhaltens*, wodurch das wichtige Üben und die aktive, verinnerlichende Auseinandersetzung mit dem Lerngegenstand weiter erschwert werden und auf externe Impulse angewiesen sind (vgl. hierzu auch Sarimski 2013a; Pitsch & Thümmel 2015a; 2015b).

Erschwerend kommen im Eingangsbereich im FgE noch der sozial-emotionale Aspekt, Aufmerksamkeitsstörungen und kurze Konzentrationsphasen hinzu, wodurch sich die Lern- und Arbeitsphasen in einem kurzen Zeitrahmen bewegen und so mit den wichtigen Übungsphasen kollidieren (Nußbeck 2008, S. 5 ff.). Damit wird es zunächst auf intensivere Eins-zu-eins-Begleitungen ankommen und der eigenständige Umgang mit Materialien als methodische Kompetenz bspw. im Rahmen von Wochenplan oder Freiarbeit ist ebenso Lerngegenstand (vgl. Speck 2018, S. 270 ff.; Schäfer 2017d, S. 124 ff.).

Während in der Mathematikdidaktik diese unspezifischen Vorläuferfertigkeiten eine möglicherweise untergeordnete Rolle spielen (können), sprechen auch neuere Studien dafür, in der Auseinandersetzung mit den mathematischen Inhalten (bspw. mit dem Zählen) diese Faktoren ebenso in den Blick nehmen zu müssen (bspw. eine sprachliche Beeinträchtigung bei der Aussprache der Zahlwörter »zwei« und »drei« – oft als »dei« und »krei« gesprochen). Werner (2009) spricht in ihren Ausführungen zu den unspezifischen Voraussetzungen von »Risikofaktoren, (…) (denen) entsprechende Aufmerksamkeit in der Didaktik und der Diagnostik zu schenken (ist)« (ebd., S. 114). Dementsprechend sind auch diese unspezifischen Vorläuferfertigkeiten in einem anschlussfähigen Modell der Mathematik im FgE zu berücksichtigen (▶ Abb. 2.1).

> »Mathematik ist damit im Kontext der inhalts- und prozessbezogenen Kompetenzbereiche der Bildungsstandards (KMK 2004)
>
> - von Beginn an zu verstehen als aktive entdeckende Auseinandersetzung von (grundsätzlich) zahligen (numerischen) sowie (wenn notwendig) nichtzahligen (nicht-numerischen) Gegenstandsbereichen,
> - ein Unterrichtsprinzip, das (in Ausrichtung an den KMK-Bildungsstandards für die Mathematik) eine durchgehende und damit differenzierte Mathematisierung alltäglichen Unterrichtshandelns ermöglicht und
> - Unterricht, »der sehr sorgfältig die Grundlagen schafft für ein sehr individuelles Verständnis von Relationen, Größen, Mengen, Zahlen und Beziehungen derselben« (Lanzinger 1997, S. 2)« (Schäfer 2015a, S. 5).

Auffallend ist in diesem Zusammenhang, dass die Didaktik der Mathematik (ebenso wie die fragmentarischen Hinweise für die Mathematik im FgE) stark auf arithmetische Inhalte fokussiert. Damit betont sie sehr den Inhaltsbereich der KMK-Bildungsstandards »Zahlen und Operationen«, zugleich lässt sie im Kontext Prädikatoren die Inhaltsbereiche »Raum und Form«, »Größen und Messen« und »Daten, Häufigkeit, Wahrscheinlichkeit« außer Acht (KMK 2004). Zu Recht wurde und wird die Geometrie als Stiefkind beschrieben (Bauersfeld 1993b, S. 8; Schäfer & Wittmann 2017).

Legt man jedoch diese Bereiche (sowie übergeordnet den Kompetenzbereich »Muster und Strukturen«) als ideengebend und wichtig für den FgE zugrunde (z. B. Geld, Zeit, Längen, Gewichte), erscheint es umso mehr indiziert, auch nicht-numerische Profile der Vorläuferfertigkeiten einzubeziehen, wie etwa das Versprachlichen

- *räumlicher Beziehungen* (z. B. davor – dahinter, drüber – drunter) oder
- *zeitlicher Relationen* (früher – später, gestern – heute – morgen, schneller – langsamer) (▶ Kap. 6.3, ▶ Kap. 6.4).

Ein wesentlicher Unterschied des o. g. anschlussfähigen Mathematikbildes zur bisherigen sonderpädagogischen Perspektive der Pränumerik ist es, dass es sich beim

Einbezug nicht spezifischer Vorläuferfertigkeiten nicht um ein Bedingungsgefüge handeln kann! Stattdessen durchdringen sich mit Bezug auf das Modell der Zahlen-Größen-Verknüpfung von Krajewski & Ennemoser (2013) im Kontext Arithmetik die Fertigkeiten und legen die Auseinandersetzung mit numerischen Inhalten von Beginn an zugrunde (Peter-Koop 2016).

Wichtig ist es in diesem Zusammenhang, die fachwissenschaftliche Perspektive zu wahren und den Blick auf die zentrale Zielstellung des Unterrichts zu richten, also zwischen etwa einem in erster Linie mathematischen oder einem bspw. mehr künstlerischen Ansatz zu unterscheiden (wiewohl der verbindende, ganzheitliche Ansatz gerade im FgE immer nachhaltige Wirkung hat) (Fischer 2008; Fischer & Schäfer 2017; Schäfer 2018b).

- Gilt der Fokus der Mathematik (bspw. beim Gestalten von Quadraten mit dem Zuschnitt »Raum und Form«), wird wesentlich mehr darauf zu achten sein, dass die Winkel der Quadrate rechtwinklig sind und (wenn es gleichgroße Quadrate sein sollen) diese auch gleiche Maße haben. Darüber hinaus sind die sprachlichen Besonderheiten der Größen einzuführen (Maßzahl »3« – Maßeinheit »cm«) (vgl. hierzu bspw. Rasch & Sitter 2016, S. 32 ff.; Sitter 2015; Peter-Koop, Wollring & Schäfer 2018).
- Handelt es sich um ein künstlerisches Vorhaben (Entwickeln und Gestalten von Quadraten), liegt der Schwerpunkt möglicherweise mehr auf der Farbzusammensetzung (Farbvorgaben), der Pinselführung und -auswahl, der dreidimensionalen Darstellungsform, der Anordnung der Farben oder der handwerklichen Ausführung.

Ein konkretes Beispiel für die Verbindung nicht-numerischer und numerischer Handlungsfelder im Primarbereich im FgE kann die Einkaufsliste des wöchentlichen Einkaufs für das Frühstück sein). Beim Ausfüllen müssen sich die Schüler (Stichwort aktiv-entdeckend und sozial-gemeinsam)

- in der Umgebung orientieren und konkret die Aufträge in Tabellenform erfassen (*Wahrnehmung*),
- sich mit einem Mitschüler oder mehreren Mitschülern austauschen und beim Eintragen absprechen (*Sprache*),
- das Lebensmittel richtig einordnen (1 Glas Honig, 1 Brot – jedoch 7 einzelne Brötchen) (*konkreter Bezug zur Mathematisierung von Alltagshandlungen*) und
- die festgestellte Menge analog-semantisch (»||||« oder auch »••••«) oder in Ziffernform in lesbarer Schrift notieren (4) (*Mengenverständnis und Ziffernkenntnis*).

2.1.4 Spezifische Vorläuferfertigkeiten und numerische Handlungsfelder

Die bisherigen Darstellungen zu den unspezifischen Vorläuferfertigkeiten und nicht-numerischen Handlungsfeldern verdeutlichten, dass der Mathematikunterricht im FgE hinsichtlich einer heterogenen Schülerschaft noch mehr die unspezifischen

Vorläuferfertigkeiten als Lernausgangsbedingungen in den Blick nehmen muss, als dies der Unterricht für Kinder und Jugendliche ohne Beeinträchtigungen zu beachten hat.

Dies bedeutet jedoch keineswegs, hier einen Schwerpunkt setzen zu müssen oder gar Zahlen zunächst nachrangig zu bewerten. Das Gegenteil ist der Fall. Peter-Koop (2016) stellt mit ihrem Plädoyer »Zahlen bitte!« die Bedeutsamkeit numerischer Kompetenzen im FgE dar und betont deutlich, dass »der Weg zum Verständnis von Zahlen, Mengen und Operationen (nicht) (…) über die intensive Beschäftigung mit pränumerischen Aktivitäten« führt (ebd., S. 7).

In besonderer Weise kann aus heutiger Perspektive (und dies empirisch stützend mit der Interventionsstudie von Clements bereits aus dem Jahre 1984) gezeigt werden, »dass diejenigen Kinder, die bzgl. Zählen, Mengenvergleichen, Rechengeschichten, Eins-zu-Eins-Zuordnung und Invarianz trainiert wurden, im numerischen Posttest signifikant besser abschnitten als die Kinder, die bezüglich Klassifikation, Klasseninklusion und Seriation trainiert wurden« (Kaufmann 2011, S. 17), und mit Peter-Koop (2016) ist auch für die curriculare Ausrichtung im FgE festzustellen, dass aus mathematikdidaktischer Sicht die Auseinandersetzung mit numerischen Inhalten gegenüber alleine pränumerischen Aktivitäten zu bevorzugen ist (Schäfer, Peter-Koop & Wollring 2019)!

Daher sind die spezifischen Vorläuferfertigkeiten genauer zu betrachten, um dahingehende Förderansätze und Interventionen entfalten zu können, insbesondere weil die Entwicklung numerischer Kompetenzen und damit verbundene Teilleistungen im FgE in deutlich größeren Zeitfenstern (in der Regel über viele Jahre hinweg bis hin die Sekundarstufe II) erfolgt und individuell höchst unterschiedlich (auch Grenzen setzend) entwickelt sind.

Zuletzt deutete Siegemund (2016) mit seinen Metaanalysen zu den kognitiven Lernvoraussetzungen (Schuppener 2005; Ratz 2009) im Kontext mathematischer Grundbildung im FgE auf »grundsätzliche Probleme im methodischen Vorgehen zur Erforschung von Unterrichtsmethoden gerade für den FgE« hin und betont, dass »die besondere Heterogenität der Schülerschaft (…) die Generalisierbarkeit der Ergebnisse zusätzlich einschränkt« (ebd., S. 197; vgl. hierzu außerdem Mühl 2008, S. 631 ff; Reisel 2016, S. 636 ff.).

Diese eingeschränkte Generalisierbarkeit (zugleich also der Hinweis zur Berücksichtigung individueller Lernwege und Zugänge) gilt es in methodischer Hinsicht im Kontext Forschung zu beachten (Schuppener 2019), zugleich auch für die Didaktik und dahingehende Lernausgangsbedingungen im Blick zu behalten.

Mit Krajewski & Schneider (2007) nennt Werner (2009) drei Ebenen der Entwicklung mathematischer Basisfertigkeiten:

1. *Numerische Basisfertigkeiten* (Begriff Mengen, Zählprozedur, korrekte Zahlenfolge),
2. *Mengenbewusstsein*: Quantitative Bedeutung der Zahlenfolge (unpräzises/präzises Zahlkonzept),
3. *Relationskonzept*: *Teil-Ganzes-Schema* (ebd., S. 112).

Als Grundbausteine der Entwicklung mathematischer Kompetenzbereiche nennt sie mit Gerster & Schultz (2000) folgende Bereiche:

- Zählfertigkeit,
- protoquantitative Urteile über Mengen,
- Erfassung/Reproduktion und Analyse/Synthese von Mustern, insbesondere visuell räumlich strukturierte Konfigurationen (ebd., S. 247, in Werner 2009, S. 112).

Mit Werner (2009) lässt sich generell »das mengen- und das zahlenbezogene Vorwissen (...) als bedeutsamste spezifische Vorläuferfertigkeit für mathematische Kompetenzen in den ersten beiden Grundschuljahren« nennen (ebd., S. 112 u. 113; außerdem Krauthausen 2018, ▶ Tab. 2.1).

Tab. 2.1: Mengen und Zahlen bezogenes Vorwissen

Mengen	Zahlen
Fähigkeit zur Seriation (ein Element in eine vorgegebene Reihe einordnen)	Zählfertigkeiten (vorwärts, rückwärts zählen)
Mengenvergleich und Mengeninvarianz	Arabisches Zahlenwissen
Längenvergleich	Geldwissen
	Einfache Rechenfertigkeiten im Umgang mit konkretem Material

In Bezug auf die zu erwartenden Kompetenzen im Grundschulbereich finden sich bei Schipper (2015b) wesentliche Hinweise für das Zahl- und Operationsverständnis, die wiederum für die Mathematik im FgE hilfreiche Orientierung geben und dem Lehrer förderdiagnostische Hinweise liefern können:

- *Zahlen als solche verstehen*: Zahlwörter von Nicht-Zahlwörtern unterscheiden; Verstehen, dass das letzte Zahlwort im Abzählprozess die Gesamtzahl der Objekte angibt (Kardinalzahlprinzip);
- *Simultane und quasi-simultane Zahlauffassung*: Anzahlen bis 5 simultan erfassen; Anzahlen über 5 bis etwa 10 oder 12 (Würfel, Dominosteine) quasi-simultan auffassen;
- *Zählende Zahlauffassung und Zahldarstellung*: Anzahlen über 10 sicher durch Abzählen auffassen und darstellen (»Wie viele Plättchen sind das?« »Gib mir 12 Plättchen.«);
- *Verbales Zählen*: Bis mindestens 20 sicher vorwärts und im Zahlenraum bis 10 rückwärts zählen; diese Zählprozesse auch bei beliebigen Zahlen beginnen;
- *Mächtigkeitsvergleiche*: Mächtigkeitsvergleiche (»mehr«, »weniger« »gleich viel«) von Mengen mit mehr als zehn Objekten durch paarweise Zuordnung oder Abzählen vornehmen;
- *Zahlvergleiche und Ordnung der Zahlen*: Vorgänger und Nachfolger von Zahlen bestimmen (»Welche Zahl kommt vor/nach 12?«); Zahlen der Größe nach ordnen (z. B. Zahlenkarten);
- *Zahlaspekte*: Zahlen bis 20 als Kardinalzahlen und bis 10 als Ordinalzahlen in Kontexten sicher verwenden;

- *Erstes Rechnen*: Mengen mit bis zu zehn Objekten »gerecht teilen« (z. B. durch paarweise Zuordnung); Zahl bis 10 (ggf. durch Rückgriff auf Material) halbieren; erste Rechengeschichten (»Du hast drei Äpfel und bekommst noch drei hinzu«) in Handlungen mit Material übersetzen (zusammenlegen, dazulegen, abtrennen); insbesondere die Methode des Alleszählens am Material bei kontextgebundenen Additions- und Subtraktionsaufgaben mit kleinen Zahlen nutzen können (Modellieren);
- *Zahlzeichen*: Alle Ziffern lesen (und schreiben) können (Schipper 2015b, S. 77; außerdem Schipper, Ebeling & Dröge 2015a, S. 52 ff.).

Ergänzt wird diese Erwartungshaltung mit Übersichten von Ganser (2004), Lorenz (2003), Kaufmann (2003), Krajewski (2003), Galuori (2004), Gerster (2003) unter folgenden Schwerpunkten:

- *Klassifikationsleistungen* (Vergleichen von Mengen – weniger, mehr, gleich viel),
- *Seriationsleistungen* (Reihenfolgen bilden – Muster bilden),
- *Zahlen – Zählfertigkeiten,*
- *Größenrelationen* (länger, breiter, kürzer, dicker),
- *Wahrnehmungskonstanz und Invarianz* (die Menge bleibt bei veränderter Anordnung gleich),
- *Teil-Ganzes-Beziehung* (Einsicht in die Zerlegbarkeit von Mengen),
- *Räumliche Vorstellungsleistungen* (Raum-Lage-Beziehung) (vgl. Werner 2009 sowie Peucker & Weißhaupt 2017, S. 47 ff. und Reiss & Obersteiner 2017, S. 66 ff.).

Als eine besondere Fertigkeit im Zusammenhang mit der Zahlbegriffsentwicklung als der Verbindung von Zahl(-Wort) und Größen(-Vorstellungen) werden im Allgemeinen

- das *Zählen,*
- sowie dessen Verknüpfung mit dem *Subitizing* (also der Simultanerfassung von Mengen)
- und *Mengenvergleichen* betont (Moser Opitz 2008; 2016).

Folgt man den Ausführungen von Ratz (2012) zu den »mathematische(n) Fähigkeiten von Schülern mit dem Förderschwerpunkt geistige Entwicklung« (ebd., S. 133 ff.), ist dem Zählen und dem Beachten der Zählprinzipien große Bedeutung beizumessen. Dahingehende Ergebnisse der Studie SFGE legen mit Bezug zu den Arbeiten von Fuson (1988) und der hier gezeigten Stufenfolge der Zählentwicklung entsprechende Herausforderungen und Hürden insbesondere auf der Stufe der unflexiblen Zahlwortreihe offen (»Unbreakable List Level«, Fuson 1988, S. 33; weiterführend Krajewski 2005, S. 53 ff.; Schipper, Ebeling & Dröge 2015a).

Eine besondere Erschwernis besteht für die Schüler im FgE in der »Irregularität« der Zahlwortreihe bis 20 (ebd., S. 54), die zunächst ohne analoge Strukturen aufgebaut wird und linear einfach auswendig zu lernen ist (es heißt nicht »EinsZehn«, sondern »Elf« und nicht »ZweiZehn«, sondern »Zwölf«). Mit dem Ziel des Erreichens der vollständig reversiblen Zahlwortreihe (»Bidirectional Chain Level«) bedeutet dies für den Unterricht, die vorhandenen spezifischen Vorläuferfertigkeiten, wie u. a. sprachliche Leistungen (ggf. im Dialog mit der Logopädie), *räumliche Vorstellungs- und Seriationsleistungen* sowie das Erfassen von *Größenrelationen*, zu erkennen, aufzugreifen und hinsichtlich Flexibilität kompensatorisch zu entfalten.

Als ein Komplex weiterer spezifischer Vorläuferfertigkeiten (und nach Daseking et al. 2005, S. 220 ff. zugleich Entwicklungsaufgabe für den Primarbereich) ist das Modell der drei Repräsentationsebenen, das »Triple Code Model« nach Dehaene (1992), zu nennen (Krauthausen 2018) (▸ Abb. 2.2). »Dehaene geht (…) davon aus, dass bei der Bewältigung mathematischer Aufgaben Zahlen in drei verschiedenen Formaten verarbeitet werden« (Krajewski 2005, S. 58; auch Wittmann 1976).

Stanislav Dehaene (1992) beschreibt drei Transkodierungsprozesse der Zahlenverarbeitung (Codes), denen zufolge Zahlen wie folgt verarbeitet werden können:

- semantisch-analog (»semantic-analogue mode«) (bspw. »●●●●«),
- verbal (»verbal mode«) (bspw. »vier«),
- in arabischer Schriftform (»Arabic-visual mode«) (bspw. »4«) (Daseking et al. 2006, S. 220 ff.).

Dadurch, dass die Darstellungsformen miteinander verbunden sind, kann jede Darstellungsform in eine andere umgesetzt (kodiert und transkodiert) werden.

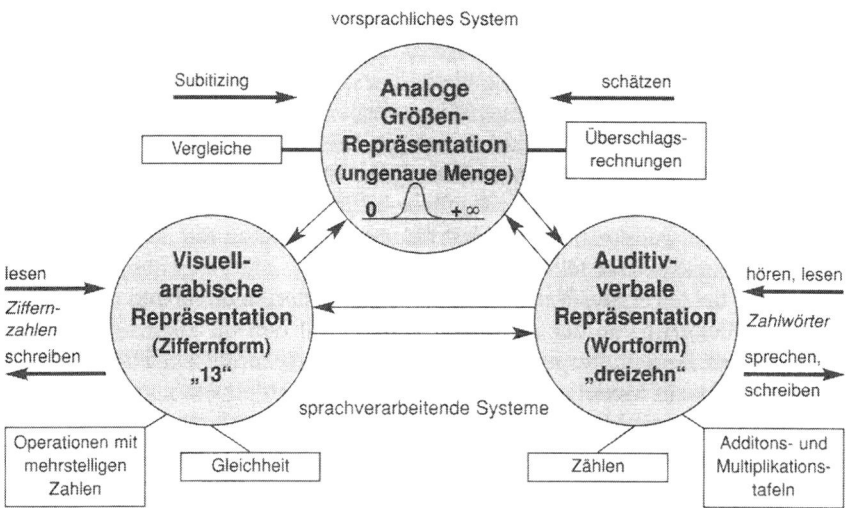

Abb. 2.2: Modell der drei Repräsentationsebenen in Anlehnung an Dehaene (1992) (Krajewski, K. (2005): Vorschulische Mengenbewusstheit von Zahlen und ihre Bedeutung für die Früherkennung von Rechenschwäche. In: Hasselhorn, M./Marx, H./Schneider, W. (Hrsg.): Diagnostik von Mathematikleistungen. Test und Trends. Göttingen: Hogrefe, S. 49–70, hier 58 (= Jahrbuch der pädagogisch-psychologischen Diagnostik. Band 4)

Dies bedeutet, dass die Abrufgeschwindigkeiten der verschiedenen Ebenen für operatives Handeln von Bedeutung sind, weswegen auf die Verknüpfungsformen und deren Transkodierung besonders im FgE Einfluss zu nehmen sein wird (▶ Kap. 6.1).

Krajewski (2005) betont in diesem Kontext nochmal aus kognitiv-neurologischer und entwicklungspsychologischer Perspektive, dass »erst die Verknüpfung der (Zähl) Zahlen mit den durch sie repräsentierten Mengen und damit erst die Mengenbewusstheit von Zahlen zum tiefen Verständnis der Zahlen in ihrem eigentlichen numerischen Sinn führt« (ebd., S. 59; Ratz & Wittmann 2011; Peter-Koop 2016).

> Dies bedeutet umso mehr für die Mathematik im FgE, die o. g. spezifischen Vorläuferfertigkeiten besonders in den Bereichen
>
> - *visueller und auditiver Wahrnehmungstätigkeiten* (in Verbindung mit mengen- und zahlenbezogenen Übungen),
> - *Zählstrategien* (mit Blick auf die o. g. Entwicklung des Zahlwortgebrauchs nach Fuson 1988) und
> - *Mengenbewusstheit* (besonders hinsichtlich Simultanerfassung und strukturierter Anzahlerfassung)
>
> gemäß dem Plädoyer »Zahlen bitte« von Beginn an (!) in den unterrichtlichen Fokus zu setzen (vgl. Peter-Koop 2016).

2.2 Methodische Überlegungen

Die Perspektive der sogenannten *Welterschließung* blickt in der schulischen Geistigbehindertenpädagogik auf eine lange Tradition, müssen sich doch mit dem Leitziel der Selbstverwirklichung in sozialer Integration jegliche Bemühungen um Erziehung und Unterricht daran messen lassen, inwiefern sie zur Verwirklichung dieses Vorhabens sachdienlich sind (Schmitz & Scharlau sprachen in diesem Zusammenhang 1985 von einer »Mathematik als Welterfahrung«). Oder anders gefragt: Mit welchen Inhalten und auf welchen Wegen gestalten sich Erziehung und Unterricht, die mithelfen können, dass sich Kinder und Jugendliche mit geistiger Behinderung die Welt von heute und morgen möglichst konkret, eigenaktiv und in sozialen, gemeinschaftlichen Kontexten erschließen können?

Während sich der erste Teil der Frage mit den Inhalten und damit didaktischen Überlegungen im engeren Sinne beschäftigt, fokussiert der zweite Teil der Frage auf die Methodik. Die Gegenstandsbereiche der didaktischen Begründung und dahingehende anschlussfähige Überlegungen auch hinsichtlich der Bildungsstandards der KMK (2004) sind in Kapitel 6 breit (an den fachwissenschaftlichen Grundlagen orientiert) ausgearbeitet (vgl. zur Unterrichtsplanung im FgE Schäfer 2009; 2014; 2017a; 2017d).

In diesem Kapitel sollen übergreifende methodische Aspekte beschrieben werden, die besonders für die Mathematik im FgE bedeutsam zu sein scheinen. Im Kontext Forschung muss jedoch (mit Ausnahme weniger Arbeiten) von einer gewissen methodischen Leerstelle gesprochen werden, da sich aktuelle Studien in erster Linie mit (zumeist) arithmetischen Inhalten beschäftigen und weniger mit methodischen (und hier: sonderpädagogischen) Fragestellungen. Insofern sind die nachstehenden Überlegungen synoptisch ausgerichtet sowohl am methodischen Bestand der Mathematik (bspw. Schneider et al. 2013; Hasemann & Gasteiger 2014; Schipper, Ebeling & Dröge 2015a; 2015b; 2017; Krauthausen 2018) als auch dahingehenden allgemeinen Erkenntnissen der schulischen Geistigbehindertenpädagogik (zuletzt Pitsch & Thümmel 2015b; Pitsch & Thümmel 2017b) und betrachten folgende Aspekte:

- Unterrichtsprinzipien,
- Mathematik und Sprache,
- unterrichtliche Organisationsformen,
- Darstellungsebenen,
- Medien (gegliedert in die Punkte: I Veranschaulichung und Anschauung; II Mathematikhefte; III Computer und Lernprogramme).

2.2.1 Unterrichtsprinzipien

Wenn also Mathematik in Ausrichtung an die Allgemeine Didaktik als sinnstiftende kategoriale Bildung verstanden werden und zugleich für Schüler im FgE eine konkrete Hilfestellung im Erschließen ihrer unmittelbaren (Um-)Welt sein soll und muss (Schäfer 2017a), dann darf die methodische Ausrichtung nicht ausschließlich als formales Training mit dem Bearbeiten von Kopiervorlagen und Arbeitsblättern verstanden werden. Vielmehr ist mit Wember (1996) festzustellen, dass Mathematik »von Problemen ausgehen (muss), die im Schüler einen kognitiven Konflikt auslösen, d. h. von Problemen die der Wirklichkeit der Schüler entsprechen und ihm die Chance zu einem einsichtigen Lernen geben« (ebd., S. 26; vgl. hierzu auch Heymann 2013).

Im Sinne einer Annäherung sowohl der Beschäftigung mit abstrakten als auch konkreten mathematischen Problemen stellen Ratz & Wittmann (2011) zugleich fest: »Bei aller Anerkennung lebensweltlich bedeutsamer Kenntnisse muss aber darauf hingewiesen werden, dass die Beschäftigung mit abstrakten mathematischen Problemen nie verloren gehen darf (…)« (ebd., S. 138).

Diese zirkuläre Annäherung eines *sowohl konkreten Lebensweltbezugs* (auch zur Verdeutlichung der Sinnhaftigkeit mathematischen Handelns) und zugleich einer *Auseinandersetzung mit abstrakten mathematischen Problemstellungen* (sozusagen im Sinne einer Mathematisierung von Alltagsfragen) gilt es auch in der methodischen Ausrichtung zu bedenken (vgl. hierzu auch Kuntze 2013, S. 17 ff.) (▶ Abb. 2.3).

Als methodische Orientierung bietet die Allgemeine Didaktik nun eine Vielzahl an Prinzipien, an denen sich unterrichtliche Planungsprozesse ausrichten können. Für den Mathematikunterricht auch im FgE schlägt Wember (1996) neben den

2.2 Methodische Überlegungen

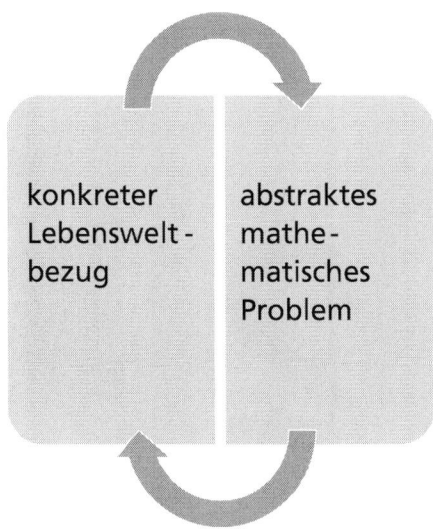

Abb. 2.3: Annäherung konkreter und abstrakter Gegenstandsbereiche in der methodischen Aufbereitung

allgemeinen (fundierenden und regulierenden) Unterrichtsprinzipien (bspw. in Glöckel 2003, S. 279 ff.) folgende Prinzipien vor, deren Schwerpunkte mal mehr konkretisierend, mal mehr abstrahierend sind.

Deren Implementierung in den Unterricht mit ihren unterschiedlichen Gewichtungen gilt als wesentliche Gelingensbedingung für einen bedarfsorientierten Mathematikunterricht im FgE (vgl. hierzu auch Pitsch & Thümmel 2015b, S. 67 ff.):

- *Praktischer Problembezug*: »Der Unterricht entwickelt seine Anforderungen an inhaltlich sinnvollen, dem Schüler aus der eigenen Praxis heraus verstehbaren Problemen« (Wember 1996, S. 26). Hierbei eignen sich insbesondere Verbindungen zum Sachunterricht (bspw. im Kontext »Geld« und »Zeit«, aber auch das Messen im Rahmen der Verkehrserziehung), aber auch die Hauswirtschaft (bspw. das Wiegen beim Backen) oder die Arbeitslehre (bspw. das Messen von Flächen- und Rauminhalten) bieten günstige (eben praktische) Anknüpfungspunkte (▶ Kap. 6.3, ▶ Kap. 6.4).
  Doch auch die fachliche Anbindung an Musik und Kunst kann sinnhaft sein, bspw. bei der Besprechung und Bearbeitung der Werke von Max Bill (www.bill-max.de) im Inhaltsbereich »Raum und Form« und dahingehenden Übungen mit dem Lineal und dem Geodreieck (vgl. hierzu das Beispiel in Bitter 2017).
- *Sprache*: »Unterrichtliche Probleme und Problemlösungen werden in der Sprache des Schülers formuliert« (Wember 1996, S. 27; Aebli 1963b). Hasemann & Gasteiger (2014, S. 161) weisen außerdem auf grundsätzliche Kommunikationsschwierigkeiten mit dem Beispiel: »Welche Zahl ist größer?« hin (▶ Abb. 2.4), das schon bei Vorschulkindern ohne Beeinträchtigungen zur Verwirrung führen kann (ebd., S. 33). Für den Anfangsunterricht im FgE deutet dies darauf hin, dass

die Wortwahl bei solchen sprachgebundenen Aufgabenstellungen entscheidend sein wird und die Unterschiede zwischen »ist größer als« (im Sinne der grafischen Darstellung der Ziffer) und »ist mehr als« (im Sinne der Anzahl und Mächtigkeit der Menge) sprachsensibel zu beachten sind (▶ Kap. 2.2.2).

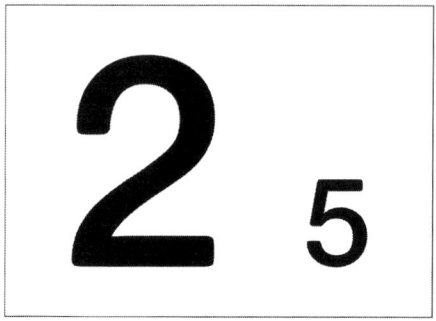

Abb. 2.4: Fragenformulierung »Welche Zahl ist größer: die Zwei oder die Fünf?«

- *Aktives Lernen*: »Der Schüler setzt sich im Unterricht aktiv mit Problemen auseinander« (ebd., S. 27) (vgl. hierzu ausführlicher die Arbeiten in Ratz 2009 und Ratz & Moser Opitz 2015).
- *Handelndes Lernen*: »Die Schüler erarbeiten die Lösung für ein konkretes gegebenes Problem durch zielgerichtete Tätigkeiten« (Wember 1996, S. 29). Hier geht es weniger darum, dass Schüler ständig irgendetwas handelnd ausführen: »Zielloses Handeln ist kein handelndes Lernen, geistloses Herumprobieren führt nicht zu mathematischen Erkenntnissen«, formuliert Wember (ebd., S. 30). Vielmehr geht es darum, mathematische Aufgabenstellungen auch unter Hinzunahme von Materialien und Medien so zu gestalten und durchzuspielen, dass sich die Struktur der Aufgabe für den Schüler/die Klasse erschließen kann. So können zunächst komplexere Aufgaben auch konkret nachgestellt werden (enaktiv) oder auf der ikonischen Ebene mit Platzhaltern gezeigt werden (Erickson 2003, S. 185 ff.).

Mit Verweis auf die Studien u. a. von Aebli (1963b) und Roth (1967) im Allgemeinen und Mühl (1979) und Pitsch/Thümmel (2011; 2015b) für den FgE ist davon auszugehen, dass die Gestaltung einer handlungsbezogenen Lernumgebung den Schülern das Lernen erleichtert und »sich dementsprechend die mathematischen Operationen aus wirklichen Ordnungshandlungen herleiten lassen« (Wember 1996, S. 30).

An dieser Stelle sei auf den sensiblen und sukzessiven Übergang von Entwicklungsbezogenheit und Handlungsbezogenheit hingewiesen, wie ihn Speck (2018, S. 270 ff.) in seinen Arbeiten zum handlungsbezogenen Unterricht beschreiben konnte. Zu Beginn sind die Schüler in der Auseinandersetzung mit den Lerninhalten und Handlungen zu begleiten, an die Hand zu nehmen und zu unterstützen; und sie werden sich erst im Verlauf oft mehrerer Schuljahre eigenständig mit den Inhalten lernwirksam auseinandersetzen können – ein wesentlicher Unterschied zum Lernen von Schülern ohne Beeinträchtigung und

damit auch ein wesentliches Element im Zuge von Unterrichts- und Förderplanung (Selter & Spiegel 2003, S. 47 ff.).
- *Schrittweise Verinnerlichung*: »Der Schüler verinnerlicht die durch effektive Operationen gewonnenen Problemlösungen über bildliche Vorstellungen zu sprachlichen oder abstrakt-symbolischen Vorstellungen« (ebd.). Dieses Prinzip der enaktiven, ikonischen und symbolischen Repräsentation (E-I-S) ist vor allem von Aebli (1963b) und Bruner (1966) ausgearbeitet worden (▶ Kap. 2.2.4) (Schäfer 2015b).
- *Operatives Üben*: »Erlernte Operationen werden in variierenden Aufgabenstellungen geübt und zu verwandten bzw. gegensätzlichen Operationen in Beziehung gesetzt« (ebd., S. 31). Aebli (1963b, S. 109 ff.) geht von drei Anforderungen des Übens aus: (1) Üben in unterschiedlichen Kontexten, (2) Üben in Umkehroperationen und (3) Üben in Kombination mit ergänzenden Operationen. Es ist also nicht nur das Üben (mit dem Fokus auf das »Was?«) notwendig, sondern auch die Qualität des Übens (also die Frage des »Wie?«) auf den drei o. g. Stufen spielt eine wesentliche Rolle (Schulz 2009).

Scherer (2009) beschreibt in ihren Ausführungen zum produktiven Mathematiklernen das operative Üben auch unter dem Gesichtspunkt, »das Potenzial der Mathematik, der innewohnenden Struktur mit ihren mathematischen Beziehungen« (ebd., S. 443) gerade bei lernschwachen Schülern (besser) erschließen zu können (bspw. durch erste additive Operationen im Zahlenraum bis 10 (bspw. $2+4=6$ und $2+5=7$), um so die Zahlwortreihe besser (das einzelne Zahlwort isolierend) durchdringen zu können.

Auch Ratz (2009, S. 90 f.) äußert sich in einer ersten Zusammenfassung seiner qualitativen Studie mit Blick auf die Entlastung des Arbeitsgedächtnisses und zur Entfaltung der Motivation positiv zu einem (in Anlehnung an Baroody 1999, S. 91) sinnvollen Üben (vgl. auch Schnepel 2019, S. 120 ff.).
- *Sozialkooperative Erarbeitung*: »Die Schüler lösen Probleme möglichst eigenständig durch gemeinsames Experimentieren und Diskutieren in Partner- und Gruppenarbeit« (Wember 1996, S. 30). Als Vorzüge dieser anspruchsvollen Zielstellung sind zu nennen:
  – Perspektivwechsel in der Erarbeitung einer mathematischen Fragestellung (vgl. auch Krauthausen 2003, S. 137 ff.);
  – die Problembearbeitung und -lösung spielen sich auf Schülerebene und deren Sprache ab;
  – induktive Strategien führen zur aktiven Auseinandersetzung gegenüber passiver Lösung bei deduktivem Angebot;
  – Erfolgserlebnisse durch eigenes Anstrengen (vgl. Wember 1996, S. 32; Ratz & Wittmann 2011, S. 149).

2.2.2 Mathematik und Sprache

Die Verbindung von Mathematikleistungen und sprachlichen Fähigkeiten wurde oben in Anlehnung an Wember (1996) schon genannt und soll hinsichtlich der methodischen Bedeutung für den FgE nachstehend breiter ausgeführt werden.

Mit Werner (2009) ist grundsätzlich festzustellen:»Gerade im Mathematikunterricht ist die Anforderung, sprachlich exakt und präzise zu formulieren, höher als in anderen Unterrichtsfächern« (ebd., S. 63). Diese Einschätzung bezieht sich auf mehrere Ebenen und spielt hinsichtlich der oft im Kontext einer geistigen Behinderung auszumachenden Beeinträchtigung im sprachlich-kommunikativen Bereich eine maßgebliche Rolle (Speck 2018, S. 134 ff.; Wachsmuth 2008, S. 327 ff). Dies unter methodischen Gesichtspunkten (vgl. hierzu die folgenden Unterpunkte), jedoch auch mit Schnittstellen zur Inhaltsebene, bspw. wenn es um die prozessbezogenen Inhaltsbereiche wie Kommunizieren oder Argumentieren geht oder Fragen der Wortschatzerweiterung (▶ Kap. 5, ▶ Kap. 6).

Mathematik als erste Fremdsprache: U. a. Lorenz (2005) beschreibt den sprachlich-fachlichen Anspruch der Mathematik und erinnert an die sogenannte (heute überholte) *Moderne Mathematik* (bspw. Monjallon 1970), als die Schüler im Grundschulbereich insgesamt mehr als 500 spezifische mathematische Begriffe beherrschen mussten – also gewissermaßen schon zum Schulbeginn ihre erste Fremdsprache erlernten. Und auch heute müssen sich die Schüler in der Mathematik mit spezifischem Wortmaterial auseinandersetzen (bspw. Meter, Liter, Kreis, Dreieck, Quadrat sowie plus und minus und weniger und mehr), das unterrichtlich mit konkreten Handlungen und in angemessener und fachdidaktisch korrekter Veranschaulichung einzuführen ist (vgl. Leuders 2017a, S. 148 ff.).

Der Verweis zur Fremdsprache kann für viele Schüler im FgE im Eingangsbereich auch heute noch herangezogen werden, denn oft ist es nicht alleine die genuin mathematische Struktur der Aufgabe $8 + 5 = 13$, die zu Schwierigkeiten führt, sondern das Wort »plus« als Versprachlichung des mathematischen Symbols »+« wird nicht synonym zur Handlung des Hinzufügens verstanden.

Aus methodischer Sicht erscheint daher das Benennen und Beschreiben sowohl mathematischen Handelns als auch der verwendeten Begriffe (plus, hinzufügen, dazulegen, ergänzen u. a. m.) sinnvoll, und zwar sowohl von Lehrer- als auch von Schülerseite her. Zur Vermeidung von Brüchen kann es sinnvoll sein, analoge Wortmuster und gleichbleibende Begrifflichkeiten im Klassenverband zu nutzen, um nicht durch semantisch-lexikalisch bedingte Unklarheiten Fehler und Unsicherheiten (Behinderungen) im mathematischen Handeln zu verursachen (vgl. Hasemann & Gasteiger 2014, S. 161 ff.; Gaidoschick 2015, S. 25 ff.).

Neben konkreten Handlungen (bspw. auch erlebnisbetont mit Nüssen und Kastanien im Herbst) sind auf einer zwischengeordneten Ebene Übungsaufgaben hilfreich, die für die Lernenden Alltagssituationen darstellen und sprachlich aufbereitet werden können (bspw. in Wittmann & Müller 2012a, S. 50 und Schuler 2017, S. 29)

Im Sinne einer weiteren Reduktion der Bildinhalte zur Auflösung von Komplexität können aus bildlichen Darstellungen die einzelnen Elemente herausgehoben werden, um bspw. eine operative Strategie nur bezogen auf ein Bildelement beziehen zu können ($5 + 3 = 8$) (vgl. hierzu auch die Ausführungen zu vermeidbaren und zu unvermeidbaren Hürden (…) von Gaidoschick 2015, S. 34 ff.).

Das Lesen der Zahlen: Das Lesen der Zahlen im einstelligen Bereich (0 bis 9) im Sinne des Dekodierens der Ziffer und des Übertagens von Zahlwort zur Menge ist im FgE nicht selten schon eine erste Herausforderung. Eine besondere Hürde folgt dann in der Regel im zweistelligen Bereich. Während die 13 entgegen der üblichen Leserichtung von rechts nach links gelesen wird (drei – zehn), beginnen die Zahlen ab dem dreistelligen Bereich (bspw. 113) wieder bei links und müssen dann für den Einer wieder zur rechten Seite wechseln (einhundert – drei – zehn).

Spezifische Sprachfaktoren: Lorenz (2012) nennt folgende Sprachfaktoren, die mathematisches Lernen erschweren und demzufolge auch Einfluss auf die methodischen Überlegungen im FgE haben müssen:

- *Auditive Figur-Grund-Diskrimination*: Schüler, die spezifische akustische Impulse nicht im (üblichen) Geräuschpegel der Klasse diskriminieren können, nehmen nur schwerlich differenziert die sprachlichen Äußerungen des Lehrers wahr. Erschwert wird dies durch die Störung der auditiven Differenzierung, also bspw. im Kontext Zahlen die Unterscheidung der Endungen »... zig« und »... zehn«, sodass es zur Verwechslung von 40 (vier*zig*) und 14 (vier*zehn*) kommen kann.
- *Auditive Speicherung*: Die auditive Merkfähigkeit beeinflusst auch maßgeblich den Umgang mit Zahlen und führt beim mündlichen Austausch häufig zu Missverständnissen und Fehlern. Im Zusammenhang mit der auch oft unausgeprägten phonologischen Bewusstheit bei Schülern im FgE (s. o.) (Koch & Euker 2017) ist außerdem festzustellen, dass die Silbenketten oft nicht differenziert und nur als Wortganzes (und nicht als Wortbausteine und Repräsentanten für je einzelne Mengenbezeichnungen) wahrgenommen werden können. Lorenz (2012) nennt als Beispiel »Vierhundertsieben*und*neunzigtausendachthundertdrei*und*zwanzig« und als Ziffer: 497.823 (S. 53; Schneider et al. 2013, S. 95 ff.).
- *Serialität*: Während auch in der Sprache die Position des Wortes im Satz bedeutsam ist (»Der Hund beißt den Jungen«, »Der Junge beißt den Hund«), ergeben sich im Bereich des Stellenwertsystems bei gleichen Ziffern (2 – 4 – 6) gravierende Veränderungen durch unterschiedliche Platzierung auf den Stellenwerten (wieder Lorenz: 462, 264, 426, 624, 642, 246). Dies führt bspw. dazu, dass die Zahlen der o. g. genannten Silbenkette 497.823 als Stellenwertrepräsentanten fehlerhaft zugeordnet und im Verschriftlichen falsch notiert werden (bspw. 479.832). Erschwert wird dies wiederum durch die Leserichtung: Beginnend bei der »vier« folgt vor der »neun« die »sieben« verbunden mit einem »und« (analog hierzu wieder die Anordnung im Hunderterbereich).

  Für den Unterricht im FgE scheint es deshalb hinsichtlich der o. g. Punkte sinnvoll, als Unterrichtsprinzip die sprachlichen Ausführungen sowohl an der Tafel zu verschriften als auch gegenständlich mit Anschauungsmaterial zu begleiten. Die Schüler bemerken oft selber, wenn sie auf Hilfsmittel nicht mehr angewiesen sind, zugleich werden das Bereitstellen und sprachliches Begleiten nicht schaden (vgl. Leuders 2017a).
- *Wissen über Wortbedeutungen*: Durch den kodierenden und dekodierenden Charakter von Sprache kann es auf der analogen Sprachebene zu Missverständnissen kommen, bspw. wenn der Kontext nicht bekannt ist, Inhalte anders oder falsch gedeutet werden oder Vorkenntnisse fehlen (ausführlicher im Vier-Ohren-Modell in Schulz von Thun 2001). Mit Verweis auf Vygotski (1986) stellt Lorenz (2012) entsprechend fest, dass »der Gedanke (...) also nicht unmittelbar mit dem

sprachlichen Ausdruck zusammen (fällt)« (Vygotski 1986, S. 353). Demzufolge sollten mit Blick auf eine möglichst große Eindeutigkeit
- *präpositionale Begriffe* (an, bei, unter, über, zwischen, rechts von, links von, in, vor (räumlich und zeitlich), hinter, nach, vorher, nachher),
- *kausale Konstruktionen* (wenn …, dann …; weil, daher; immer dann, wenn …, nie fast alle) und
- *relationale Begriffe* (nah – fern, kurz – lang, dick – dünn, höher als, tiefer als, kürzer als, größer als, kleiner als) eingeführt und erarbeitet werden.

Schließlich hängen »die Verstehensprozesse im Mathematikunterricht bedeutsam vom Verständnis dieser Sprachkonstruktionen (ab) (…)« (Lorenz 2012, S. 56).

Im Zuge der sprachlichen Entwicklung bei Schülern im FgE sind diese kausalen Konstruktionen sowie präpositionalen und relationalen Begriffe oft durch ihre Inhaltsleere eine große Herausforderung und nicht selten Gegenstandsbereiche von Sprachfördermaßnahmen auch noch über den Eingangsbereich hinaus.

Um dieser Leere entgegenzuwirken, eignen sich insbesondere spielerische Zugänge und Elemente aus der Psychomotorik, um bspw. die Präposition »über« bewegungsorientiert nachhaltig zu speichern. Nicht zuletzt werden in diesem Kontext auch in diagnostischen Inventaren relationale Begriffe geprüft (bspw. zu »groß – größer« oder »lang – länger«).

- *Sprachliche Sensibilität*: Besonders bei Textaufgaben weisen die Arbeiten von Schneider et al. (2013), Werner (2009) und Kaufmann (2011) auf Erschwernisse grundsätzlicher Art hin, die durch eine möglicherweise »komplizierte semantische Struktur« (Lorenz 2012, S. 57) entstehen (vgl. außerdem Franke & Ruwisch 2010, S. 65 ff.). Hier können neben den Erläuterungen der genuin mathematischen Sachverhalte, des Wortmaterials und der Entfaltung der zugrunde liegenden Rechenoperationen die Prinzipien der Leichten Sprache hilfreich sein (Maaß & Schäfer 2019). Nicht simplifizierend, sondern komplexe sprachliche Strukturen auflösend, kann dies helfen, auch im FgE Textaufgaben gemeinsam zu lösen.

2.2.3 Unterrichtliche Organisationsformen

Mitunter historisch bedingt finden sich im FgE für den Mathematikunterricht i. d. R. zwei unterrichtliche Organisationsformen:

- Einerseits der klassische Kursunterricht der schulischen Geistigbehindertenpädagogik, der (aus den Schülern der verschiedenen Klassen) vermeintlich homogene Lerngruppen zusammenstellt.
- Andererseits wird Mathematik im Klassenverband angeboten, wobei sich instruktive Phasen und offene Formen im Rahmen innerer Differenzierungsangebote abwechseln.

Bei der Organisation spielen (1) die persönlichen methodischen Kompetenzen, (2) das pädagogische Verständnis der Schule vor Ort sowie (3) die Strukturen von Personal und Raum eine wesentliche Rolle. Diese drei Aspekte sind im Entscheidungsprozess im Klassenteam zu berücksichtigen. Die wesentlichen Vorzüge der Organisation im Klassenunterricht und des Einbezugs bspw. der Wochenplanarbeit, des Stationenlernens oder der Freiarbeit (Pitsch & Thümmel 2015b) sind

- das kontinuierliche Angebot über die Woche hinweg statt nur vereinzelter Kursangebote,
- das Vermeiden ständiger Absprachen im Rahmen der Organisation der Kurse,
- sowie die positiven Effekte durch die Präsenz von Mathematik im Klassenverband und
- die Möglichkeiten des ganzheitlichen Einbezugs auch in anderen Phasen des Tagesablaufes (Kalender, Einkauf).

2.2.4 Darstellungsebenen

Bruner (1966) unterscheidet drei verschiedene Darstellungsebenen, auf denen sich Menschen ihre unmittelbare Umwelt erschließen:

- *Enaktiv* (das Erfassen von Sachverhalten durch eigenes Handeln und mit konkretem Material),
- *Ikonisch* (das Erfassen von Sachverhalten durch (innere) Bilder),
- *Symbolisch* (das Erfassen von Sachverhalten durch verbale Mitteilung oder in einem Zeichensystem, also im mathematischen System mit Ziffern) (Schäfer 2015b, S. 13).

Gemäß diesem E-I-S-Prinzip müssen die Lernerfahrungen sowohl auf der *enaktiven* als auch auf der *ikonischen* als auch auf der *symbolischen* Ebene angelegt sein.

Es ist demnach auch für die Mathematik im FgE bedeutsam, Lernen im konkreten Kontext darzulegen und hier bspw. den Umgang mit Geld mit konkretem Material (Münzen, Scheinen) oder die Mengenerfassung im Zahlenraum bis 10 bspw. mit Herbstmaterial zu üben.

Genauso ist es nach Bruner (1966) bedeutsam, zu diesem konkreten Darlegen auch bildhafte (ikonische) Darstellungen und formale (symbolische) Rechenwege einzubeziehen, denn gemäß des Prinzips des intermodalen Transfers sollen Lernerfahrungen und Lernumgebungen so angelegt sein, dass dauerhaft das gegenseitige Durchdringen der drei Repräsentationsmodi möglich ist (Schulz 2009).

Auch Fritz & Ricken (2009) verweisen mit Bruner (1966, 1971, vgl. hierzu Agner o. J.) auf das Prinzip der Verknüpfung der Repräsentationsebenen und stützen damit zugleich das o. g. Plädoyer »Zahlen bitte!« aus den Arbeiten von Peter-Koop (2016).

Mit Bezug auf den Forschungsbericht von Gerster & Schultz (2000) ist die Entwicklung von reflexiven Verbindungen zwischen den o. g. Ebenen zur Entwicklung des Operationsverständnisses entscheidend (▶ Abb. 2.5). Dies bedeutet zugleich,

- die im FgE oft enaktiven Darstellungsformen (also konkrete Sachsituationen bspw. an Weihnachten: »🎄🎄🎄🎄🎄«),

- mehr in den Kontext auch der ikonischen Ebene (Modell oder Bild bspw. »●●●●●«)
- und symbolischen Ebene (also »5«) zu rücken, um handelndes Üben zu ermöglichen (vgl. Fritz & Ricken 2009, S. 391).

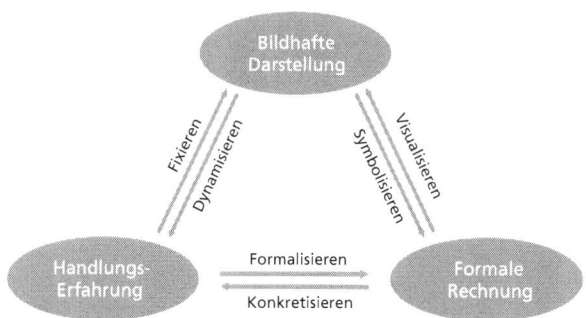

Abb. 2.5: Das Prinzip des intermodalen Transfers

Oft scheint die Mathematik im FgE jedoch aus der Befürchtung vermeintlicher Überforderung heraus die symbolische Ebene zu meiden, was dazu führt, dass die Schüler infolge des Vorenthaltens entsprechende mathematische Strategien nicht erschließen und Verbindungen der Darstellungsebenen untereinander nicht entwickeln können (vgl. zur Fachorientierung im Allgemeinen Ratz 2011b; Schäfer, Peter-Koop & Wollring 2019).

Eine feinere Gliederung der idealtypischen Stufen der Verinnerlichung mathematischen Denkens und dahingehender Operationen bietet Aebli (1989) mit insgesamt fünf Stufen, die den Einschätzungen Gersters (1994) folgend auch durch die Verzahnung (und nicht lineare Perspektive) erst internalisierende Wirkung zu entfalten beginnen (Schulz 2009, S. 402).

Aeblis Stufen der Verinnerlichung mathematischer Operationen (vgl. Schulz 2009, S. 402)

1. Handlung erfolgt am konkreten Material
2. Handlung wird verbunden mit bildlicher Darstellung
3. Bildliche Vorstellung einer Operation
4. Bildliche Darstellung und bildliche Vorstellung werden verbunden mit Ziffern/Symbolen
5. Durchführung einer Operation geschieht allein aufgrund der Ziffendarstellung

Der Charme dieser Ebenenerweiterung liegt auch in der Sensibilisierung des Lehrers mit Blick auf die inhärente Struktur der eigentlichen Handlung, denn mathematische Operationen sind nicht einfach (nur) Denkvorgänge, die das Handeln (gewissermaßen nebenbei) begleiten.

»Die Handlungen selbst werden zu Operationen, wenn sie im Bewusstsein der inhärenten Beziehungen ausgeführt werden« (Aebli 1998, S. 208). Für den Unterricht im FgE bedeutet dies, die einzelnen Ebenen bewusst methodisch aufzubereiten, um den Schülern Möglichkeiten anzubieten, innerhalb der Ebenen Verbindungen zu entdecken, zu entfalten, zu festigen (vgl. hierzu auch die vielfältigen Anregungen in Wittmann & Müller 2017).

Dieses Entdecken (der inhärenten, also einer Handlung innewohnenden Struktur) geschieht im FgE nicht vollständig zu Beginn der Primarstufe, sondern vollzieht sich oft über den gesamten Primarbereich (ggf. länger) und bedarf stets wiederkehrender Übungsphasen, bis es im Sekundarstufe-I-Bereich (und auch hier nicht bei allen Schülern) zu automatisierten Handlungen kommt und die konkreten Unterstützungsmomente abnehmen können. Fritz & Ricken (2009) weisen für den regelhaften Grundschulbereich außerdem darauf hin, dass die sprachliche Begleitung beim Durchdringen dieser Ebenen von großer Bedeutung ist, sowohl

- auf Seiten des Lehrers, der die Handlungen sprachlich begleitet, Operationen in einfachen (jedoch nicht simplifizierenden) Worten erläutert und mathematische Begriffe einführt, als auch
- auf Seiten des Schülers, der durch das eigene Versprachlichen Handlungen in Worte fassen und so verinnerlichen kann (Kaufmann 2011, S. 34 ff.; Schneider et al. 2013, S. 95 ff.).

2.2.5 Medien I – Veranschaulichung und Anschauung

Auch im Mathematikunterricht dienen Medien dazu, das Lernen (wie auch das Lehren) zu unterstützen, das Medium »(…) ver-Mittel-t in der Mathematik zwischen mathematischen Begriffen, Sätzen und Verfahren einerseits und dem Verstehen, Entdecken und Zusammenhängen oder Systematisieren von Erkenntnissen andererseits« (Schmidt-Thieme & Weigand 2015, S. 461). Unter einem engeren Verständnis von Medien lassen sich für den Mathematikunterricht insgesamt spezifische und technische Medien subsumieren, die wiederum zu unterscheiden sind in die traditionellen Medien und die digitalen Medien.

Und auch hier gilt es zu differenzieren zwischen dem eigentlichen Arbeitsmittel einerseits und dem Anschauungsmittel andererseits (s. u.) (Tulodziecki 2006). Didaktische Überschneidungen spielen hier stets eine Rolle und auch die Vielfalt an Begriffen in der Fachliteratur und unterschiedliche Zielsetzungen sind zu beachten (Krauthausen & Scherer 2007). Scherer & Moser Opitz (2012) unterscheiden außerdem noch mit Bezug auf Krauthausen & Scherer (2007) zwischen

- (in erster Linie vom Lehrer zur Darstellung genutzten) *Veranschaulichungsmitteln* und
- (denen von den Schülern zum Verständnisgewinn selber genutzten) *Anschauungsmitteln*.

Für die Mathematik im FgE spielt die Betrachtung der Medien im engeren Sinne deshalb eine bedeutende Rolle, weil in der Entwicklung des Unterrichts im FgE nicht selten Arbeitsmittel bemüht wurden, die u. a. auf unspezifische Vorläuferfertigkeiten fokussierten (bspw. Sortierübungen, Farben ordnen, Merkmalsvergleiche o. Ä.) und so nur (wenn überhaupt) mittelbar mathematischer Förderung sachdienlich wurden (vgl. Moser Opitz et al. 2016, S. 128 ff.).

Als Arbeitsbegriff soll hier die Definition von Scherer & Moser Opitz (2012) dienen: »Als Arbeitsmittel werden Materialien (z. B. Wendeplättchen, Muggelsteine, Mehrsystemblöcke, bzw. Dienes-Material, Rechenrahmen) bezeichnet, an denen Handlungen vollzogen werden und die als Hilfsmittel zum Rechnen eingesetzt werden können« (ebd., S. 76, zitiert in Kovac 2016a, S. 20). Zugleich gilt zu beachten, dass diese Materialien auch immer der Veranschaulichung (von Lehrerseite) und der Anschauung (durch den Schüler) dienen können (Krauthausen & Scherer 2007).

Mit Schipper (2015b) sind drei Formen von Veranschaulichung und Anschauung zu nennen, die auch die Mathematik im FgE grundlegend prägen:

Lösungshilfe: Der Einsatz bspw. des 20er-Rechenrahmens (▶ Abb. 2.6) oder des 20er-Abacos (▶ Abb. 2.7) kann als Lösungshilfe dienen, indem die Additionsaufgaben mit den Kugeln dargestellt werden (Leuders 2017a, S. 148 ff.). Zugleich werden damit strukturelle Beziehungen zwischen den Zahlen verdeutlicht (Scherer & Moser Opitz 2012).

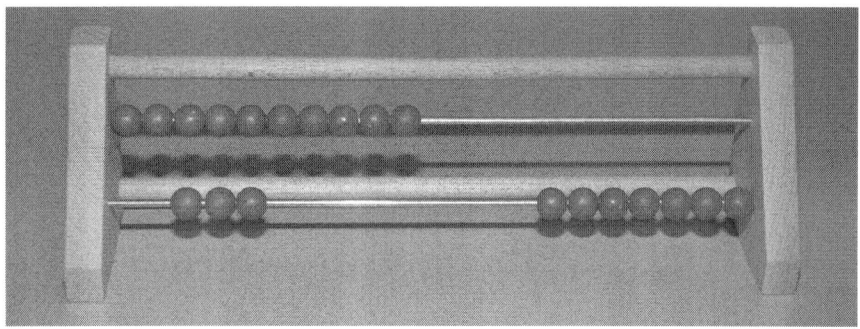

Abb. 2.6: 20er-Rechenrahmen

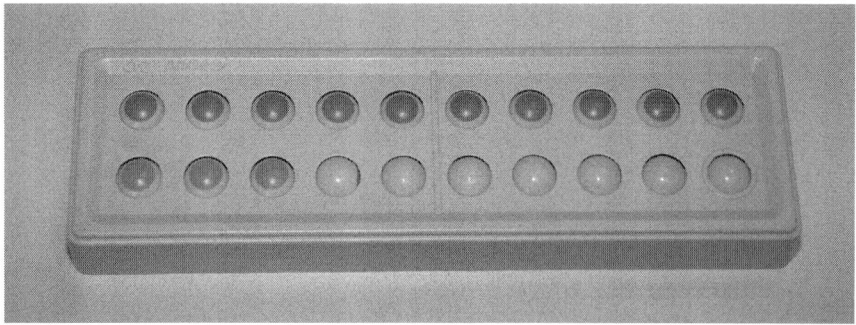

Abb. 2.7: 20er-Abaco

Im FgE sind (entgegen der meist unproblematischen Handhabung im Grundschulbereich) die motorischen Fertigkeiten des Schülers im Einzelfall zu betrachten, denn beide Lösungshilfen bieten zugleich unterschiedliche Vorteile:

Während der Rechenrahmen durch das Schieben der Kugeln motorisch einfacher zu handhaben ist, können am Abaco (je nach Modell) die Kugeln gedreht (motorisch etwas anspruchsvoller) und damit Komplexität reduziert werden. In beiden Fällen wird die Lösung durch das Abzählen bzw. durch strukturiertes Erfassen der zusammengefügten Menge gefunden, das Material dient damit als Veranschaulichung des Lösungsweges – es war Lösungshilfe. Zugleich darf es jedoch nicht bei dieser zählenden Angebotsstruktur bleiben. Leuders (2017a) weist darauf hin, dass sie »nicht automatisch zur Entwicklung von weitergehenden Konzepten oder Grundvorstellungen zu Zahlen und Rechenoperationen« führt (ebd., S. 150).

Lernhilfe: Besonders im FgE sind viele Schüler über einen langen Zeitraum auf Veranschaulichung angewiesen, nicht wenige verbleiben auch auf dieser Ebene in der Auseinandersetzung mit mathematischen Aufgabenstellungen. Gerade deshalb ist es notwendig, auch im Rahmen der Förderplanung festzuhalten, in welchem Umfang und in welcher Form der Schüler Materialien nutzen kann bzw. auf diese angewiesen ist. Arbeitsmittel dürfen einerseits nicht als »permanente Krücke« (Scherer & Moser Opitz 2012, S. 86) herangezogen werden, andererseits sollte eine Ablösung auch nicht zu früh erfolgen. Ein sensibler und zugleich fachlich ausgerichteter Blick auf den Schüler kann im Kontext Förderplanung verschriftlicht werden.

Mit dem Ziel der Ablösung vom zählenden Rechnen und dem Nutzen des Materials als Lösungshilfe (ebd., S. 85 f.) scheint der nächste Schritt hilfreich, nämlich das Übertragen von konkreten Darstellungsformen bspw. am 20er-Rechenrahmen hin zur ikonischen (zugleich symbolisch begleiteten) Darstellung auf Karteikarten (▶ Abb. 2.8). Das Arbeiten am Rechenrahmen kann das ikonische Handeln zunächst begleiten, wohingegen der nächste Entwicklungsschritt das Arbeiten mit den Karten alleine sein kann.

Leuders (2017a) weist außerdem auf die Vorzüge verschiedener Darstellungsformen hin, mit denen dieselbe Aufgabe erarbeitet und so gelöst wird (Bsp.: 6 + 7 mit Zehnerübergang [also 6 + 4 + 3] und 6 + 7 mit Kraft der 5 [also 5 + 1 + 5 + 2 = 10 + 3]). Durch die unterschiedlichen Perspektiven auf eine Aufgabe reflektieren die Schüler die Rechenwege und -strategien, »was zu einem vertieften Verständnis führt« (ebd., S. 151).

Mit Verweis auf die förderschwerpunktspezifischen Studien von Siegemund (2016) ist davon auszugehen, dass ein dahingehender Erkenntnisgewinn auch für die Schülerschaft im FgE in weiten Teilen zutreffen kann.

Kommunikationshilfe: Der zuvor genannte Gedanke der Lernhilfe steht zugleich in Verbindung zum Aspekt der Kommunikationshilfe. Während die o. g. unterschiedlichen Rechenwege zur selben Aufgabenstellung bspw. im Rahmen von Rechenkonferenzen besprochen werden können, kann Veranschaulichungsmaterial wie der Rechenrahmen auch im Falle einer einzelnen Aufgabenstellung dazu dienen, dass Rechenwege sowohl vom Lehrer als auch vom Schüler gezeigt werden. Das Zeigen soll nicht intentional das sprachliche Begleiten ersetzen, sondern vielmehr den im FgE ohnehin integrierten Sprachförderansatz unterstützen.

2 Mengen, Größen, Welterschließung

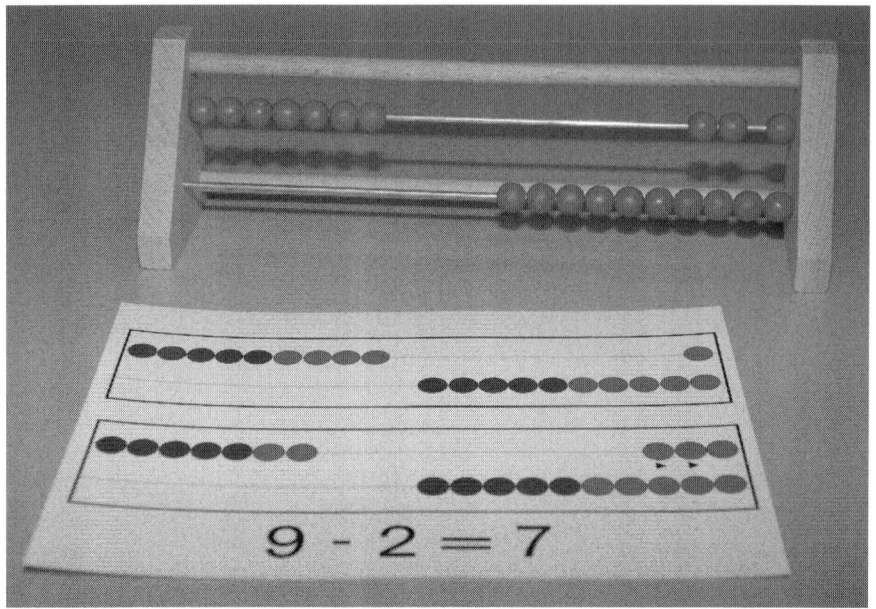

Abb. 2.8: Karteikarten zum Rechenrahmen

Das Ablösen von Veranschaulichungen gilt gerade im FgE als eine der großen Herausforderungen. Das Ablösen kann jedoch nicht einfach dadurch geschehen, indem die Hilfsmittel wie Abaco oder Rechenrahmen nicht mehr zur Verfügung gestellt werden (zum Phänomen Fingerrechnen in diesem Zusammenhang s. u.). Vielmehr werden gerade durch die langfristig ausgerichteten Lernwege im FgE Veranschaulichungen als Lern- und Kommunikationshilfe immer benötigt werden. In diesen Übungsphasen sind »Transferprozesse von jeder Darstellungsform zu jeder anderen immer wieder« (Leuders 2017a, S. 151) zu fordern und zu fördern.

Mit Blick auf die Ablösung von der Funktion als Lösungshilfe schlagen Wartha & Schulz (2012) für die Kinder, die in diesem Ablösungsprozess Schwierigkeiten haben werden (und dies trifft im Wesentlichen auf die Schüler im FgE zu), folgendes Vorgehen vor (*siehe Kasten*).

Ablösung von Veranschaulichungen als Lösungshilfe (vgl. Leuders 2017a, S. 152)

1. Handeln am Material und Versprachlichen der Handlung
2. Materialhandlung beschreiben (das Material ist sichtbar)
3. Materialhandlung beschreiben (das Material ist nicht sichtbar)
4. Materialhandlung nur in der Vorstellung beschreiben

Wie Leuders (2017a) verweisen auch Schmidt-Thieme & Weigand (2009, S. 464) hinsichtlich der Fragestellung der Qualität der veranschaulichenden Medien auf die von Krauthausen & Scherer (2003) zusammengestellten Gütekriterien (vgl. auch Wittmann 1995). Mit Blick auf die besonderen Bedarfe im FgE zeichnet folgende Tabelle die zentralen Fragestellungen nach (▶ Tab. 2.2; vgl. auch Krauthausen & Scherer 2003; Krauthausen 2018, S. 308 ff.).

Tab. 2.2: Kriterien und Fragestellungen im Kontext Veranschauungsmaterial

Kriterium	Mathematikdidaktische und sonderpädagogische Fragestellungen
Mathematische Struktur	• Orientiert sich das Material an fachwissenschaftlichen Strukturen und aktuellen fachdidaktischen Erkenntnissen? • Dient das Material auch dem aktuellen Thema? • Stellt es damit ein anschlussfähiges Material dar?
Handlungsmöglichkeiten	• Passt das Anschauungsmaterial auch zu den darzustellenden Rechenstrategien? • Bietet das Material mehrere Handlungsmöglichkeiten?
Eindeutigkeit & Vielseitigkeit	• Ist das Material für den Schüler eindeutig im Zusammenhang mit der Aufgabenstellung zu verstehen? • Sind Irritationen auszuschließen (bspw. Seitigkeit, Schrift, Darstellung)? • Ist das Material für andere Themen geeignet? • Und gibt es analoge Fortsetzungen bspw. für den 100er-Bereich?
Handhabbarkeit & Haltbarkeit	• Ist das Material auch bei motorischer Beeinträchtigung gut zu handhaben? • Ist es stabil oder können Teile leicht abbrechen? • Ist das Material auch mit einer Hand zu nutzen?
Kosten	• Ist es preislich auch in mehreren Ausführungen für die Klasse anzuschaffen? • Gibt es preislich angemessene Erweiterungen, bspw. Abaco 10, 20, 100?
Ästhetik	• Ist das Material ansprechend gestaltet? • Wirkt es ansprechend und lädt es zur Nutzung ein?
Ökologie	Finden sich Ausführungen zur ökologischen Fragestellung (Produktion, Nachhaltigkeit des Herstellers)?

Einen besonderen Blick hinsichtlich der Veranschaulichung für den FgE richtet Ratz (2016) auf den Zahlenraum bis 10, in dem statistisch mindestens 20 Prozent (bis 25 Prozent) der Schüler das Zählen und Addieren über ihre gesamte Schulzeit hinweg üben. Damit ist es »*für den FgE eine bedeutende Frage, wie Anschauungen des Zahlenraums bis 10 gestaltet werden*« (ebd., S. 16).

Neben den Hinweisen zur Bedeutung des aktiv-entdeckenden Lernens (s. u.) geht Ratz (2016) auf das Abwägen der *Bündelungszahl* (2er-, 3er- usf.) und den Aspekt der

2 Mengen, Größen, Welterschließung

Flexibilität vs. *Struktur* sowie die Kompatibilität mit dem *Dezimalsystem* ein, wie die Zusammenfassung seiner Arbeiten auch unter Bezugnahme auf die Veranschauungsmaterialien zeigen kann (ebd.).

Tab. 2.3: Darstellungsformen im Zahlenraum bis 10 nach Ratz (2016)

Darstellung	Vorteil	Nachteil	Beispiel
2er-Bündelung	Einfachste Bündelungsform; paarweises Zählen als wichtige Zählstrategie; Üben von Nachbarzahlen	Inkompatibel mit der Kraft der 5, jedoch mit 10; erschwerter Aufbau des Dezimalsystems; unübersichtliche Darstellung	Zweier-Bündel wie beim Material Mathildr
3er-Bündelung	Nächstgrößere Bündelungszahl nach der 2; geeignete Anforderung für die Schüler im FgE; strukturierte Anzahlerfassung (bspw. der 5) durch 2er- und 3er-Bündelungen	Weder die 5 noch die 10 lassen sich aus der 3 aufbauen; scheinbarer Vorteil wird dadurch deutlich aufgehoben; keine günstige Darstellungsform	Kieler Zahlenbilder
5er-Bündelung	Kraft der 5; noch mögliche Simultanerfassung bis 5; 10 aus 2 mal 5	Schon recht anspruchsvolle Bündelung; 2 mal 5 entfaltet keine 10er-Reihe/kein 100er-Feld	Die 5er-Kette
10er-Bündelung	Stringente Einführung des Dezimalsystems (Perlenmaterial von Montessori); Bündeln und Entbündeln verlaufen synchron mit der Dezimalschreibweise; günstige Parallelen zum Geld	Die Menge 10 als große Herausforderung im FgE; die 10 ist eine »arme Zahl«, sie ist nur durch 2 und durch 5 teilbar, 3 und 4 stehen als Teiler nicht zur Verfügung	Cuisenaire-Stäbchen

2.2 Methodische Überlegungen

Tab. 2.3: Darstellungsformen im Zahlenraum bis 10 nach Ratz (2016) – Fortsetzung

Darstellung	Vorteil	Nachteil	Beispiel
Das 20er-Feld	Klarer Aufbau des Dezimalsystems; Kraft der 5; die 10 kann aber auch durch die 2 mal 5 genutzt werden; flexible Übungsmöglichkeiten	20 ist schon für viele Schüler im FgE ein (zu) großer Zahlenraum; ggf. Konfusion statt Struktur; die 10 als Reihe *und* als Doppelfünfer erfordert bereits Erfahrung	20er-Feld
Würfelbilder	Wiedererkennungswert; positiv besetzt; Symbolcharakter; können nachgezählt werden; Hilfe bei der Abgewöhnung vom zählenden Rechnen	Keine durchgehende mathematische Struktur; keine Bündelungstechnik; keine Kraft der 5 und der 10; keine Anbahnung des Dezimalsystems	Würfel
Finger (s. auch Abschnitt Fingerrechnen, ▶ Kap. 6.2.4)	Abbildung der Zahlenreihe; Abbildung Kraft der 5 und 10; Gliederungspotenzial der einzelnen Zahlen	Schwerer Löseprozess vom zählenden Rechnen; Vorteil der Verfügbarkeit wird dann zum Nachteil	Fingerbilder

Nach Ratz, Ch. (2016): Wie soll man Zahlen bis 10 darstellen? In: Lernen konkret 4 (35), S. 16–19, hier S. 16 ff.

Es wird deutlich, dass alle o. g. Möglichkeiten der Veranschaulichung (in den genannten Bündelungsformen) sowohl Vorteile mit sich bringen als auch Nachteile erkennen lassen. Ratz (2016) weist in diesem Zusammenhang gerade für die Mathematik im FgE auf zwei Dinge hin:

1. Hinsichtlich der Frage, welche der Darstellungsformen als besonders geeignet erscheint, ist die Orientierung an aktuellen mathematischen Entwicklungsmodellen grundlegend (vgl. zum ZGV-Modell nach Krajewski & Ennemoser 2013 auch ▶ Kap. 6.2). Demzufolge gilt das Zählen an sich als elementare Fähigkeit, der der Umgang mit Mengen und deren Zuordnung zur Zahl und zur Zahlwortfolge folgt (Weißhaupt & Peuker 2009, S. 52 ff.; Peucker & Weißhaupt 2017, S. 47 ff.). Diesen Übergang hin zur bzw. auf der Ebene 2 des ZGV identifizieren u. a. Moser Opitz et al. (2014) als Schlüsselstelle im Mathematiklernen im FgE (Moser Opitz et al. 2016, S. 124 ff; Dönges 2016, S. 12 ff.).

2. Nicht alleine das Material (hinsichtlich der Frage des »Was?«) ist entscheidend, sondern auch das methodische Vorgehen (also die Frage des »Wie?«) ist bedeutsam, denn im Prozess der Veranschaulichung von abstrakten Mengen in gegenständlicher Form spielt zugleich die diagnostische Beobachtungsgabe des Lehrers eine

zentrale Rolle und bedarf sowohl mathematikdidaktischer als auch sonderpädagogischer Expertise. Während der eine Schüler dauerhaft mehr an strukturierenden Hilfen benötigt (somit zunächst keine oder wenige Wechsel der Darstellungsformen), kann die andere Schülerin davon profitieren (statt 20er-Rechenrahmen nun das 100er-Abaco-Feld) und entwickelt sich im abstrahierenden Vorstellungsvermögen weiter (Ratz 2016, S. 19; Pitsch & Thümmel 2015b, S. 80 ff.) (▶ Kap. 3).

Zu ergänzen sind aus aktuellen Erkenntnissen der Mathematikdidaktik heraus sowie im Kontext Schulentwicklung weitere Aspekte:

3. Zum einen soll nochmal auf den Gesichtspunkt der Fortsetzbarkeit eingegangen werden, der im besonderen Maße durch den langfristig angelegten Lernprozess im FgE auch in den Kontext Schulentwicklung einzubeziehen ist. Das Anbieten von Arbeitsmitteln stellt für die Schüler ein zusätzliches Lernfeld dar, dessen Methodik hinsichtlich Anwendung und Besonderheiten erst erschlossen werden will (und muss) (Schipper 2015b, S. 294 f.).

Dahingehende Brüche bei Klassen- und Stufenwechsel führen demnach dazu, dass sich die Schüler bei unterschiedlichem Materialangebot nicht nur mit dem eigentlichen Lerngegenstand (bspw. dem Zählen, dem Erfassen und Strukturieren von Mengen) auseinandersetzen, sondern zugleich das Hilfsmittel kennen- und handhaben lernen müssen (vgl. auch Schnepel 2019, S. 68 ff.).

Abb. 2.9: Ausbaufähigkeit des 10er-Systemmaterials

Ein Arbeitsmittel, das über die Schuljahre hinweg beispielhaft ein konstantes Angebot schaffen kann, sind die 1er-Würfel, 10er-Stangen, 100er-Platten und der 1000er-Würfel des o. g. Systemmaterials (▶ Abb. 2.9). Zum einen können die Schüler die Weite des Zahlenraums (»die Unendlichkeit der Reihe«, Wittmann & Müller 1993, S. 17) sehen, anfassen und sich damit auseinandersetzen.

Zum anderen sind ihnen das Material und die Handhabung bekannt, sodass sie sich primär der numerischen Handlung widmen können: »Veranschaulichungen

und Materialien sind nicht selbstverständlich, ihre Bedeutungen müssen im Unterricht erlernt werden. Erst wenn sie in den intendierten Bedeutungen verstanden werden, können sie Lernhilfen sein« (Schipper 2015b, S. 297).
4. In diesen Kontext einzuordnen ist schließlich auch der Ansatz des »Weniger ist mehr!« (Wittmann 1993; Wittmann 1995, S. 23 f.) in Zusammenhang mit den Hinweisen der Ambivalenz didaktischer Hilfsmittel (Selter 1995). Oben wurde bereits darauf hingewiesen, dass es sich auch immer um einen Lernstoff handelt, da das Anschauungsmaterial nicht aus sich heraus unmittelbar wirkt. Dadurch entfaltet sich gerade für die Mathematik im FgE noch mehr eine Ambivalenz zwischen *Lernhilfe* und *Lernstoff*, der es durch eine angemessene Reduktion des Materialangebots kompensatorisch entgegenzuwirken gilt. Dessen Ergiebigkeit ist jeweils auf den einzelnen Schüler und dessen spezifische Ausprägung der Beeinträchtigung zu beziehen (Motorik, Sprache, Kognition, Wahrnehmung usf.), der Ort der Betrachtung und Notation ist der Förderplan.

2.2.6 Medien II – Mathematikhefte

Neben den Arbeitsmitteln spielen die Mathematikhefte im Kontext Medien eine wesentliche Rolle. Anders als im Unterricht der Grundschule liegen bedingt durch einen individualpädagogischen Zuschnitt im FgE keine jahrgangsbezogenen Mathematikbücher vor, an denen sich zugleich der Lehrer in der Abfolge der Inhalte orientieren könnte (heimlicher Lehrplan) (Schipper 2015b, S. 467 f.).

Vielmehr beginnt Mathematik im FgE im Eingangsbereich sehr behutsam in erster Linie auf einer noch konkreten (enaktiven) Darstellungsebene, und noch lange sind nicht für alle Schüler Arbeitsblätter und symbolische Darstellungsformen (sinnhaft) erschließbar. Doch auch hier haben sich (nicht zuletzt durch die inklusiv ausgerichteten Bedarfe an Regelschulen) die Angebote in den letzten Jahren (zumindest quantitativ) weiterentwickelt. Zunehmend sind den ursprünglich mit dem 1. Schuljahr beginnenden Mathematikheften solche Hefte vorgelagert, die üblicherweise in Vorschulklassen oder im Rahmen der Frühförderung genutzt werden können.

Vorweg: Folgende Herausforderungen zeichnen sich im (Anfangs-)Unterricht im FgE im Rahmen der Handhabung von Mathematikheften ab:

- *Komplexität*: Auch wenn die o. g. (Vorschul-)Hefte hinsichtlich Vielfalt, Aufgabenmengen und Übersicht schon recht reduziert gestaltet werden (s. u.), sind sie für den Anfangsunterricht im FgE dennoch erst für einige wenige Schüler unmittelbar einsetzbar.
  Praxis: Als nützlich erweist es sich, einzelne geeignete Aufgaben aus dem Paket herauszukopieren/zu scannen (Vorgaben zu Digitalisaten beachten!). Klassenübergreifend kann hier ein erster Aufgaben- und Materialkatalog zusammengestellt werden.
- *Graphomotorik*: Oft bedarf es schon zur Bearbeitung der Aufgabenstellungen dahingehender graphomotorischer Kompetenzen (Ziffernschreiben, Einkreisen, Verbinden von Ziffer und Menge), die jedoch nur selten zu Beginn vorliegen.

Praxis: Schon das Vergrößern der Vorlagen (141 Prozent für DIN A4 → DIN A3) kann helfen, dass mehr Platz zum Aufschreiben der Lösungen entsteht. Außerdem kann man auch unterhalb der symbolischen Ebene der Ziffern auf der semantisch-analogen Darstellungsform arbeiten, indem die Schüler statt der Ziffer »3« auch drei Striche (»|||«) oder Punkte (»•••«) machen können.

- *Angemessenheit*: Während die Schüler älter werden, bedeutet dies nicht zwangsläufig auch ein Voranschreiten innerhalb der mathematischen Kompetenzen. Demzufolge arbeiten auch Schüler bspw. im 7. Schulbesuchsjahr im Zahlenraum bis max. 20 und setzen sich mit Materialien aus dem 1. Grundschuljahr auseinander. Hier passen i. d. R. die ursprünglich motivierenden Animationen nicht mehr, sie sind hinsichtlich des Alters nicht mehr angemessen.

  Praxis: Einige Mathematikhefte beginnen (möglicherweise durch das Bemühen um Reduktion und/oder Wahrnehmungsentlastung) etwas umzudenken und ihre Darstellungen zu verändern (Kovac 2016b, S. 26 ff.). Dies kann ein Kriterium bei der Suche nach geeignetem Material sein (Schipper 2015b, S. 294 f.).

- *Aufgabenstellung/Transfer*: Vermeintlich einfache Aufgabenstellungen und Fragen (auch schon mal in Bilderform) sind für die Schüler im FgE nicht immer eindeutig zu erfassen, und sie sind auf die Hilfen des Lehrers angewiesen (weiterführend Scherer & Moser Opitz 2012, S. 83 ff.).

  Praxis: Neben der sorgsamen Unterrichtsvorbereitung, die schon solche Schwierigkeiten erkennen lässt, kann auch zumindest im Anfangsunterricht der Einsatz eines im Allgemeinen geeigneten Mathematikheftes dazu beitragen, dass die Schüler die genuin mathematische Fragestellung durch stringente Methodik leicht(-er) erfassen können.

Einige Mathematikhefte stellt Kovac (2016b, S. 26 ff.) im »Lernen konkret«-Themenheft Arithmetik (Schäfer 2016b) vor und orientiert sich hier

1. an den inhaltsbezogenen Bereichen der KMK (2004),
2. an der inhaltlichen Ausgestaltung und
3. an der zugrunde liegenden Heftstruktur.

Es handelt sich hier um eine Auswahl der häufig für den Anfangsunterricht verwendeten Mathematikhefte im FgE (ausführlich in Kovac 2016b).

Zahlenfuchs 1: clever rechnen üben (Auras u. a. 2014, Jandorf Verlag)

- *Kompetenzbereiche*: Schwerpunkt Zahlen & Operationen; Förderung des Aspekts Rechenoperationen verstehen und beherrschen
- *Inhalt*: Zahlenreihen/Nachbarzahlen im Zahlenraum bis 10; Addition/Subtraktion im Zahlenraum bis 20; Aufgabenformate wie Zahlenhäuser, Zahlenmauern, Rechentabellen, Rechenblumen; Fokus Rechenstrategien, bspw. Tauschaufgaben, Nachbaraufgaben; Übungsmöglichkeiten
- *Struktur*: Klare Gliederung; grafische Gliederung und übersichtliche Gestaltung; angemessene Schriftgröße und Raum zur Notation; schlichte und ansprechende Seitengestaltung

Das Übungsheft Mathematik 1 (Keller & Pfaff 2010, Mildenberger Verlag)

- *Kompetenzbereiche*: Schwerpunkt Zahlen & Operationen; Förderung des Aspekts Rechenoperationen verstehen und beherrschen (KMK 2004, S. 8); zusätzlich Raum & Form, mit dem Aspekt geometrische Figuren erkennen, benennen, darstellen
- *Inhalt*: 4 Abschnitte; kleiner Rechenmeister je am Ende; 1. bis 3. fokussieren auf Zahlzerlegung; 4. auf Addition & Subtraktion; Rechenräder, -tabellen, Zahlenmauern, Päckchen; Aufgaben zu Raum & Form; Übungsmöglichkeiten
- *Struktur*: Klare Struktur in 4 Abschnitte; übersichtliche Anordnung; gute Lesbarkeit; zu Beginn motivierende Ausgestaltung; ab 2. zunehmend schlichtere Darstellung

Zur ursprünglichen Übungsheftreihe (1 bis 4) legt der Mildenberger-Verlag außerdem noch die Reihe: Das *Übungsheft Basiswissen* (1 bis 4) und das *Förderheft* (1 bis 4) auf.

Außerdem sind Hefte zum Sachrechnen und zur Geometrie erschienen (www.mildenberger-verlag.de).

Den Zahlenraum bis 10 aktiv entdecken (Schön & Pogoda Saam 2015, Persen Verlag)

- *Kompetenzbereiche*: Schwerpunkt Zahlen & Operationen; Förderung Zahldarstellung und Zahlbeziehungen verstehen und Rechenoperationen verstehen und beherrschen; außerdem Größen & Messen mit dem Fokus Geld, hier: Größenvorstellungen besitzen und mit Größen in Sachsituationen umgehen
- *Inhalt*: Orientierung im Zahlenraum bis 10; Darstellen und Bestimmen von Mengen; Nachbarzahlen; Kraft der 5 und Größer-Kleiner-Relationen; Zerlegungsaufgaben; Addition und Subtraktion in Formaten wie Tauschaufgaben, Umkehraufgaben und Zahlenmauern; Rechnen am Zahlenstrahl; Rechengeschichten; Bestimmen von Geldbeträgen in Euro und Cent
- *Struktur*: Die insgesamt 15 Themen folgen einer logischen Struktur, die auf mehreren Seiten Übungen bieten. Angemessene Seitengestaltung und übersichtliche Gesamtstruktur. Gut lesbare Schriftform und -größe sowie Raum für Notation

Verstehen und Trainieren 1 (Wittmann & Müller 2010, Klett Verlag)

- *Kompetenzbereiche*: Schwerpunkt Zahlen & Operationen mit den Aspekten Zahldarstellungen und Zahlbeziehungen verstehen und Rechenoperationen verstehen und beherrschen. Außerdem Größen & Messen mit dem Fokus Größenvorstellungen besitzen und mit Größen in Sachsituationen umgehen
- *Inhalt*: Orientierung im Zahlenraum bis 10; Erfassung von Mengen und Teilmengen; Erarbeitung des Zahlenraums anhand der 20er-Reihe: Zahlzerlegung mit Zahlenhäusern. Addition und Subtraktion (Verdopplung, schöne Päckchen,

ähnliche Aufgaben); Kraft der 5; gemischte Plus- und Minusaufgaben; Halbieren, Zählen in Schritten und Multiplikation. Geld: Bestimmen von Geldbeträgen bis 20 €
- *Struktur*: Klare Struktur durch geordneten Aufbau; je Seite ein Aufgabentypus; sehr übersichtliche Anordnung auf allen Seiten; angemessene Schriftgröße und ausreichend Platz für Notation; der Fokus liegt deutlich auf den mathematischen Inhalten. Aufbauend zu den Zahlenbüchern 1 bis 4 liegen auch 4 Hefte vor

2.2.7 Medien III – Computer und Lernprogramme

Mittlerweile gehören Computer und Tablets selbstverständlich in den Unterrichtsalltag im FgE, wenngleich die Bedingungen vor Ort recht unterschiedlich sind. Dies hängt u. a. vom Schulträger und von dem Engagement der Einzelschule ab und zeichnet sich durch eine Vielfalt an Ausstattungsmerkmalen aus. Insbesondere in den Grundschulen sind die Strukturen eher dünn gesetzt, wohingegen an den Schulen mit dem FgE die technische Infrastruktur und mediale Netzwerke nicht selten ordentlich und ambitioniert vorgehalten werden.

Mit Hinweis auf Krauthausen & Lorenz (2012) sind folgende Bedingungen vor Ort entscheidend:

- *technisch angemessene Ausstattung* (es muss nicht immer die neueste Serverlösung sein),
- *qualitativ gute Programme und Anwendungen* (mit adäquatem Zuschnitt auf die Schülerschaft; weniger ist auch hier mehr),
- *fachlich und fachdidaktisch qualifizierte Lehrpersonen* (ebd., S. 162).

Grundsätzlich ist festzustellen, dass das Arbeiten am Computer kein Selbstläufer sein kann, wodurch per se »das Lernen einfacher, effektiver, nachhaltiger oder schneller erfolgen würde, als bei einem computerfreien Lernen« (ebd., S. 163). Ebenso wenig ist der Computer kein Ersatz für den kompetenten Lehrer im Mathematikunterricht (vgl. auch Schmidt-Thieme & Weigand 2015, S. 469 ff.). Schipper, Ebeling & Dröge (2017a) unterscheiden hinsichtlich der Verwendungsformen des Computers zwischen dem Unterrichtsgegenstand, dem Werkzeug und dem Computer als Unterstützung von Lernprozessen (ebd., S. 14 ff.).

Diese o. g. Bedenken treffen auch auf den Unterricht im FgE zu, und doch kann er gerade hier als Ergänzungs- und Unterstützungsmedium sinnvoll sein und motivierend auf die langfristig angelegten Lernwege der Schüler im FgE wirken.

Zwei Programme, die sich in ihrer Vielfalt im FgE bewähren, sind das Budenberg-Lernprogramm (www.budenberg.de) und die Lernwerkstatt (www.lernwerkstatt10.de).

Die **Budenberg-Lernsoftware** wurde entwickelt von Günter Schleisiek (bis 2003 Rektor der *Schule am Budenberg* – Förderschwerpunkt Lernen) und findet häufig Einsatz auch im Unterricht im FgE. Neben den Bereichen Deutsch und Sachunterricht bietet die Software (letzter Stand der Aktualisierung 05/2017) zahlreiche Übungen zur Mathematik. Die Software überzeugt in der schulischen Anwendung insbesondere im Primarstufenbereich (Unterstufe, Mittelstufe) durch die zahlreichen Übungen zur Zahlenreihe, zur Zahldarstellung und zum ersten Rechnen und im Oberstufenbereich durch die darauf aufbauenden Übungen in der Addition und Subtraktion mit größeren Mengen einschließlich Übungen zum Einmaleins und der Multiplikation und Division.

Der nachstehende Überblick kann einen ersten Eindruck der Möglichkeiten (einschließlich der Kompetenzbereiche »Raum und Form«, »Größen und Messen« und »Daten, Häufigkeit und Wahrscheinlichkeit« sowie Textaufgaben) vermitteln:

- Würfelbilder, Zahlenreihen, Zerlegen, Vergleichen, Zehnerübergang, Kugelmaschine, Bogenschießen,
- Kranrechnen, Weiterzählen, Erstrechnen, Zweitrechnen und Gleichungen, Kegelrechnen, Verdoppeln, Zahlenraum 20, Zahlenhaus 20, Zahlenstrahl 30, Zahlenmauer, Ubongo, Partnerrechnen, Zehnereiner, Zahlenraten, Ähnliche Aufgaben, Zehner bündeln, Große Zahlen,
- Einmaleins – Einführung, Einmaleins – Trainer, Kegel Einmaleins, Hunderter–Zehner–Einer, Zahlenstrahl 1000, Teilen – Einführung, Halbschriftliches Rechnen und Schriftliches Rechnen, Dezimalzahlen, Abrunden, Bruchrechnen, Prozentrechnen, Knobelaufgaben,
- Geldrechnen Cent, Geldrechnen Euro/Cent, Geldscheine Euro,
- Geometrie 1, Geometrie 2, Geometrie 3,
- Uhr, Zeitmaße,
- Maße und Gewichte,
- Diagramme, Römische Zahlen, Partnerrechnen, Rechenmix, Textaufgaben.

Im Gegensatz zu den aktuell modernen interaktiven Darstellungsebenen (bspw. am Interaktiven Whiteboard IWB oder auf dem Tablet), ggf. auch auf online-Plattformen, liegen die Vorzüge der Budenberg-Software auch in der reizreduzierten Darbietung der Aufgabenstellungen und in Anwendungsoptionen:

- Die Darstellung ist gleichbleibend ruhig und lässt Zeit für die Lösung der Aufgaben.
- Die Schüler können mit der Maus oder mit den Cursortasten arbeiten. Zugleich lässt sich das Programm auch am IWB grafisch auflösen.
- Die Anforderungen steigen langsam an und bieten vielfältige Übungsmöglichkeiten. Ergebnisprotokolle können gedruckt werden.
- Die Struktur und Menüführung auch für die anderen Lernfelder (bspw. Deutsch) ist analog angelegt.
- In der Regel bedarf es keiner komplexen Serverstruktur und schnellen Internetverbindung. Das Programm läuft sehr stabil und zuverlässig.

Die **Lernwerkstatt 10** bietet als Einzelplatz- und als Serverlizenz ein komplexes Softwarepaket, das neben Deutsch, Fremdsprachen (Englisch und Französisch), Internet und Logik-Spielen ein umfassendes Angebot für Mathematik vorhalten kann.

Für die Klassen können Lerngruppen und einzelne Schülerkonten angelegt werden, wodurch differenzierte Angebote entstehen. Im Lehrermodus (mit Passwort) können auch innerhalb der angelegten Schülerprofile Aufgaben ein- und ausgeschaltet werden, bspw. zur Reduktion des Angebots.

Die richtig gelösten Ergebnisse der einzelnen Aufgaben können eingesehen werden, jedoch nicht die Fehler bzw. die jeweiligen Lösungswege oder -versuche. Es empfiehlt sich demnach auch hier, die Lernwege der Schüler kontinuierlich (live) zu beobachten!

Das Menü (im Feld Mathematik) unterscheidet zwischen

- *Zahlen rechnen* (Zahlenmauern, Zahlenraupen, Zahlenhäuser, Zauberdreiecke, Rechendreiecke, Zahlen ziehen um, Abräumen, Einmaleins-Züge, Tabula Rasa, Black Box, Würfelrechnen, Größer – Kleiner – Gleich, Zwanziger-Zug, Zahlenstrahl, Folgen, Tausenderbuch, Mathe-Förder-Station mit 8 Untergruppen [bspw. Subtraktion, Verliebte Zahlen, Zahlentürme abbauen, Größer-kleiner-Krokodil, Operative Päckchen], Kopfrechnen 1 bis 3 mit »+ und –«; »• und :« und Abakus, Schüttelboxen, Zahlendiktat, Nachbarzahlen im großen Zahlenraum),
- *Schriftlich rechnen* (halbschriftliche Multiplikation, halbschriftliche Division, schriftliche Addition, schriftliche Subtraktion, schriftliche Multiplikation und schriftliche Division),
- *Geometrie* (Gitternetz, Spiegeln, Würfelgebäude, Geobrett, Parkettieren, Schablonen stapeln, Muster fortsetzen),
- *Größen* (Größen umwandeln [Längen, Gewichte, Hohlmaße und Zeit], Geld, Uhr, Gewichte, Kugeln wiegen),
- *Karten* (Aufgabenkarten Mathematik 1–3, Zuordnungskarten Mathematik 1–3, Hot Spot Karten Mathematik 1–3, Drop-Down-Karten Mathematik 1–3),
- *Sekundarstufe I* (Vielfaches, Teiler, Bruchkreise, Brüche [addieren, kürzen, erweitern], Dezimalbrüche, Brüche schätzen, Flächen färben, Römische Zahlen, andere Zahlensysteme, Prozentrechnung, Koordinatensystem, Zahlenstrahl 2, Wahrscheinlichkeiten).

Es wird deutlich, dass die Lernwerkstatt 10 ein komplexes Aufgabenangebot bereithält, das zu Beginn schon höher ansetzt als das Budenberg-Programm und zudem weitaus komplexere Differenzierungsmöglichkeiten im Sekundarstufe-I-Bereich bietet (konzipiert für die [Grundschul-]Kassen 1 bis 6).

Bei der Nutzung der beiden o. g. Programme sowie grundsätzlich beim Einbezug solcher Lernsoftware bleibt zu beachten,

- dass viele Programme auf der Grundlage des Übens fußen (»Drill & Practice«) und eher an behavioristisch ausgerichteten Lernmethoden anschließen (Zentel 2017, S. 82)
- und dadurch bei übermäßigem Gebrauch und/oder fachlich unangemessener Anwendung nur bedingt lernwirksam sein werden.

Wie in so vielen Bereichen erscheint auch hier die *Dosierung des Einbezugs* entscheidend sowie zugleich *die fachlich und fachdidaktisch versierte Einführung und Anwendung* durch den Lehrer (vgl. hierzu auch die Ausführungen zum regelhaften

Grundschulbereich in Schipper, Ebeling & Dröge 2015a und zur Nutzung digitaler Medien im Allgemeinen das Themenheft Pädagogik 4/2019).

Zugleich erscheinen gerade diese vielfältigen Übungsmöglichkeiten für die Lernenden im FgE dahingehend sinnvoll, da deren Lernverhalten auf stetes Wiederholen und langfristig angelegte (auch bewusst redundante) Übungsphasen ausgerichtet ist (u. a. Sarimski 2013a, S. 44 ff.).

3 Diagnostik und Förderplanung

Diagnostische Erkenntnisse über den einzelnen Schüler und damit auch Schülergruppen dienen grundsätzlich der Planung und Gestaltung von Unterricht. Erst wenn die Lernausgangsbedingungen einer Klasse, der Lerngruppe und des Schülers bekannt sind, kann im Kontext zentraler Zielstellungen Unterricht geplant werden (Scherer & Moser Opitz 2012, S. 31 ff.). Anders jedoch, als dies bspw. im Grundschulunterricht der Fall ist, handelt es sich im FgE grundsätzlich um einen individuellen Planungsprozess ohne Ausrichtung an normativen Vorgaben; allein der individuelle Entwicklungsstand und der in diesem Zusammenhang denkbare Fortschritt des Schülers in einem bestimmten Zeitraum ist der Maßstab der Planungen (Schäfer 2017a).

Diese Diagnosen können und dürfen jedoch wiederum keine Alltagsdiagnosen und Mutmaßungen sein, sondern sind auszurichten an fachwissenschaftlichen Grundlagen, strukturierten Beobachtungen und intersubjektiv nachvollziehbaren Schlussfolgerungen (Schäfer & Bundschuh 2017). Aus den Diagnosen selber sind auch nicht unmittelbare Ziele abzuleiten, denn »Diagnosen sind deskriptive Sätze« (Moser Opitz & Nührenbörger 2015, S. 495), deren Folgerungen und weiteren Planungsschritten mathematische Modelle zugrunde liegen müssen, wie bspw. das ZGV (Krajewski & Ennemoser 2013).

Hierzu können im Kontext Mathematik im FgE sowohl standardisierte Verfahren als auch informelle Verfahren zu Rate gezogen werden. Die Formulierungen variieren grundsätzlich sehr stark, weiterführend sei daher auf die Grundlagen in Neuhäuser & Steinhausen (2013b), Sarimski (2013b), Bundschuh & Winkler (2014) und Ingenkamp & Lissmann (2008) verwiesen.

3.1 Standardisierte Inventare

3.1.1 Vorweg

Die nachstehend genannten Verfahren sind nicht in erster Linie ausgerichtet auf die Schülerschaft mit dem FgE, die Normierungen beziehen sich also auf Schüler ohne sonderpädagogischen Förderbedarf. Demzufolge können die ermittelten Werte auch nicht als absolut aussagekräftig verstanden werden.

Sehr wohl kann aber im Einzelfall (bspw. bei Fragen der Abgrenzung von Förderschwerpunkten oder im Kontext Berufsorientierung) die (normative) Erkenntnis hilfreich sein, wo der Schüler im Vergleich zur Alterskohorte hinsichtlich seiner mathematischen Kompetenzen steht.

Grundsätzlich sind sowohl im Bereich der standardisierten Verfahren als auch bei den sogenannten informellen Verfahren die testtheoretischen Gütekriterien zu beachten (Scherer & Moser Opitz 2012, S. 33 ff.):

- *Objektivität* (Durchführungs-, Auswertungs- und Interpretationsobjektivität): Es ist auf maximale Unabhängigkeit zu achten.
- *Reliabilität* (Zuverlässigkeit): Hier spielen die Verfassung des Kindes und seine Motivation, die Tageszeit und die räumliche Umgebung, die Beziehung des Kindes zum Lehrer und andere Bedingungen eine erhebliche und zu beachtende Rolle.
- *Validität* (Gültigkeit): Sind die Aufgabenstellungen sachdienlich? Ist in der ausgewählten Situation auch das zu beobachten, was beobachtet werden soll?

Brügelmann (2005) schlägt in diesem Zusammenhang das Prinzip der »*Mehrperspektivität*« vor (ebd., S. 328), wodurch mehrere Einschätzungen und Eindrücke (mehrerer Lehrer, Eltern, ggf. Therapeuten) zusammenfließen und sich im Gesamteindruck (auch intentional) verdichten (können).

3.1.2 OTZ – Osnabrücker Test zur Zahlbegriffsentwicklung

Ein mögliches Verfahren, das zur Feststellung der Zahlbegriffsentwicklung herangezogen werden kann, ist der »*Osnabrücker Test zur Zahlbegriffsentwicklung – OTZ*« (van Luit et al. 2001). Der Test wurde zur Einschätzung des Entwicklungsniveaus des Zahlbegriffs bei Kindern im Alter von 4, 6 und 7 Jahren in Kindergärten, Vorschulen, Grundschulen und im Förderschwerpunkt Lernen entworfen.

Mit der deutschsprachigen Adaption des niederländischen Verfahrens (1994!) (Normierung in Deutschland N = 330) zeigte sich, dass der Test auch eine zuverlässige Erfassung der Zahlbegriffsentwicklung im deutschsprachigen Raum ermöglicht (Benz et al. 2015, S. 80 ff.; Ricken & Fritz 2009, S. 323 f.).

Es werden insgesamt 8 Kompetenzbereiche unterschieden:

1. Qualitatives Vergleichen,
2. Klassifizieren,
3. Eins-zu-eins-Zuordnungen herstellen,
4. Reihenfolgen erkennen,
5. Zahlwörter gebrauchen,
6. Zählen mit Zeigen,
7. Zählen ohne Zeigen,
8. Einfaches Rechnen.

Die insgesamt 40 Aufgaben zeichnen in den ersten vier Fähigkeits- bzw. Kompetenzbereichen (mit je 5 Aufgaben) einen weitestgehend nicht-numerischen Charakter (Vergleichen nach quantitativen Merkmalen, Klassifizieren von Objekten aufgrund von Gemeinsamkeiten u. a.), wohingegen der zweite Teil mit den Kompetenzbereichen 5 bis 8 auf die Zählfertigkeiten fokussiert (verbales Zählen und Kardinalzahlaspekt).

Hinsichtlich der Simultan- und der Quasi-Simultanerfassung weisen Benz et al. (2015) mit Verweis auf Gasteiger (2010) darauf hin, dass dahingehende Aufgabenstellungen weitestgehend fehlen (ebd., S. 81).

Im Ergebnisbogen werden in die Spalte *Beobachtungen* die Antworten sowie zusätzliche Erkenntnisse eingetragen und nach Beendigung des Tests werden die Antworten mithilfe des Ergebnisschlüssels auf Richtigkeit überprüft. »Unterschiede und Zuwächse (auf der Fähigkeitsskala) drücken sich in Fähigkeitswerten, in Plätzen auf dieser Skala und nicht mehr nur durch Punktanstieg in einem Untertest aus« (Ricken & Fritz 2009, S. 324). Der Ergebnisbogen weist rechts eine Spalte aus, in der eine richtige Antwort mit einer »1« und eine falsche/fehlende Antwort mit einer »0« gekennzeichnet wird. Das Gesamtergebnis ist dann die Anzahl der richtigen Antworten.

> »Da im Testkonzept keine qualitativen Skalenabschnitte definiert werden, wird auf eine qualitative Beschreibung der Fähigkeiten verzichtet. Die Fähigkeitsskala wird für alle Altersgruppen in Leistungsfünftel unterteilt und die Gesamtaussagen lauten dann zum Beispiel: Das Kind erreicht einen Fähigkeitswert, der in seiner Altersgruppe dem unteren/dem oberen Leistungsfünftel entspricht« (ebd.).

Durch die parallele Testkonstruktion mit zwei Formen können sowohl innerhalb kürzerer Zeit (bspw. nach 4 bis 6 Monaten) entsprechende Vor- und Nachtests Übungserfolge aufzeigen, als auch Fortschritte nach einem längeren Zeitraum erhoben werden, um neuere, dann angepasste Förderziele zu generieren (Benz et al. 2015 sowie Moser Opitz & Nührenbörger 2015, S. 491 ff.).

Für den möglichen Einsatz im FgE sprechen zwei Aspekte:

1. Einerseits bietet sich in qualitativer Hinsicht ein Erkenntnisgewinn in Bezug auf die Fähigkeitsmerkmale innerhalb der o. g. 8 Stufen einschließlich der jeweils 5 Untergruppen. Hier ergeben die 40 Aufgaben ein recht umfassendes Bild (insbesondere auf den Stufen 5 bis 8).
2. Andererseits können dahingehende Ergebnisse der Testung auch Aufschluss darüber geben, wo eine Schülerin im Vergleich zu ihrer Altersgruppe steht. Dies ist gerade im Kontext Beratung eine hilfreiche (weil sachliche) Kommunikationsebene mit den Eltern.

3.1.3 TEDI-MATH – Test zur Erfassung numerisch-rechnerischer Fertigkeiten

Moser Opitz et al. (2016, S. 132 ff.) weisen vor dem Hintergrund eines grundsätzlich sich nicht anders entwickelnden Zahlbegriffs bei Schülern im FgE im Zusammenhang mit diagnostischen Fragestellungen auf die Notwendigkeit hin,

- sowohl eine »Balance zwischen psychometrischen Anforderungen und Flexibilität« (ebd.) finden zu müssen,
- als auch eine Ausrichtung an anerkannten mathematischen Entwicklungsmodellen zu suchen.
- Schließlich ist vor dem Hintergrund der Beeinträchtigungen im FgE darauf zu achten, dass die gewählten Testformate »möglichst wenig Anforderung hinsichtlich intervenierender Faktoren wie Sprachverständnis, Arbeitsgedächtnis usw. stellen« (ebd., S. 133).

Ein geeignetes Instrument, mit dem »sowohl Basisfertigkeiten im kleinen und großen Zahlenraum als auch Rechenkompetenzen erfassbar sind, ist der Test TEDI-MATH« (ebd.). Der TEDI-MATH ist ein Individualtest zur Erfassung numerisch-rechnerischer Fertigkeiten vom Kindergarten bis zur 3. Klasse in der deutschsprachigen Adaption von Kaufmann et al. (2009).

Die Normstichprobe wurde für »eine Altersgruppe vom 2. Halbjahr des vorletzten Kindergartenjahres bis zum 1. Halbjahr der 3. Grundschulklasse normiert« (Benz et al. 2015, S. 85).

Die Adaption des französischen Originals »*Test Diagnostique des Compétences de Base en Mathématiques*« (van Nieuwenhoven et al. 2001) fokussiert auf die »Diagnose von Störungen numerisch-rechnerischer Leistungen (Dyskalkulie)« (Mann et al. 2013, zitiert in Benz et al. 2015) und differenziert insbesondere im unteren und mittleren Leistungsbereich. Er dient damit vor allem der Früherkennung von Dyskalkulie sowie der Interventionsplanung für eine individuell auf das Leistungsprofil des Kindes abgestimmte Dyskalkulie-Therapie.

Vergleichbar mit dem OTZ (s. o.) werden den Kindern in der Einzelsituation mündlich (unterstützt mit Lege- und Bildmaterial) Aufgaben vorgelegt. Der Gesamttest dauert ca. 60 Minuten, die verkürzte Kernbatterie dauert ca. 45 Minuten (die Angaben einschließlich der Normierung beziehen sich auf die Durchführung im Regelbereich).

Insgesamt stehen 28 Untertests zur Verfügung, die je nach Alter ausgesucht werden können. Alle notwendigen Materialien sind im Test-Koffer vorhanden (Preis 357 €, Infos unter www.testzentrale.de, ▶ Tab. 3.1, ▶ Tab. 3.2; vgl. hierzu auch Mann et al. 2013, S. 100 u. 102).

Tab. 3.1: Untertests 1 bis 15 (von insgesamt 28) des TEDI-MATH mit Aufgabenbeispielen und den dafür vorgesehenen Testmaterialien, die zusätzlich zum Protokollbogen benötigt werden

	Untertests	Aufgabenbeispiele	Testmaterialien
1	Zählprinzipien	So weit wie möglich zählen; mit Untergrenze; rückwärts	/
2	Abzählen	Lautes Zählen von abgebildeten Objekten (z. B. Hasen, die in einer Reihe angeordnet sind)	Stimulusbuch
3	Entscheidung arabische Zahl?	Entscheiden, ob es sich bei dem gezeigten Symbol um eine arabische Zahl handelt oder nicht	Stimulusbuch

Tab. 3.1: Untertests 1 bis 15 (von insgesamt 28) des TEDI-MATH mit Aufgabenbeispielen und den dafür vorgesehenen Testmaterialien, die zusätzlich zum Protokollbogen benötigt werden – Fortsetzung

	Untertests	Aufgabenbeispiele	Testmaterialien
4	Größenvergleich arabische Zahlen	Auf die größere von zwei arabischen Zahlen zeigen	Stimulusbuch
5	Entscheidung Zahlwort?	Entscheiden, ob es sich bei dem vorgelesenen Wort um ein Zahlwort handelt oder nicht (z. B. »drölf«)	/
6	Entscheidung Zahlwortsyntax?	Entscheiden, ob es sich bei dem vorgelesenen Wort um ein korrekt zusammengesetztes Zahlwort handelt oder nicht (z. B. »fünfzighundert«)	/
7	Größenvergleich Zahlwörter	Entscheiden, welche die größere von zwei vorgelesenen Zahlen ist	/
8	Dekadisches Positionssystem – Repräsentanten mit Stäbchen	Anzahl von Stäbchen nennen, die sich aus einer vorgegebenen Anzahl von Zehnerbündeln und einzelnen Stäbchen zusammensetzt	Bündel mit jeweils 10 Stäbchen
9	Dekadisches Positionssystem – Repräsentanten mit Stäbchen	Plättchen in 3 Größen entsprechen 1 €, 10 € und 100 €; ein vorgegebener Betrag soll mit möglichst wenigen Plättchen dargestellt werden	Plättchen in 3 Größen
10	Dekadisches Positionssystem – Erkennen der Einer-, Zehner- und Hunderterstelle	Bei mehrstelligen Zahlen sollen Einer-, Zehner- und Hunderterstellen gezeigt werden	Stimulusbuch
11	Transkodieren – Zahlen schreiben nach Diktat	Vorgelesene Zahlen sollen in Form von arabischen Zahlen aufgeschrieben werden	Papier, Stift
12	Transkodieren – Zahlen lesen	Vorgelegte arabische Zahlen sollen benannt werden	Stimulusbuch
13	Ordnen nach numerischer Größe – Bäume	Karten mit einer unterschiedlichen Anzahl von Bäumen sollen aufsteigend sortiert werden	Karten mit Bäumen
14	Ordnen nach numerischer Größe – Zahlen	Karten mit unterschiedlichen arabischen Zahlen sollen aufsteigend sortiert werden	Karten mit arabischen Zahlen
15	Klassifizieren nach numerischer Größe	Karten mit verschiedenen sowie einer unterschiedlichen Anzahl von Symbolen sollen innerhalb von 3 Minuten nach der Anzahl der Symbole sortiert werden	Karten mit verschiedenen Symbolen, Stoppuhr

Tab. 3.2: Beispiel für die Zuordnung der Untertests des TEDI-MATH zur Gesamt- und Kernbatterie und zu den Komponenten **Zahlenverarbeitung** und **Rechnen** für Kinder in der 2. Grundschulklasse im 1. Halbjahr. Die Subtests 3, 19 und 20 werden in dieser Halbjahresstufe nicht durchgeführt

		Gesamtbatterie		
		Kernbatterie		Weitere Untertests
Komponenten		Untertests		Untertests
Zahlenverarbeitung		4	Größenvergleich arabische Zahlen	1 Zählprinzipien
		7	Größenvergleich Zahlwörter	2 Abzählen
		9	Dekadisches Positionssystem – Plättchen	5 Entscheidung Zahlwort?
		11	Transkodieren – Zahlen schreiben	6 Entscheidung Zahlwortsyntax?
		12	Transkodieren – Zahlen lesen	8 Dekadisches Positionssystem – Stäbchen
				10 Dekadisches Positionssystem – Einer-, Zehner-, Hunderterstelle
Rechnen		18	Additive Zerlegung	13 Ordnen nach numerischer Größe – Bäume
		22	Subtraktion	14 Ordnen nach numerischer Größe – Zahlen
		24	Multiplikation	15 Klassifizieren nach numerischer Größe
		25	Textaufgaben	16 Mengeninvarianz
		26	Kenntnisse arithmetischer Konzepte	17 Numerische Inklusion
				21 Unvollständige Addition
				23 Unvollständige Subtraktion
				27 Approximativer Größenvergleich – Punktmengen
				28 Approximativer Größenvergleich – numerische Distanz

Entsprechend der erreichten Rohwerte (RW) werden die Prozentränge (PR) und die Standardwerte (C-Werte) abgelesen. Die Auswertung auf dem übersichtlichen Profilbogen gibt weitere Hinweise auf Dyskalkulie (< 10) und Dyskalkulie-Risiko (11 bis 25).

Hinsichtlich der Anwendbarkeit im FgE stellen Moser Opitz et al. (2016) fest: »Erhebungen haben gezeigt, dass sich das Instrument grundsätzlich zu Erfassung von numerischen Kompetenzen bei dieser Personengruppe eignet, dass jedoch Anpassungen der Aufgaben auf unterschiedlichen Ebenen notwendig sind« (ebd., S. 133).

In diesem Zusammenhang unterscheidet Wember (2014):

- Variationen der *Instruktion* (viele/wenige Erklärungen),
- Variationen der *visuellen Stimuluskomponenten* (Materialien sind bekannt oder werden erläutert),
- Variationen hinsichtlich der *Responseanforderungen* (bspw. Lösungen mit oder ohne Material werden angeboten) (vgl. auch Moser Opitz et al. 2016, S. 135).

Möglichkeiten der konkreten Variation des TEDI-MATH zeigen Moser Opitz et al. (2016) mit Hinweisen zu Iff (2014).

3.2 Informelle Verfahren

Als informelle Verfahren im Bereich der Schulleistungstests lassen sich solche Inventare bezeichnen, zu denen keine Normierungen oder Stichproben vorliegen. In der Regel sind solche Verfahren aus der Praxis heraus entstanden und fokussieren auf die qualitativen Gesichtspunkte von Lernen im Einzelfall. Es finden demzufolge keine (bzw. wenn nachgeordnet) Vergleiche zu Alters- oder Leistungsgruppen statt. Der einzelne Schüler steht im Mittelpunkt, er ist selber (intraindividueller) Vergleichsmaßstab.

Es finden sich aber auch (vermehrt) Verfahren, die auf fachwissenschaftlicher Basis und auf den Grundlagen curricularer Ausrichtung (bspw. an den Bildungsstandards orientiert) anschlussfähige Beobachtungen und Interviews anbieten. Diese Verfahren heben zugunsten eines individualpädagogischen Designs bewusst die Standardisierung auf, orientieren sich zugleich an testtheoretischen Gütekriterien und fachlichen Strukturen.

Mit der »*Strukturierten Beobachtung*« (Kaufmann 2011) und dem »*ElementarMathematischen BasisInterview EMBI*« (Peter-Koop & Wollring 2015b) sollen zwei (auch im FgE denkbare) Beispiele gezeigt werden.

Vorweg: Mit der sukzessiven Aufhebung standardisierter Bedingungen in der Beobachtungs- und Interviewsituation steigt das Auftreten von Beobachtungsfehlern (Wiater 1998), um die der Beobachter wissen sollte:

- *Primacy-Effekt*: Dem ersten Eindruck wird alles untergeordnet (gut oder schlecht), und die Person und ihre Fähigkeiten werden vorurteilsbehaftet eingeordnet.
- *Halo-Effekt*: Eine Eigenschaft wird als besonders markant wahrgenommen, der alle anderen Eigenschaften untergeordnet werden.
- *Logische Verknüpfung*: Annahme, dass zwei in Wirklichkeit unabhängige Merkmale miteinander in Verbindung stünden.

- *Vermischung* von Beobachtung und Bewertung.
- *Fehlattributionen*: Man ist geneigt, bei einer Person anzunehmen, sie sei immer so, obwohl im speziellen Fall nur die situativen Umstände zu dem Ergebnis führen.
- *Sympathie/Antipathie/Vorurteile*: Feste Meinungen bestehen bereits vor der Beobachtung (vgl. auch Kaufmann 2011, S. 43).

3.2.1 Grundlagen der Strukturierten Beobachtung

Entgegen einer ungerichteten Beobachtung, die als Gesamteindruck alles zu erfassen versucht, was im Unterrichtsgeschehen passiert, zielt die gerichtete, strukturierte Beobachtung auf »Verhaltensweisen, die bekannt sind und vorher festgelegt wurden, weil sie als wichtiges Kriterium befunden wurden« (Kaufmann 2011, S. 43).

Hierbei können im mathematischen Feld sowohl die *prozessbezogenen mathematischen Kompetenzen* als auch die *inhaltsbezogenen mathematischen Kompetenzen* betrachtet werden (KMK 2004).

Für beide Bereiche zeigt der nachstehende Beobachtungsbogen (▶ Abb. 3.1, Auszug) eine gute Möglichkeit, auf der inhaltlichen Grundlage der Bildungsstandards und einer einfachen Einschätzungsskala Beobachtungen festzuhalten. Interessant kann es hier sein, nach einem Zeitraum die Beobachtung zu wiederholen, um daraus Förderziele ableiten und Entwicklung(-en) fachlich ausgerichtet begleiten zu können.

3.2.2 EMBI – ElementarMathematisches BasisInterview

Das EMBI entstand auf der Grundlage des diagnostischen Interviews, das im Rahmen des australischen »*Early Numeracy Research Project*« (ENRP) Ende der 1990er-Jahre entwickelt und erprobt wurde (vgl. Kaufmann 2011, S. 49). Die diagnostische Ausrichtung bezieht sich auf das Vorschulalter und die Klassenstufen 1 und 2 der Grundschule.

Die 1. Adaption (2007) erhob ausschließlich (im Gegensatz zum australischen Interview) arithmetische Kompetenzen, die Teile des EMBI, die über die Erfassung arithmetischer Kompetenzen hinausgehen, sind mittlerweile mit dem »*EMBI – Größen und Messen, Raum und Form*« (Wollring et al. 2011) fortgeschrieben.

Das EMBI ist als diagnostisches Verfahren zu bewerten, »aus dem sich konkrete Ansatzpunkte für die individuelle Förderung ergeben« (Peter-Koop & Wollring 2015b, S. 32). Durch die Zuwendung in der strukturierten Interviewsituation zum Schüler hin und durch den Einbezug der Betrachtung von Gesten und Mimik gibt man zugleich bewusst einen Teil der Standardisierung auf. Die Autoren selber bezeichnen dieses Verfahren deshalb als halb standardisiert. Als konzeptionelle Grundlagen nennen sie:

- Kernidee ist die individuelle Interviewsituation zwischen Lehrer und Schüler.
- Es liegen vier Teilereiche vor: (A) Zählen, (B) Stellenwerte, (C) Strategien bei Addition und Subtraktion und (D) Strategien bei Multiplikation und Division.

3 Diagnostik und Förderplanung

Muster und Strukturen

Fähigkeit	Datum	Einschätzung			Kommentar
Kategorien finden und benennen, um verschiedene Gegenstände zu sortieren		○	○	○	
Kategorien erkennen und benennen, nach denen Gegenstände sortiert sind		○	○	○	
Gesetzmäßigkeiten in Mustern erkennen, beschreiben und fortsetzen		○	○	○	
Gesetzmäßigkeiten in Mustern selbst entwickeln		○	○	○	

Größen und Messen

Fähigkeit	Datum	Einschätzung			Kommentar
Zeit					
– zeitliche Abläufe im Alltag kennen und beachten		○	○	○	
– Reihenfolge der Wochentage kennen		○	○	○	
– Jahresverlauf kennen		○	○	○	
– zeitliche Begriffe richtig verwenden (vorher, danach, gestern, morgen, …)		○	○	○	
– Erlebnisse/Geschichten in der richtigen Zeitfolge erzählen		○	○	○	
– Zeitspannen bewerten (es dauert länger, das Lied zu singen, als zum Bewegungsraum zu gehen)		○	○	○	
Geld					
Europäische Münzen und Scheine erkennen		○	○	○	
Längen					
– Gegenstände nach ihrer Länge vergleichen und ordnen		○	○	○	
– Längen ungefähr abschätzen (5 Schritte bis zur Tür)		○	○	○	
Gewichte					
Gegenstände nach ihrem Gewicht vergleichen und ordnen		○	○	○	
Rauminhalt					
– Gefäße nach ihrem Rauminhalt vergleichen und ordnen		○	○	○	
– Gegenstände möglichen Behältnissen zuordnen		○	○	○	

Abb. 3.1: Strukturierter Beobachtungsbogen (Teil 3 von 4) (vgl. Kaufmann 2011, S. 46)

- Im Interviewleitfaden werden die Materialien, die Handlungen des Interviewers, der spezifische Text zu den Aufgaben sowie die Abbruchkriterien genau ausgewiesen (▶ Abb. 3.2).

Durch die Ausrichtung auf Fortsetzbarkeit sind Wiederholungen in regelmäßigen Abständen möglich. Dies kann insbesondere für die Diagnostik im FgE von Vorteil sein.

3.2 Informelle Verfahren

Aufg.	Material	Interviewer-Handlung	Interviewer-Text	Abbruchkriterien
C 18a	13 rote Bären, Deckel aus Karton		Gib mir bitte 4 rote Bären.	
C 18b		Zeigen Sie dem Kind die 9 Bären. Legen Sie diese 9 Bären neben die 4 roten Bären vor das Kind und verdecken Sie die neun Bären mit dem Deckel. Zeigen Sie auf die beiden Gruppen.	Ich habe hier 9 rote Bären. Darunter sind 9 Bären versteckt und hier sind 4 Bären. Wie viele Bären sind das zusammen? Wie hast du das herausbekommen?	richtig, dann C 19; Antwort nicht 13, dann C 18c
C 18c		Nehmen Sie den Deckel weg.	Wie viele sind es zusammen?	

Abb. 3.2: Ausschnitt aus dem Interviewleitfaden, Fragestellung zum Weiterzählen (Peter-Koop, A./Wollring, B. (2015b): Handlungsleitende Diagnostik mit dem ElementarMathematischen BasisInterview (EMBI). In: Lernen konkret 3 (34), S. 32–35, S. 35)

Die Notation ist übersichtlich und ohne große Einarbeitungsphasen gestaltet, die Erklärungen der Zeichen befinden sich am unteren Rand (»✓« Richtig gelöst; »0« Teilweise gelöst; »–« Falsch gelöst oder nicht beantwortet). Ein konkretes Beispiel zum Fähigkeitsprofil von Kindern im letzten Kindergartenjahr mit Wiederholungen von 8, 9 und 10 Monaten zeigen Peter-Koop & Wollring (2015b, S. 35) in ihrem Beitrag in Schäfer (2015b). Die Ausprägungsgrade (APG) (▶ Tab. 3.3) kennzeichnen »Meilensteine in der Entwicklung mathematischen Denkens und zeigen zugleich die Zone der nächsten Entwicklung auf (Vygotski 1978)« (Peter-Koop & Wollring 2015b, S. 34). Die APG bieten damit eine Bestimmung des Lernstands sowie zugleich einen Hinweis auf die kommenden Lerninhalte und mögliche Aufgabenformate (▶ Kap. 3.3).

Im Sinne einer vorgelagerten Erhebung bietet das EMBI mit dem speziellen V-Teil (Vorschulteil) eine geeignete Möglichkeit der gezielten Erfassung von spezifischen Vorläuferfertigkeiten für das schulische Mathematiklernen. »Erste Forschungsergebnisse lassen den Schluss zu, dass mit dem V-Teil auch die elementaren mathematischen Kompetenzen von Kindern im FgE differenziert erfasst werden können (Loscher 2014)« (Peter-Koop & Wollring 2015b, S. 35).

Je nach Beeinträchtigung müssen dann ggf. die Grade der Standardisierung und der individuellen Unterstützung in der Interviewsituation angepasst werden (wie bspw. differenziertere Erklärungen, längeres Abwarten, ggf. Hilfestellungen und Hinweise).

Tab. 3.3: Ausprägungsgrade der Entwicklung mathematischen Denkens, hier im Teil A »Zählen« (s. o.) (Peter-Koop et al. 2013, S. 50)

Grad	Entwicklungsstand	Beschreibung
0	Nicht ersichtlich	ob das Kind in der Lage ist, die Zahlwörter bis 20 zu benennen.
1	Mechanisches Zählen	Das Kind zählt mechanisch bis mindestens 20, ist aber noch nicht in der Lage, eine Menge (von Gegenständen) dieser Größe zuverlässig abzuzählen.
2	Zählen von Mengen	Das Kind zählt sicher Mengen mit ca. 20 Elementen.
3	Vorwärts- und Rückwärtszählen in Einer-Schritten	Das Kind kann im Zahlenraum bis 100 in Einer-Schritten von verschiedenen Startzahlen aus zählen und Vorgänger und Nachfolger einer gegebenen Zahl benennen.
4	Zählen von null aus in 2er-, 5er- und 10er-Schritten	Von null aus gelingt das Zählen in 2er-, 5er- und 10er-Schritten bis zu einer Zielzahl.
5	Zählen von Startzahlen mit $x > 0$ aus in 2er-, 5er- und 10er-Schritten	Von einer Startzahl ($x > 0$) aus gelingt das Zählen in 2er-, 5er- und 10er-Schritten bis zu einer Zielzahl.
6	Erweitern und Anwenden von Zählfertigkeiten	Von einer Startzahl ($x > 0$) aus gelingt das Zählen in beliebigen einstelligen Schritten und diese Zählfertigkeiten können in praktischen Aufgaben angewendet werden.

Verändert nach: Peter-Koop, A./Wollring, B./Grüßing, M./Spindeler, B. (2007/2013): ElementarMathematisches BasisInterview EMBI Zahlen und Operationen. © Offenburg: Mildenberger, S. 50

3.3 Förderplanung

Die Grundlagen der Förderplanung sind im Bereich Mathematik analog zu denen der anderen inhaltsbezogenen und funktionsbezogenen Lernbereiche zu verstehen (Speck 2018). Auch hier steht die Kind-Umfeld-Analyse im Vordergrund, und die Förderplanung insgesamt ist als Prozess zu gestalten, der sich durch eine Planungs-, Durchführungs- und Evaluationsphase auszeichnet (Bundschuh & Schäfer 2019a; Bundschuh & Schäfer 2019b).

Ebenso gilt es Grundsätze zu beachten, die für den inhaltlichen, pädagogischen und organisatorischen Ablauf des Prozesses bedeutsam sind (Einbezug aller Personen, dynamische Fortentwicklung des Schülers, zeitliche Struktur, begriffliche und formale Synchronisierung, Dokumentation der Übergabe bei Klassen- und Stufenwechseln, Verbindlichkeit, Elternbeteiligung, Kompendium).

Im Kontext Inklusion empfehlen sich bei Übergängen (bspw. von einer Schule zur anderen) sogenannte *Übergabe-Konferenzen* und – mit dem Ziel der Wahrung und

Optimierung von Dialog zwischen den unterschiedlichen Disziplinen und Professionen (Regelschullehrer, Förderschullehrer, Schulsozialarbeit usf.) – *Förderplan-Konferenzen*.

Eine tatsächlich konkrete Orientierung am individuellen Bedarf von Lernenden im FgE (sowohl in SFgE als auch im inklusiven Setting) und das Skizzieren von Zielen individueller Förderung (einschließlich der unterrichtlich-pädagogischen Angebote) lassen sich nicht völlig in einem standardisierten Raster abbilden. Stattdessen macht ein solcher individualpädagogischer Zugang auch eine individuelle Beschreibung und Zielformulierung notwendig, hierzu einige Anmerkungen:

- In der ersten (linken) Spalte wird die *Ausgangslage* beschrieben. Dies sind Beobachtungen des Klassenteams aus dem Unterricht, Einschätzungen auch der Eltern, ggf. der Therapeuten (bspw. Erkenntnisse zur Feinmotorik/Stifthaltung/Notation von Ziffern) und Einschätzungen des Schülers. Mit zunehmendem Alter kann durchaus über die Beteiligung der Schüler an den Gesprächen nachgedacht und die dadurch mögliche Nutzung von Feedback mitgedacht werden.

    Die *Beschreibung der Ausgangslage* (Welche mathematischen Kompetenzen liegen vor?) kann sinnigerweise an den inhaltlichen und allgemeinen Kompetenzen der Bildungsstandards ausgerichtet sein. Damit ist zugleich die begriffliche Synchronisierung gegeben.
- Die *Ziele* (nun in der zweiten Spalte) sind SMART zu formulieren, also **S**pecific (spezifisch), **M**easurable (messbar), **A**ccepted (ansprechend), **R**easonable (realistisch), **T**ime-bound (terminiert).
- Die anschließende dritte Spalte *Unterrichtlich-Pädagogische Angebote* dient einer weiteren Konkretisierung: Welche Mathematikhefte kommen zum Einsatz? Welche Rechenhilfen sind sinnvoll? Auf welcher Ebene im PC-Programm soll sich der Schüler bewegen? Abbildungen erleichtern zudem die Kommunikation mit den Eltern.
- Schließlich bietet die rechte Spalte die Möglichkeit der *Ergebnisdokumentation*, jedoch nicht im Sinne eines Abhakens von Outcome, sondern vielmehr wieder beschreibend und qualitativ. Fragen und Anmerkungen dienen zugleich der Fortschreibung.

4 Curriculare Orientierung

Der Aspekt der curricularen Orientierung fokussiert grundsätzlich auf die inhaltliche Ausgestaltung des Unterrichts mit Fragen wie bspw.:

- Was sollen Schüler im FgE lernen?
- Welche mathematischen Fähigkeiten und Fertigkeiten sind für die aktuellen und zukünftigen Entwicklungsschritte bedeutsam?
- Was kann exemplarisch, also beispielhaft im Sinne von Reduktion komplexer Wirklichkeit vermittelt werden?
- Und was müssen die Schüler wissen, um sich auch in ihrem nachschulischen Vorankommen, in ihrer sozialen Teilhabe und beruflichen Entwicklung behaupten zu können?

Wichtig ist die Feststellung, dass entgegen der (heute in der Regelschule üblichen) Orientierung am sogenannten Output für den Unterricht im FgE vor dem Hintergrund eines individualpädagogischen Zugangs inhalts- und prozessbezogene Standards zugrunde gelegt werden müssen: Es geht um didaktische Strukturen und methodische Verbindlichkeiten auf der Basis eines tragfähigen mathematischen Modells (▶ Kap. 5, ▶ Kap. 6).

> Es handelt sich also um intraindividuelle Maßstäbe: Der Schüler und seine eigenen Entwicklungspotenziale sind Grundlage auch der Planung der unterrichtlichen Lernfelder.

Und dennoch bewegt sich hier die Didaktik im FgE nicht in einem fachwissenschaftlichen Vakuum losgelöst von den fachdidaktischen Ansprüchen und Entwicklungen der Realität (bspw. den Anforderung auf dem Arbeitsmarkt).

Und auch im Kontext Inklusion ist sie gut beraten, einen inhaltlich anschlussfähigen Mathematikunterricht zugrunde zu legen (Dönges 2016), einschließlich förderschwerpunktspezifischer Besonderheiten. Schließlich zeigen gerade aktuelle Studien, dass dahingehende Entwicklungen bei Lernenden im FgE vergleichbar (jedoch verlangsamt, zum Teil mit Schwierigkeiten und letztendlich nicht selten an Grenzen stoßend) ablaufen (Ratz 2016, 16 ff.; Siegemund 2016; 2017).

Orientierungshilfen (also Antworten auf die Fragen nach dem »*Was?*«) bieten hier neben den Grundlagen der Allgemeinen Didaktik (vertiefend für den FgE Schäfer 2017a; 2017c; 2017d)

- zum einen die *Lehrpläne der Länder* (▶ Kap. 4.1)
- und in einem fachwissenschaftlich anschließenden Verständnis die *Bildungsstandards Mathematik* der KMK (2004; 2013) (▶ Kap. 4.2).

4.1 Bildungspläne (Auswahl)

4.1.1 Aktuelle Entwicklungen

Zuletzt mit den Empfehlungen zur sonderpädagogischen Förderung an Schulen (KMK 1994) und den daran anschließenden spezifischen Vorgaben für die Förderschwerpunkte (FgE: KMK 1998) entstanden in den meisten Bundesländern neue Lehrpläne, die die curricularen Vorgaben aus den 1980er-Jahren ablösten (bspw. Rheinland-Pfalz 2001; Bayern 2003; vertiefend hierzu Schäfer 2017a). Im Zuge der auch bundesweiten inklusiven Entwicklungen stagnierte diese Entwicklung einerseits (vgl. bspw. in Nordrhein-Westfalen), andererseits sind in wiederum anderen Bundesländern curriculare Bewegung für den FgE festzustellen, wie bspw. in Hessen (2013) und Berlin-Brandenburg (2011) mit neuen Papieren oder auch Baden-Württemberg (2009) und Bayern (2003), die ihre aktuellen Vorgaben derzeit schon überarbeiten.

Als Orientierung mit Fokus auf die Mathematik sollen daher (mit Berücksichtigung des steten Wandels) die Kapitel zur Mathematik der Lehrpläne von Bayern (2003, ▶ Kap. 4.1.2), Baden-Württemberg (2009, ▶ Kap. 4.1.3) und Hessen (2013, ▶ Kap. 4.1.4) kurz vorgestellt werden.

4.1.2 Bayern (2003)[1]

Einleitend im Kapitel Mathematik stellt der bayrische Lehrplan für die Grund- und Hauptschulstufe fest:

»Um sich in der Welt zurechtzufinden, müssen Schülerinnen und Schüler einer unübersichtlichen Vielfalt Ordnung geben. Dies geschieht, indem sie lernen, Aspekte der Lebens-

---

1 »Seit 11.03.2019 ist der LehrplanPLUS für den Förderschwerpunkt Geistige Entwicklung in der Anhörungsphase (und soll zum Schuljahr 2019/2020 eingeführt werden). Dieser Lehrplan wurde in enger Anlehnung an den Lehrplan von 2003 entwickelt. Kernpunkte der Aktualisierung sind (die) Schärfung des Lehrplanprofils im Hinblick auf den Einsatz sowohl im Förderzentrum als auch an inklusiven Lernorten, (die) Einarbeitung aktueller fachdidaktischer Erkenntnisse vor allem in den Fächern Deutsch und Mathematik, die Anpassung des gesamten Lehrplans an das LehrplanPLUS-Konzept für alle Schularten in Bayern (sowie die) Grundlegung eines für den Förderschwerpunkt geistige Entwicklung angepassten Kompetenzverständnisses« (https://www.isb.bayern.de/newsletter/view/21840/) (vgl. weiter https://www.lehrplanplus.bayern.de/schulart/foerderschule/foerderschwerpunkt/geistige-entwicklung)

wirklichkeit mit Hilfe mathematischer Zusammenhänge und Begriffe zu strukturieren. Der Unterricht muss demnach nicht nur mathematische Fähigkeiten und Fertigkeiten vermitteln, sondern die lebenspraktischen Anwendungsfelder aufzeigen. Die Bereiche Mengen und Zahlen, Operationen, Zahlenraum und Größen sollen den fachdidaktischen und lebenspraktischen Anforderungen entsprechend miteinander verknüpft werden« (Bayern 2003, S. 163–164).

Das Kapitel Mathematik (S. 162–179) gliedert sich in folgende Bereiche (der Lehrplan für die Berufsschulstufe hält keinen Bereich Mathematik vor):

- *Raumerfahrung und Geometrie* (Orientierung im Raum; Geometrische Flächenformen; Geometrische Körperformen; Symmetrie),
- *Pränumerischer Bereich* (Merkmale von Gegenständen; Vergleich; Gruppenbildung; Reihenbildung),
- *Mengen und Zahlen* (Mächtigkeit von Mengen; Ordnungszahlen; Zahlreihen),
- *Operationen* (Addition; Subtraktion; Multiplikation; Division),
- *Zahlenraum* (Zahlenraum bis Zehn; Zahlenraum bis Zwanzig; Stellenwertsystem; Erweiterter Zahlenraum; Sachaufgaben),
- *Größen* (Geld; Länge; Temperatur; Gewicht; Fläche; Volumen).

Die einzelnen Punkte der sechs Bereiche sind nochmal untergliedert und geben unterrichtliche Hinweise (bspw. Punkt 3.3 Zahlenreihen):

- *Zahlreihe*: (a) Zahlenreihen durch Hören, Mitsprechen und Aufsagen automatisieren: Abzählverse, Würfelspiele, (b) Vorwärts und rückwärts zählen: bis zum Raketenstart rückwärts zählen, und (c) Bilderrätsel durch Verbinden einer Zahl mit der nächsthöheren Zahl lösen.
- *Nachbarzahlen*: (a) Den größeren und den kleineren Nachbarn einer gegebenen Zahl finden: auf dem Zahlenstrahl, und (b) Die Nachbarzahlen auswendig kennen.
- *Zahlenfolgen schreiben*: (a) Zahlenfolgen fortsetzen, (b) Unterbrochene Zahlenfolgen vervollständigen: Zahlen auf dem Zahlenstrahl verdecken und erraten, und (c) Besondere Zahlenfolgen fortsetzen: eins, drei, fünf, sieben.

4.1.3 Baden-Württemberg (2009)

In den Leitgedanken stellt der Bildungsplan fest: »Die Schule hilft den Schülerinnen und Schülern mittels Mathematik die Welt zu ordnen und zu messen. Der Bildungsbereich Mathematik versammelt Inhalte und Verfahren, die räumliche und zeitliche Orientierung und Planung ermöglichen, persönliche Merkmale, Lebensumstände und Besitzverhältnisse bestimmbar machen« (Baden-Württemberg 2009, S. 111). Entsprechend gliedert sich der Punkt Mathematik wiederum in folgende Dimensionen:

- *Umgang mit Dingen* (S. 112–118): Stabilität und Lage; Dinge haben Qualitäten; Dinge lassen sich ordnen; Dinge fehlen; Gruppierungen von Elementen; Das Ganze und seine Teile.

- *Situationen mathematisch sehen und verstehen* (S. 119–123): Informationen erhalten und gebrauchen; Darstellungsformen; mit Kodierungen umgehen; Zeitmanagement.
- *Umgang mit Zahlen (Rechenzahlaspekte)* (S. 124–130): Bilder und Mengen; Erzählen und Linearität; Zahlwortreihe; Operationen und Strategien; Rechnen mit Ziffern und Zahlen; Maßzahlen für Größen, Zeit, Länge; Geld, Volumina, Gewicht.
- *Räumlichkeit* (S. 131–135): Körper-Raum-Verhältnisse; Wege und Orientierung; Geometrische Grundformen; Geometrische Vorstellungen.

Die Gliederung der Unterpunkte (bspw. Themenfeld: Zahlwortreihe und Themenfeld: Operationen und Strategien) bietet

- jeweils einen kurzen (theoretisch) beschreibenden *Einstieg*
- mit prägnanten *Impulsfragen* (»Welche Möglichkeiten werden für das Zählen großer Anzahlen genutzt?«),
- skizziert *mögliche Inhalte* (z. B. Zahlenreihen im Alltag, Monatskalender, Reime und Spiele),
- zeigt das *Kompetenzspektrum* auf (z. B. Nachbarzahlen) und
- bietet einen Überblick bezüglich der Aneignungsmöglichkeiten (Reihen herstellen mit verschiedenen Materialien).

4.1.4 Hessen (2013)

Als zentrales Anliegen im Handlungsfeld Mathematik stellen die hessischen Richtlinien für Unterricht und Erziehung im FgE (2013) fest:

> »Die Schülerin, der Schüler soll in den Erfahrungsfeldern a) Raum und Objekt b) Eigenschaften von Mengen c) Zahlenbegriffsbildung d) Rechenoperationen Fähigkeiten erwerben, um selbstständig am gesellschaftlichen und wirtschaftlichen Leben teilzuhaben. Mathematische Kompetenzen sind für die Strukturierung der Umwelt von großer Bedeutung« (ebd., S. 19).

Auf dieser Grundlage sollen folgende Kompetenzen entwickelt werden:

> »Die Schülerin, der Schüler
>
> - orientiert sich im Raum und setzt sich dazu in Beziehung (Raumerfahrung), erkennt geometrische (Grund-)Formen, benennt, reproduziert und konstruiert sie,
> - macht Erfahrungen mit unterschiedlichen Objekten und Mengen, sortiert Mengen nach Merkmalen, macht Erfahrungen mit Invarianz und Repräsentanz von Mengen, erkennt und unterscheidet Merkmale von Gegenständen, z. B. Form-, Farb-, Größen- und Materialeigenschaften, Lagequalität und Lagebeziehungen,
> - erkennt Zahldarstellung und deren Bedeutung in seiner Umgebung, z. B. Busnummer, Hausnummer, versteht und nutzt das Dezimalsystem, bildet eine Zahlenreihenfolge,
> - löst Rechenoperationen, wendet Übergänge in Rechenoperationen an, z. B. Zehnerübergang, benutzt Rechenzeichen für die Addition und Subtraktion, Multiplikation und Division adäquat, macht Erfahrungen mit alltagsbezogenen Sachaufgaben und löst sie« (ebd., S. 28).

4.1.5 Ausblick

Die Lehrpläne für den FgE stellen sich insgesamt sehr unterschiedlich dar, was schon alleine an den drei o. g. Beispielen deutlich wird (Schäfer 2017a). Im Schwerpunkt werden arithmetische und geometrische Inhalte (im Schwerpunkt das Messen und vereinzelt Größen) genannt, sowie die Themen Geld und Zeit.

Zunehmend beginnen fachwissenschaftliche Anleihen Einzug zu halten, zugleich bleiben ein konkreter Anschluss an die Bildungsstandards und eine konsequente Ausrichtung an einem mathematischen Modell außen vor. Auch der Bildungsplan Baden-Württemberg (2009) und die hessischen Richtlinien (2013), die deutlich nach den Bildungsstandards veröffentlicht wurden, nehmen keinerlei konkreten Bezug zu diesen.

Der bayrische Lehrplan stellt sogar fest: »Die Inhalte aus dem pränumerischen Bereich gelten als Voraussetzung für den Umgang mit Zahlen, Operationen und Größen in unterschiedlichen Zahlenräumen« (Bayern 2003, S. 164) – eine Einschätzung, der aktuelle Arbeiten deutlich entgegentreten. »Der Weg zum Verständnis von Zahlen, Mengen und Operationen führt nicht über die intensive Beschäftigung mit pränumerischen Aktivitäten« (Peter-Koop 2016, S. 7; außerdem Ratz 2009; Ratz & Wittmann 2011; Schäfer 2016a; Dönges 2016; Siegemund 2016; 2017).

4.2 Die Bildungsstandards der KMK (Grundlagen)

Sowohl bei den Lehrplänen als auch bei den Bildungsstandards werden fachliche Inhalte festgesetzt. Beide Vorgaben beruhen auf normativen Setzungen, also auf Vorgaben über das, was die Kinder und Jugendlichen (sozusagen von Staats wegen) lernen sollen und können müssten (Reiss & Obersteiner 2017). Zugleich unterscheiden sich die Bildungsstandards von den üblichen Lehrplänen:

- Die Bildungsstandards der KMK formulieren zusätzliche prozessbezogene Kompetenzen, also »Möglichkeiten, wie sich Schülerinnen und Schüler mit den beschriebenen Inhalten auseinandersetzen sollten« (ebd., S. 66).
- Zudem formulieren die Bildungsstandards für die Grundschule und die weiterführenden Regelschulen Anforderungsniveaus, »auf denen diese Auseinandersetzung stattfinden soll« (ebd.).
- Schließlich gilt als wesentliche Ergänzung (und als Erweiterung der Methodik des Inputs) die Prüfung des unterrichtlichen Angebots auf der Grundlage normierter Testverfahren zur Sichtung des sogenannten Outcomes (Klieme et al. 2003).

Für den Regelschulbereich beschreiben damit die Bildungsstandards Mathematik »auf nationaler Ebene, orientiert an einer Idee von mathematischer Grundbildung im Primarbereich, mathematische Kompetenzen, die Schülerinnen und Schüler am Ende der vierten Jahrgangsstufe erreichen sollen« (Walther et al. 2012, S. 17).

4.2 Die Bildungsstandards der KMK (Grundlagen)

Damit werden an den Fachwissenschaften (hier Mathematik) ausgerichtete Standards »als Impuls für Qualitätsentwicklung von Mathematikunterricht formuliert« (ebd., S. 22).

> Der verbindliche Charakter (im Sinne von Leistungsvergleichen) der Bildungsstandards gilt jedoch *nicht* für den Unterricht im FgE (auch nicht für den Förderschwerpunkt Lernen). Der Ansatz des normativen Vergleichens schließt sich auf der Grundlage eines individualpädagogischen Verständnisses von Bildung und Erziehung in einer äußerst heterogenen Schülerschaft im FgE per se aus (Musenberg et al. 2008).

Zugleich können die fachlichen Impulse der Bildungsstandards Mathematik auch für den FgE »ideengebend« sein (Ratz & Wittmann 2011, S. 137; Schäfer 2016a, S. 4 f.). Beispielhaft sollen in Ausrichtung an den inhaltsbezogenen und prozessbezogenen mathematischen Kompetenzen in Kapitel 5 und 6 die jeweiligen Grundlagen aus fachwissenschaftlicher Perspektive beschrieben und darauf aufbauend konkrete Bezüge zur Praxis im FgE skizziert werden (▶ Abb. 4.1).

Zu ergänzen sind die *Technischen Grundfertigkeiten*, die im Zuge der Weiterentwicklung der prozessbezogenen mathematischen Kompetenzen hinzugefügt wurden (KMK 2013, S. 5) und als »Voraussetzung für den Erwerb weiterer inhaltsbezogener Kompetenzen und für die produktive Nutzung von Mathematik und für weiterführende Lernprozesse« (ebd.) verstanden werden müssen (vgl. Wittmann & Müller 2007). Diese Ergänzung fließt bisher selten in den fachdidaktischen Diskurs (schon gar nicht in den Arbeiten zur schulischen Geistigbehindertenpädagogik) ein, weshalb diese technischen Grundfertigkeiten in den folgenden Darstellungen zwar mitgedacht werden, jedoch sich zunächst nicht in der Abbildung 4.1 oder weiteren Gliederungspunkten wiederfinden sollen (▶ Abb. 4.1, vgl. Schäfer 2016a, S. 5).

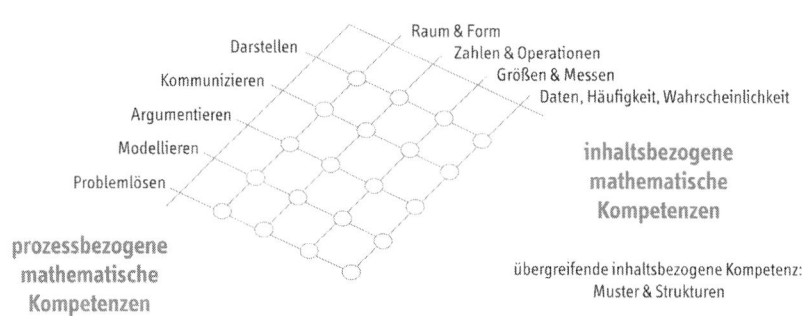

Abb. 4.1: Struktur mathematischer Kompetenzen der Bildungsstandards (Peter-Koop, A./Wollring, B. (2015b): Handlungsleitende Diagnostik mit dem Elementar-Mathematischen BasisInterview (EMBI). In: Lernen konkret 3 (34), S. 32–35, S. 22)

5 Allgemeine mathematische Kompetenzen im Kontext FgE

Während die inhaltsbezogenen mathematischen Kompetenzen der Bildungsstandards hinsichtlich ihrer Bedeutsamkeit für die Mathematik im FgE an anderen Stellen bereits genannt werden (bspw. Ratz & Wittmann 2011; Dönges 2016; Schäfer, Peter-Koop & Wollring 2019), erfahren die allgemeinen (prozessbezogenen) mathematischen Kompetenzen eine bisher untergeordnete Beachtung.

Doch auch hier lassen sich grundlegende Orientierungspunkte finden, die – nicht ausgerichtet auf Schulbesuchsjahre oder Lernstandserhebungen – strukturgebend für den Mathematikunterricht im FgE sein können. Je konkreter die Kompetenzfelder (▶ Kap. 5.1 bis 5.5) auf die Praxis im FgE heruntergebrochen werden, desto deutlicher werden dahingehende (auch intentionale, also lernzielorientierte) Gemeinsamkeiten offensichtlich.

Diese Felder bewegen sich mit Bezug auf die Heterogenität der Schülerschaft auf unterschiedlichen mathematischen und sprachlich-kommunikativen Niveaustufen. Sie erheben auch nicht den Anspruch, für alle Schüler in allen Lernfeldern der Inhaltsbereiche zugänglich sein zu können.[2]

> Die wesentliche Erkenntnis in diesem Zusammenhang ist es, die nachstehend genannten allgemeinen Kompetenzen (sowie später die inhaltsbezogenen Kompetenzen) nicht aus einer in erster Linie zeitlichen Perspektive zu betrachten, wie es die Bildungsstandards für den Grundschulbereich gewohnt sind (»am Ende des 4. Grundschuljahres«). Vielmehr liegt der Mehrwert einer dahingehenden curricularen Ausrichtung darin, mathematisch fachwissenschaftlich anschließende didaktische und methodische (auch sprachliche) Orientierungspunkte und mögliche Zielstellungen identifizieren zu können, die durch den nichtverbindlichen Charakter für den FgE individualpädagogische Lernpläne und je eigene Entwicklungsschritte über die gesamte Schulbesuchszeit hinweg entfalten können.
>
> Dies bedeutet zugleich, die gezeigten Kompetenzfelder über viele Jahre hinweg denken und zugleich Grenzen erkennen zu müssen. Eine Balance zwischen *Zutrauen* und *Geduld* wird immer wieder zu wahren sein.

Eine Anmerkung vorweg: Die nachstehend genannten Kompetenzen »sind in der Unterrichtsrealität selten sauber voneinander zu trennen« (Walter et al. 2012, S. 26).

---

2 Die Darstellungen der Bildungsstandards beziehen sich auf ein Kompetenzniveau am Ende des 4. Grundschuljahres (KMK 2004, S. 7).

Oft werden einzelne Aspekte mehrerer Kompetenzfelder angesprochen, außerdem wird hinsichtlich der heterogenen Zusammensetzung im FgE zugleich von unterschiedlichen Ausprägungsgraden der Kompetenzen auszugehen sein (Schipper, Ebeling & Dröge 2015a).

5.1 Problemlösen

> **Problemlösen**
>
> - Mathematische Kenntnisse, Fertigkeiten und Fähigkeiten bei der Bearbeitung problemhaltiger Aufgaben anwenden;
> - Lösungsstrategien entwickeln und nutzen (z. B. systematisch probieren);
> - Zusammenhänge erkennen, nutzen und auf ähnliche Sachverhalte übertragen.
>
> (KMK (2013): Kompetenzstufenmodell zu den Bildungsstandards im Fach Mathematik für den Primarbereich (Jahrgangsstufe 4). Auf Grundlage des Ländervergleichs 2011 überarbeitete Version in der Fassung vom 11. Februar 2013, S. 4)

Weitet man den Blick etwas gegenüber den meist numerischen Beispielen der Fachdidaktik (etwa dem Zahlgitter in Walther et al. 2012, S. 26 ff.), können bspw.

- Fragestellungen der Arbeitslehre ganz konkret genutzt werden, geometrische Zusammenhänge auf ähnliche Sachverhalte zu übertragen (das Messen von Werkstücken und das Aufmaß von Räumen im Kontext Wohnungssuche im Sinne einer realistischen Einschätzung des Wohnraums),
- oder auch hauswirtschaftliche Abläufe (Abmessen vorgegebener Mengen beim Rezept) auf berufsbildende Projekte übertragen werden (Mischungsverhältnis Wasser–Zement).

Schon von Beginn an beschäftigen sich die Schüler im FgE mit der Handhabung des Geldes und mit dem Umgang mit der Uhr. Auch innerhalb dieser beiden Lernfelder können ganz konkret Problemstellungen mit Hilfe mathematischer Kenntnisse, Fähigkeiten und Fertigkeiten gelöst werden (bspw. bei der Zusammenstellung der Einkaufsliste (Addition/Subtraktion) oder der zeitlichen Planung der Klassenfahrt).

Schon bei diesen beiden Beispielen wird deutlich, dass hier Überschneidungen zu den anderen Kompetenzen entstehen (müssen), sowohl in Bezug zu den allgemeinen (hier: Kommunizieren und Argumentieren) als auch zu den inhaltlichen Kompetenzbereichen (hier: Zahlen & Operationen und Größen & Messen).

5.2 Kommunizieren

> **Kommunizieren**
>
> - Eigene Vorgehensweisen beschreiben, Lösungswege anderer verstehen und gemeinsam darüber reflektieren;
> - mathematische Fachbegriffe und Zeichen sachgerecht verwenden;
> - Aufgaben gemeinsam bearbeiten, dabei Verabredungen treffen und einhalten.
>
> (KMK (2013): Kompetenzstufenmodell zu den Bildungsstandards im Fach Mathematik für den Primarbereich (Jahrgangsstufe 4). Auf Grundlage des Ländervergleichs 2011 überarbeitete Version in der Fassung vom 11. Februar 2013, S. 4)

Insbesondere der zweite Punkt der Kompetenz kann (und muss) schon zu Beginn der Primarstufe Beachtung finden, natürlich auf einem ganz basalen Niveau. Hier steht die sachgerechte Verwendung mathematischer Fachbegriffe und Zeichen im Vordergrund (Stichwort Mathematik als erste Fremdsprache), auch in Bezug zu den sprachlichen Hürden der Schüler ein wichtiger Punkt, den es von Beginn an zu beachten gilt und der im Laufe der Schulbesuchsjahre inhaltlich ausgeweitet wird (»plus«, »minus«, »mal«, »geteilt« und »ist gleich« sowie auch Maßeinheiten wie »cm« und »mm« oder »l« und »ml« usf.).

Auch das Beschreiben der eigenen Vorgehensweisen (»ich lege zu den 2 Steinen weitere 3 Steine hinzu«) kann im Sinne eines Versprachlichens mathematischen Handelns sowohl als entwickelte Kompetenz bewertet, als auch im Sinne einer Unterstützung der Verinnerlichung operativer Abläufe eingesetzt werden.

Grundsätzlich erweist es sich als hilfreich, mathematisches Handeln in soziale Bezüge einzubinden (bspw. Partner- und Gruppenarbeiten) und Lösungswege durch gemeinsames Handeln entstehen und entwickeln zu lassen. Auch im FgE profitieren die Schüler von der kommunikativen Auseinandersetzung im Lösungsprozess, wenn sie Rechenwege und Überlegungen versprachlichen sowie vom Sprachvorbild des Lehrers profitieren. Hilfreich sowohl für die Schüler als auch für den Lehrer/das Lehrerteam sind hier verbindliche Wortspeicher, also ein Verständigen darüber, was als Wortmaterial angeboten und gespeichert werden soll. Dies dient auch bei Übergängen der Vermeidung leidvoller Brüche in der Unterrichtsmethodik.

5.3 Argumentieren

> **Argumentieren**
>
> - Mathematische Aussagen hinterfragen und auf Korrektheit prüfen;
> - mathematische Zusammenhänge erkennen und Vermutungen entwickeln;
> - Begründungen suchen und nachvollziehen.
>
> (KMK (2013): Kompetenzstufenmodell zu den Bildungsstandards im Fach Mathematik für den Primarbereich (Jahrgangsstufe 4). Auf Grundlage des Ländervergleichs 2011 überarbeitete Version in der Fassung vom 11. Februar 2013, S. 4)

Der Aspekt des Hinterfragens mathematischer Aussagen und das Prüfen auf Korrektheit als Lernziel und Unterrichtsgegenstand sind besonders für den Personenkreis der Menschen mit geistiger Behinderung (also auch für die Schüler im FgE) von Bedeutung, denn oft neigen sie dazu, Sachverhalte (wie bspw. Rechnungen) unkritisch zu akzeptieren und dem Gegenüber zu vertrauen (vgl. hier bspw. auch die Arbeiten zur Mitwirkung und Partizipation in Schütte & Schlummer 2016).

Es kann also (bspw. mit Blick auf die Rolle als Konsument) ein wichtiges Lernfeld (und damit auch Kompetenzanspruch) sein, die Schüler im FgE dahingehend zu sensibilisieren, mathematische Aussagen (Gesamtbetrag an der Kasse) zu hinterfragen und auf Korrektheit zu prüfen (ggf. auch mit Hilfe des Kassenzettels).

Aber auch unterrichtliches Handeln in Schülerfirmen erfordert eine gesunde kritische Haltung hinsichtlich der Ausgaben (Wareneinsatz), der Einnahmen (Verkauf von Produkten) und des Gewinns/des Verlusts.

Die Kompetenz des Erkennens von mathematischen Zusammenhängen findet sich auch in Punkt 5.1 (Problemlösen) wieder, auch dies wieder ein Hinweis auf die Verwobenheit der allgemeinen Kompetenzen untereinander. Hier geht es zudem darum, Vermutungen im Zusammenhang mit einer mathematischen Fragestellung zu entwickeln. Diese Vermutung kann bspw. im Bereich der Arbeitslehre auch darin bestehen, die geschätzte Gesamtlänge eines Zauns (ca. 50 m, nicht kreisförmig) dadurch zu bestimmen, indem die Pfosten gezählt (20 Stück + 1 Anfangspfosten), der Abstand zwischen den Pfosten bestimmt (2,50 m) und die beiden Werte miteinander in Beziehung gesetzt werden (20 Zwischenräume mal 2,50 m = Gesamtlänge 50 m). Das Aufmalen der Zaunanlage kann bei der Argumentation helfen, bspw. auch um die Frage der 21 Pfosten oder auch die Notwendigkeit des Überlappens der Zaunbretter zu verdeutlichen.

Während die Schülerinnen und Schüler im regelhaften Grundschulbereich gegen Ende des vierten Schuljahres in der Regel bereits auf mehr abstrakten Ebenen argumentieren können (also die Fragestellungen genuin mathematisch zu lösen beginnen), erweist sich die konkrete Übersetzung in Sachzusammenhänge für Kinder und Jugendliche mit geistiger Behinderung als notwendig (und sinnhaft). Zugleich sollten wir an die Rückführung denken (also wieder von der bildhaften, thematischen Sach- zur mathematischen Struktur in ggf. formelhafter Darstellung).

5.4 Modellieren

> **Modellieren**
>
> - Sachtexten und anderen Darstellungen der Lebenswirklichkeit die relevanten Informationen entnehmen;
> - Sachprobleme in die Sprache der Mathematik übersetzen und diese Lösungen auf die Ausgangssituation beziehen;
> - zu Termen, Gleichungen und bildlichen Darstellungen Sachaufgaben formulieren.
>
> (KMK (2013): Kompetenzstufenmodell zu den Bildungsstandards im Fach Mathematik für den Primarbereich (Jahrgangsstufe 4). Auf Grundlage des Ländervergleichs 2011 überarbeitete Version in der Fassung vom 11. Februar 2013, S. 5)

Diese Kompetenz bezieht sich auf den eingangs formulierten Anspruch der Mathematisierung von Alltagshandlungen, also der Übersetzung einer konkreten Situation oder Fragestellung in eine mathematische Darstellung ($8 + 5 = 13$). Einerseits handelt es sich hier um einen intentionalen Zugang, d. h., es kann ein Lernziel auch für die Schüler im FgE sein, aus Sachtexten und Darstellungen der Lebenswirklichkeit die relevanten Informationen entnehmen zu können. Zugleich kann es aber auch Lerngegenstand (Was?) und methodischer Zugang (Wie?) sein, um abstraktes Handeln durch konkreten Sachbezug anschaulich erklären zu können.

In einem solchen zirkulären Verständnis (also sozusagen der Übersetzung der o. g. Ebenen nach Bruner (1966 und 1971) und der Erweiterung in Aebli (1989) (außerdem Fritz & Ricken 2009; Schulz 2009) kann auch das Modellieren für die Mathematik im FgE ein angemessener Kompetenzbereich sein, wenn die einzelnen Schritte sorgsam geübt und spiralcurricular im Laufe der Schulbesuchsjahre mit zunehmender Komplexität geübt werden.

Zusätzlich können die Schritte mit Zeichnungen, Bildern und Grafiken näher erläutert (visualisiert) werden und sind so für die Schüler besser (in konkretere Zusammenhänge übersetzt) fassbar (▶ Kap. 5.5).

5.5 Darstellen

> **Darstellen**
>
> - Für das Bearbeiten mathematischer Probleme geeignete Darstellungen entwickeln, auswählen und nutzen;
> - eine Darstellung in eine andere übertragen;
> - Darstellungen miteinander vergleichen und bewerten.
>
> (KMK (2013): Kompetenzstufenmodell zu den Bildungsstandards im Fach Mathematik für den Primarbereich (Jahrgangsstufe 4). Auf Grundlage des Ländervergleichs 2011 überarbeitete Version in der Fassung vom 11. Februar 2013, S. 5)

Auch im schulischen Alltag im FgE setzen sich die Schüler immer wieder mit Fragen der Darstellung mathematischer Sachverhalte auseinander, die hinsichtlich dieses Kompetenzbereichs genutzt werden können. Das Beispiel in Abbildung 5.1 zeigt die gewählte Darstellungsform in der Schulwäsche, die von der Abschlussstufe im Rahmen des Arbeitstages bearbeitet wird. In einer tabellarischen Darstellung notieren die Schüler die jeweiligen Bedarfe an Geschirrtüchern, Spültüchern, Gästetüchern und Waschlappen und bekommen so einen Gesamtüberblick nach Addition aller Einzelposten (▶ Abb. 5.1).

Zugleich wird es den Schülern in anderen Zusammenhängen deutlich, dass solche Vorgehensweisen exemplarisch diesbezügliche Möglichkeiten vorhalten (also tabellarische Darstellung in den Tabellen der Fußball-Bundesliga, beim Fernseh-Programm usf.).

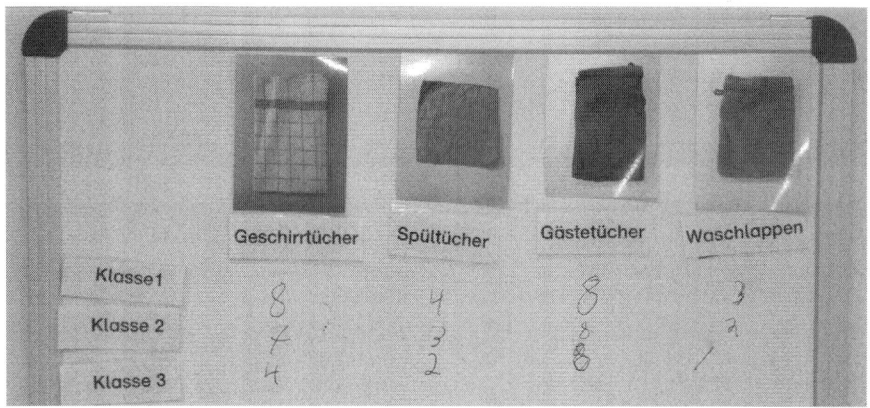

Abb. 5.1: Übersicht (Ausschnitt) der Tafel in der Schulwäsche zum jeweiligen Bedarf in den Klassen

6 Inhaltsbezogene mathematische Kompetenzen im Kontext FgE

Dieses Kapitel beschäftigt sich mit den inhaltsbezogenen mathematischen Kompetenzen der Bildungsstandards, die hier mit Verweis auf die Arbeiten von Ratz & Wittmann (2011) und Schäfer (2016a) als ideengebend verstanden werden sollen. Es sei nochmal und ausdrücklich auf den nicht verbindlichen Charakter für den Unterricht im FgE hingewiesen.

Die zu Beginn der Kapitel 6.1 bis 6.5 gezeigten Kompetenzbereiche der KMK (2004) stellen an die Fachwissenschaften anschließende Orientierungspunkte im Sinne einer Input- und Prozesssteuerung dar. Diesem Überblick folgen in den Kapiteln die jeweiligen Grundlagen für den FgE (Peter-Koop & Wollring 2015a). Aktuelle (und auch kritische) Ausführungen im Allgemeinen finden sich in Schipper, Ebeling & Dröge (2015a).

6.1 Muster und Strukturen

Mit Hinweis auf Wittmann (2003) stellt Philipp (2017) fest: »Mathematische Muster dürfen nicht als fest Gegebenes angesehen werden, das man nur betrachten und reproduzieren kann. Ganz im Gegenteil: Es gehört zu ihrem Wesen, dass man sie erforschen, fortsetzen, ausgestalten und selbsterzeugen kann« (Wittmann 2003, S. 18, zitiert in Philipp 2017, S. 74).

Für Philipp (2017) ist der Adressat in Wittmanns Ausführung auf mehreren Ebenen zu finden: mit »man« können die Schüler als die Lernenden ebenso gemeint sein wie die Lehrer und Wissenschaftler als die Lehrenden, also alle, die sich mit Mathematik als der Wissenschaft von Mustern und Strukturen beschäftigen. Ein Ansatz, der auch für die Mathematik im FgE von Bedeutung sein kann, wenn man Mathematik als spannendes, nicht statisch festgeschriebenes, sondern zugleich aktiv zu beeinflussendes Handlungsfeld versteht, das man gerade auf diesem Weg Lernenden im FgE attraktiv näherbringen kann (vgl. auch hierzu die Ausführungen zum aktiv entdeckenden Lernen in Ratz & Moser Opitz 2015).

Auch im Kompetenzstufenmodell der Bildungsstandards wird der Inhaltsbereich Muster und Strukturen anlehnend an Wittmann & Müller (2007) dahingehend beschrieben, »Muster in die Sachsituation hineinzulesen, die im Text gar nicht genannt sind. Bei der Lösung müssen die genannten Daten in einen größeren Zusammenhang gebracht und mathematisch verknüpft werden. Dies gelingt umso leichter, je mehr Muster zur Verfügung stehen und je mehr man gelernt hat, in Beziehungen zu denken« (KMK 2013; Wittmann & Müller 2007).

Die Bildungsstandards nennen für den Kompetenzbereich folgende Standards: (1) *Gesetzmäßigkeiten erkennen, beschreiben und darstellen,* und (2) *Funktionale Beziehungen erkennen, beschreiben und darstellen.*

Muster und Strukturen

Gesetzmäßigkeiten erkennen, beschreiben und darstellen:

- Strukturierte Zahldarstellungen (z. B. Hundertertafel) verstehen und nutzen;
- Gesetzmäßigkeiten in geometrischen und arithmetischen Mustern (z. B. Zahlenfolgen und strukturierten Aufgabenfolgen) erkennen, beschreiben und fortsetzen;
- Arithmetische und geometrische Muster selbst entwickeln, systematisch verändern und beschreiben.

Funktionale Beziehungen erkennen, beschreiben und darstellen:

- Funktionale Beziehungen in Sachaufgaben erkennen, sprachlich beschreiben (z. B. Menge – Preis) und entsprechende Aufgaben lösen;
- Funktionale Beziehungen in Tabellen darstellen und untersuchen;
- Einfache Sachaufgaben zur Proportionalität lösen.

(KMK (2013): Kompetenzstufenmodell zu den Bildungsstandards im Fach Mathematik für den Primarbereich (Jahrgangsstufe 4). Auf Grundlage des Ländervergleichs 2011 überarbeitete Version in der Fassung vom 11. Februar 2013, S. 7)

Alleine in dieser Darstellung wird deutlich, dass es sich nicht um einen gesonderten, isolierten Kompetenzbereich handelt, sondern dass die Auseinandersetzung mit zahlenmäßigen und formenbezogenen Mustern und Strukturen von Größen und Relationen ein übergeordnetes Kompetenzfeld sein muss und sein soll (Peter-Koop & Wollring 2015a).

Wittmann & Müller (2012 f) stellen hierzu fest: »Muster und Strukturen kommen streng genommen in der Realität gar nicht vor, sondern sind theoretische Konstrukte, die in die Realität hineingelesen werden« (ebd., S. 50). Die Kompetenz des Erlesens ist wiederum wichtig, damit die Mathematik und ihre Theorie für die individuelle Umwelterschließung zur Verfügung stehen können. So ist der Blick stets zu richten auf die Beziehung zwischen der *reinen* und der *angewandten* Mathematik (Padberg & Benz 2011; Padberg 2012; Padberg & Büchter 2015).

Mit Blick auf die eingangs beschriebenen Entwicklungslinien mathematischer Kompetenzen von Lernenden im FgE in Anlehnung an das Mathematiklernen von Schülern ohne Beeinträchtigung ist davon auszugehen, dass auch für diese Schüler ein »Zusammenhang zwischen Strukturierungsfähigkeit und mathematischer Leistung« herzustellen ist (Benz et al. 2015, S. 302). Und folgt man den Ausführungen von Wittmann & Müller (2012) mit Verweis auf die Studien von Steinweg (2001), scheinen Kinder grundsätzlich ein gewisses Verständnis (und Interesse) für Muster mitzubringen, auf das aufgebaut werden kann (Lorenz 2006).

Diese Voraussetzungen gilt es in kontinuierlichem Anbieten entsprechender Übungen und sorgsam aufbereiteter Sequenzen auch im FgE zu nutzen. Nicht zuletzt geben Muster und Strukturen auch Sicherheit und Verlässlichkeit, bspw. wenn sich die Schüler stets *nach demselben Muster* an der Tür aufstellen, wenn sie auf die Pause warten oder *nach demselben Muster* das Besteck auf dem Tisch auflegen (Kaufmann 2011, S. 64 f.).

Zur Modellierung und Veranschaulichung realer Situationen und mathematischer Fragestellungen dienen im Unterricht u. a. künstliche Verkörperungen (als Repräsentanten) wie bspw. »Zwanzigerfeld, Hundertertafel, Zahlengerade, Einmaleinstafel, Stellenwerttafel und Plättchen« (ebd.; Lorenz 2012, S. 177). Wichtig ist die mathematische Korrektheit der Repräsentanten, denn auch hier können fehlerhafte (sonderpädagogisch gutgemeinte) Darstellungen zu weiteren Behinderungen führen.

Durch jedoch sinnhaftes (bspw. durch Nutzen der Kraft der 5 oder der 10, wie Krauthausen (1995) es aufzeigt) und korrektes Darstellen und Repräsentieren entstehen bei den Schülern konkrete Eindrücke, wie bspw. Mengen in einer gewissen Struktur überschaubar werden. Eine Fähigkeit, die bspw. für das simultane und quasi-simultane Anzahlerfassen von großer Bedeutung ist (Benz et al. 2015, S. 298 ff. u. S. 303; ▶ Abb. 6.1; vgl. zum gestützten Üben als Brücke zwischen konkret und abstrakt die Überlegungen von Schmassmann 2013, S. 12 ff.).

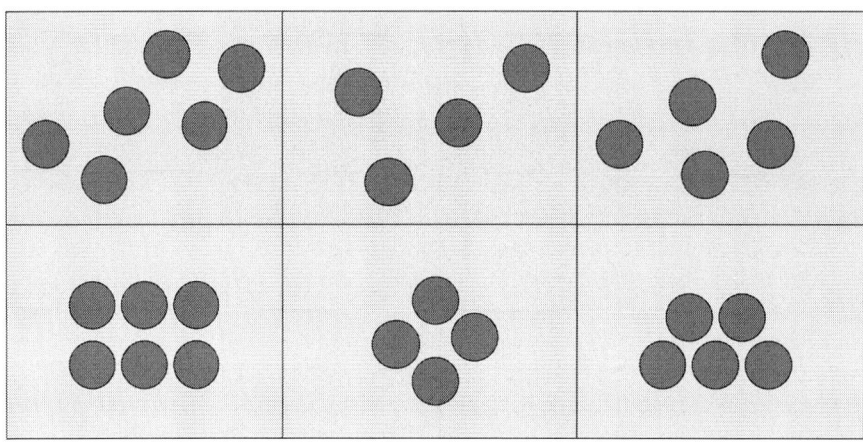

Abb. 6.1: Unstrukturierte und strukturierte Punktbilder

Doch auch bei größeren Mengen bzw. auch beginnenden operativem Handeln (bspw. die Multiplikation mit einstelligen Faktoren) kann die Einsicht in die Struktur der Menge (auch und besonders für die schulische Geistigbehindertenpädagogik) durch die Darstellung mit Punktfeldern vorteilhaft sein. »Die Überlegenheit rechteckiger Punktfelder zeigt sich nicht nur darin, dass die Addition gleicher Summanden auf einen Blick ersichtlich ist, sondern vor allem darin, dass damit die Rechengesetze, deren formale Darstellung für die Grundschule völlig ungeeignet ist, handelnd erfasst werden kann« (Wittmann & Müller 2012a, S. 54 f., ▶ Abb. 6.2, ▶ Abb. 6.3, ▶ Abb. 6.4).

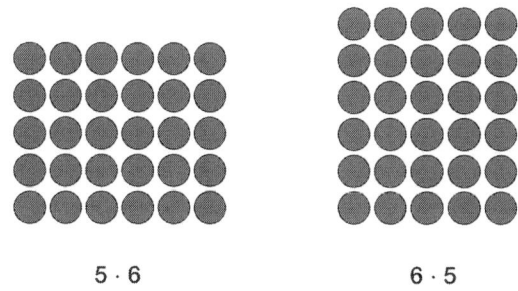

Abb. 6.2: Das Kommutativgesetz (Vertauschungsgesetz)

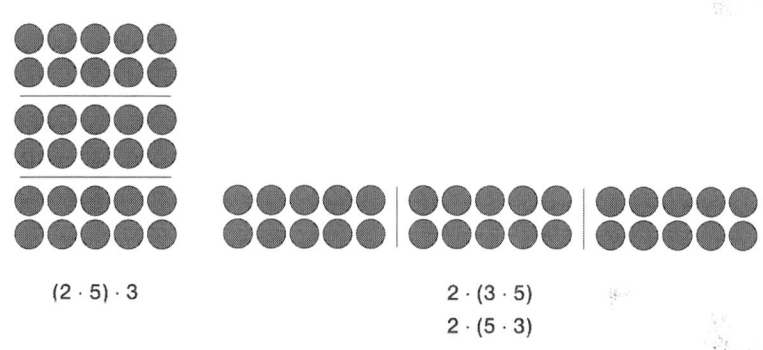

Abb. 6.3: Das Assoziativgesetz (Verbindungs- oder Verknüpfungsgesetz)

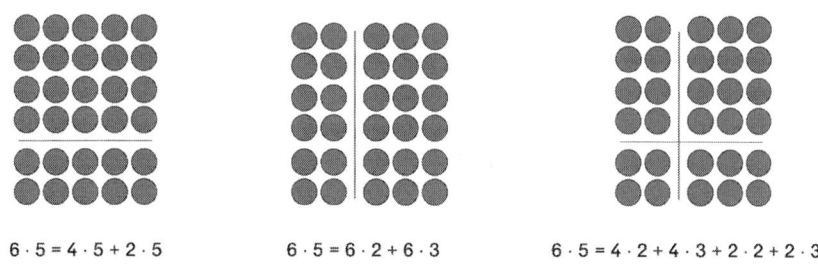

Abb. 6.4: Das Distributivgesetz (Verteilungsgesetz)

Diese Fähigkeiten im Zusammenhang mit der Entdeckung von Mustern und Strukturen entwickeln sich auch im regelhaften Entwicklungsverlauf nicht unmittelbar, sondern sind ein auf Dauer angelegter Erkenntnisprozess (Lorenz 2006), den es besonders für Kinder und Jugendliche mit geistiger Behinderung immer (und immer) wieder zu üben gilt.

Im Sinne eines Aufeinander-Aufbauens der Fähigkeiten kann es so noch für den Primarbereich bedeutsam sein, additive Strategien im Zusammenhang mit dem Kommutativgesetz aufzuzeigen und zu üben ($5 + 6 = 6 + 5$) und assoziativ zu erweitern ($6 + 5 = 6 + (4 + 1) = 11$). Diese Strategien können dann analog beim späteren Üben des kleinen Einmaleins genutzt werden ($5 \cdot 6 = 6 \cdot 5$) (▶ Abb. 6.2 bis 6.4) (Ratz & Wittmann 2011, S. 141 ff.).

Im Sinne einer vorteilhaften Nutzung von Redundanzen wird es zugleich darauf ankommen, abwechslungsreiche Übungsphasen anzubieten, die auditive, visuelle, taktile und motorische, bewegungsbetonte (auch künstlerische) Aspekte auf den Darstellungsebenen des E-I-S-Prinzips zu berücksichtigen wissen (bspw. Schlüter 2014, S. 20; Wittmann & Müller 2017, S. 201 ff.).

Konkret lassen sich für den Unterricht im FgE aus der regelhaften Elementar- und Primarstufenpädagogik wesentliche Strukturen erkennen und konkrete Fördermöglichkeiten ableiten (Kaufmann 2011; Wittmann 2016):

- *Muster und Sprache – Begriffsbildung*: Ein Begriff meint ein übergeordnetes Verständnis von Dingen und ist in seiner Bildung (Begriffsbildung) für den FgE eine große Herausforderung. Sowohl hinsichtlich der Artikulation und Wortfindung bzw. -speicherung als auch hinsichtlich der Umsetzung vom Konkreten zum Abstrakten (Söbbeke & Nührenbörger 2016, S. 10 ff.). Grundsätzlich lassen sich mit Franke & Reinhold (2016) bei der Gewinnung mathematischer Begriffe folgende Stufen im regelhaften Entwicklungsverlauf unterscheiden:
    - *Intuitives Begriffsverständnis*: Repräsentanten für den Begriff sind bekannt und häufig werden Vergleiche mit einem Prototyp gesucht (sieht aus wie …)
    - *Inhaltliches Begriffsverständnis*: Erfassung der bestimmenden Begriffseigenschaften
    - *Integriertes Begriffsverständnis*: »Die Kinder erfassen die Beziehungen zwischen den Eigenschaften eines Begriffs und auch die Beziehungen zwischen Begriffen innerhalb einer Begriffshierarchie« (Kaufmann 2011, S. 65).
- *Sortieren und Klassifizieren*: Hier geht es um das Herstellen von Ordnungen. Das Sortieren ist im kindlichen Spielen angelegt und auch in unterschiedlicher Intensität bei Kindern und Jugendlichen im FgE ausgebildet. Das Bilden von Kategorien ist bereits eine erste Abstraktionsleistung und »ein wichtiger Schritt in der Entwicklung des mathematischen Denkens« (ebd.). Als unterschiedliche Übungen sind zu nennen: Kategorien finden, Kategorien erkennen und Kategorien füllen (also bspw. das Sortieren nach vorgegebenen Regeln).
- *Gesetzmäßigkeiten in Mustern erkennen, beschreiben, fortsetzen, selbst entwickeln*: Dieser Ansatz ist besonders für den FgE von Vorteil, weil hier per se ein mehrsensorischer Zugang gegeben ist.
    - *Visuell wahrnehmbare Muster*: Überall können Muster gefunden werden, die abgemalt, gezeichnet, fotografiert, gesammelt und dokumentiert werden können. Ebenso können Muster frei gelegt werden. Alleine oder in Partner- und Gruppenarbeiten sind dies auch schon für die Primarstufe im FgE denkbare Zugänge. Genauso können die Schüler eigene Muster und Folgen drucken, zeichnen und

stempeln und schließlich komplexere Muster in ihrer Struktur erkennen und fortsetzen, wie es in einigen Mathematikheften für die Grundschule auch angeboten wird (vgl. hierzu bspw. Deutscher 2013, S. 18 ff.). Nicht selten sind diese Aufgaben auch im FgE schöne Differenzierungsformen und bieten anregungsreiches Material.
– *Akustische Muster und Bewegungsmuster* (▶ Abb. 6.5): Im Sinne eines ganzheitlichen Zugangs wird es im FgE für die mathematische Annäherung bedeutsam sein, auch akustische Muster und Bewegungsmuster als Prinzip in den Unterricht einzubeziehen. Kinder und Jugendliche mit geistiger Behinderung profitieren nachweislich durch ein mehrsensorisches Lernen (und damit Lehren) (Mitchell 2015). Kaufmann (2011) nennt hier folgende (auch für den FgE nutzbare) Möglichkeiten:
(1) Erfinden von akustischen Mustern,
(2) Fortsetzen von akustischen Mustern,
(3) Fortsetzen von Bewegungsmustern und
(4) strukturgleiche Muster erkennen und herstellen (ebd., S. 73 f.).
Besonders ansprechend können hier Klangblöcke (Rhythmik) und Xylophone (Tonfolgen) sein, die den Lernenden über die Altersstufen hinweg emotionalen Zugang bieten können.

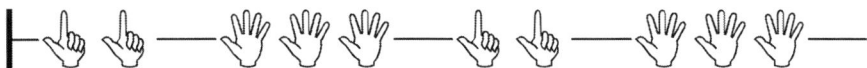

Abb. 6.5: Muster-Erkennen und Muster-Nachstellen durch Bewegungs- und Darstellungs-Übungen

Diese Muster und Strukturen lassen sich nach Philipp (2017) für Grundschulkinder bis zum 4. Schulbesuchsjahr und damit auch durch ein in diesem Rahmen auszumachendes Leistungs- und Anforderungsprofil für den FgE (Ratz 2009) typischerweise in folgenden Kontexten finden:

- *Musterfolgen*: Hier sind folgende Aktivitäten denkbar: »Grundeinheit finden und markieren, Muster fortsetzen, einzelne Elemente ergänzen, eigenes Muster erfinden« (Philipp 2017, S. 79). Je mehr Variationen berücksichtigt werden, desto nachhaltiger scheinen sich Merkmale und Stützpunkte auch bei Kindern mit geistiger Behinderung zu verinnerlichen. Bspw. können bestimmte Muster sowohl durch Nachmalen, Nachlegen oder durch Zeigen geübt werden. Zugleich lassen sich hierzu analog Zahldarstellungen üben und wiederum Querverbindungen absichern ($1-3-5-7-9-11\ldots$ und dementsprechend $11+2=13$ bzw. $11-2=9$ zur Bestimmung von Vorgänger und Nachfolger innerhalb der Folgen).
- *Muster und Strukturen in Zahldarstellungen*: Zahldarstellungen nutzen grundsätzlich die strukturellen Eigenschaften von Zahlen, d. h., der Leser der Darstellungsform muss auch zwangsläufig mit den strukturellen Gegebenheiten umgehen können: »Veranschaulichungen von Zahlen sind nur dann eine Hilfe für Lernende, wenn

ihre Struktur verstanden wird« (Philipp 2017, S. 81). Hier ist nun wiederum zu unterscheiden zwischen Zahlbildern, die auch mit Blick auf die simultane Erfassung bis 5 genutzt werden, und der dekadischen Struktur (Hunderterfeld), um auch über den Zahlenraum 5 hinausgehende Strukturen abzubilden (▶ Abb. 6.6).

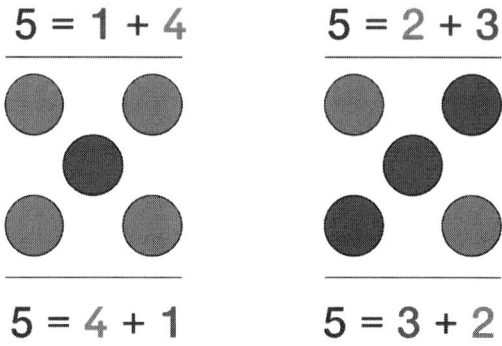

Abb. 6.6: Darstellung der Zahl 5 als Würfelbild und die operative Perspektive als 4 + 1 bzw. 1 + 4 und 3 + 2 bzw. 2 + 3

- *Muster und Strukturen in Aufgaben*: Schon bei den einfachen (zugleich grundlegenden) Aufgabenformaten spielen Muster und Strukturen eine große Rolle, die wiederum geschickt genutzt werden können, um komplexe Operationen (sozusagen mit Hilfestellung) vereinfachen bzw. in ihrer Struktur auflösen zu können: Die Erkenntnis, nicht alles rechnen zu müssen, weil sich analoge Aufgabenmuster erkennen lassen, kann auch bei Kindern und Jugendlichen mit geistiger Behinderung einen gewissen Entdeckerdrang und positiv wirkende Forscherfreuden entfalten.

  Zu finden sind in den Mathematikheften und Lehrwerken hierzu meist:
  - *Produktive Päckchen*, die sich für die frühe Vermittlung mathematischer Gesetzmäßigkeiten eignen (Krauthausen 2018, S. 187 ff.). Oft werden diese Gesetzmäßigkeiten (bspw. das sogenannte gegensinnige Verändern bei gleichbleibendem Ergebnis) Kindern und Jugendlichen mit geistiger Behinderung jedoch gar nicht nähergebracht, weil möglicherweise die Lernenden überfordert sein könnten (u. a. hierzu Ratz 2011b).
  - *Substanzielle Aufgabenformate*, »die zum eigenständigen Entdecken und Erforschen von Mustern und Strukturen einladen« (Philipp 2017, S. 83).

In diesem Zusammenhang sind auch die sogenannten *substanziellen Lernumgebungen* zu nennen, die sich in den letzten Jahren zunehmend im Mathematikunterricht der Grundschule etablieren konnten. Krauthausen (2018) nennt mit Bezug auf Wittmann (1995) folgende Merkmale substanzieller Lernumgebungen:

- »Sie repräsentieren zentrale Ziele, Inhalte und Prinzipien des Mathematiklernens auf einer bestimmten Stufe (hier: Grundschule).

- Sie sind bezogen auf fundamentale Ideen, Inhalte, Prozesse und Prozeduren über diese Stufe hinaus und bieten daher reichhaltige Möglichkeiten für mathematische Aktivitäten.
- Sie sind didaktisch flexibel und können daher leicht an die spezifischen Bedingungen einer (heterogenen) Lerngruppe angepasst werden.
- Sie integrieren mathematische, psychologische und pädagogische Aspekte des Lehrens und Lernens von Mathematik in ganzheitlicher und natürlicher Weise und bieten daher ein reichhaltiges Potenzial für empirische Forschungen« (ebd., S. 257).

Während diese Ausführungen sich auf die Gestaltung des Mathematikunterrichts in einer heterogenen Grundschulklasse beziehen, ist deren Bedeutung für die Unterrichtsgestaltung im FgE von ebenso (wenn nicht gar größerer) Bedeutung, schließlich wird sich der Lehrer in der didaktischen Ausgestaltung seines Unterrichts mit zunehmendem Alter der Schüler mit einem immer weiter auseinanderdriftenden Leistungsniveau auseinandersetzen müssen.

Wenn also den o. g. Anforderungen im Kontext *Muster und Strukturen* der Anspruch an aktiv-entdeckendes und forschendes Lernen zugrunde gelegt werden soll (Wittmann 1995, S. 20 ff.), muss den Lernenden im FgE dauerhaft die Möglichkeit geboten werden, sich auf fachdidaktisch anschließendem Niveau im Rahmen der eigenen Entwicklung mit den Gegenstandsbereichen auseinandersetzen zu können (vgl. hierzu auch ausführlich Siegemund 2016). Ratz & Wittmann (2011) äußern sich hierzu für den FgE sehr konkret: »Anders als ein von der Lehrperson mehr oder weniger eng geführter Unterricht ermöglichen (substanzielle) Lernumgebungen einen Ausgleich zwischen fachlichen Anforderungen und Vorgaben sowie den vom Fach her bestehenden Spielräumen einerseits, und den individuellen Möglichkeiten von Präferenzen der Lernenden andererseits« (ebd., S. 147).

Zu beachten sind in diesem Zusammenhang (zumindest) drei Gesichtspunkte (vgl. hierzu grundsätzlich auch Schäfer 2017a):

- Durch die so mehr geöffneten Unterrichtsformen darf keine inhaltliche Beliebigkeit entstehen. Vielmehr sind auf der Grundlage von Förderplanung und Diagnostik angemessene mathematische Inhalte (sozusagen als attraktive Umgebungsangebote und Lernraumgestaltung) bereitzustellen.
- Zugleich bedeutet die Erhöhung von Schüleraktivität nicht zugleich die gänzliche Abwendung von einem Unterricht, der vom Lehrer an der Tafel gesteuert wird. Hier wird es auf eine sinnvolle Annäherung ankommen, auf eine Balance zwischen instruktiven, erklärenden Formen (bspw. zum Einstieg und zur Darlegung der Übungen) und solchen Sequenzen, die wiederum Raum, Zeit und Material für eigene Übungen und gemeinsame Entdeckungen bereitstellen (auch Scherer 2017). Der Lehrer versteht sich hier mehr als Begleiter, immer darauf achtend, an welchen Stellen Hilfe gefragt ist (vgl. zu den Fragen von offenem Unterricht im FgE auch Schäfer 2017a).
- Schließlich bleibt festzustellen, dass diese Formen auch nicht für jeden Lehrenden gleich umsetzbar sind. Nicht von heute auf morgen verlaufen solche Prozesse, sondern sie beruhen auf Erfahrungen und Erkenntnissen des Berufslebens. Zu leicht können sich Lehrer (und/oder auch ihr Klassenteam) mit der Gestaltung

solcher Lernumgebungen überfordern. Es gilt also langsam (zugleich stetig und konsequent) sich mit der Entwicklung substanzieller Lernumgebungen auseinanderzusetzen.

Es sind also die übergeordneten Aspekte und Positionen dieses Inhaltsbereiches der Bildungsstandards, die ihn für die Mathematik im FgE so interessant machen: Sie beziehen sich eben nicht nur auf den zahligen Bereich der Arithmetik mit den *Zahlen und Operationen*, sondern ebenso auf die Inhaltsbereiche *Raum und Form* und *Größen und Messen*.
Bedeutsam und als Wesensmerkmal der schulischen Geistigbehindertenpädagogik zu berücksichtigen ist der Aspekt des Ganzheitlichen. So können bspw. auch im Umgang mit Holz (Holzwerkstatt auch schon in der Primarstufe) Stäbe in vorgegebener Länge abgemessen und abgelängt sowie eine zuvor definierte Fläche aufgezeichnet und ausgesägt werden. Im Übertrag auf das Seil (▶ Abb. 6.7) kann die zuvor gegebene Abfolge auch im Raum dargestellt werden.
Je nach den Möglichkeiten der Lernenden innerhalb der Stufe wiederum und je nach Stufe können alleine zu diesem Beispiel zahlreiche Variationen gefunden werden, wie der Inhaltsbereich *Muster und Strukturen* auch unter ganzheitlichen Gesichtspunkten in den Unterricht im FgE einbezogen werden kann (Formen der Holzstücke, Formen mit wiederum unterschiedlichen Farben usf.). Das Beispiel kann auch auf das Arbeiten mit Ton oder im hauswirtschaftlichen Feld mit unterschiedlichen Stoffen (auch Leder, Filz usf.) übertragen werden.

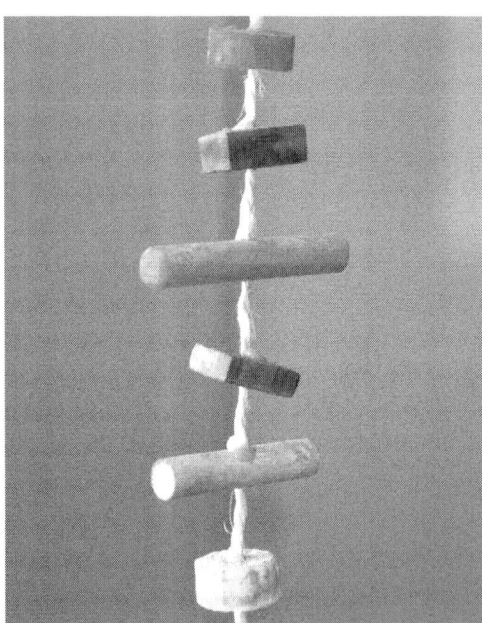

Abb. 6.7: Holzformen und entstehende Muster im Raum – die Struktur kann durch die definierten Längen, Flächen und Stärken des Holzes variiert werden

Der Kreativität sind hier keine Grenzen gesetzt (zu bedenken bleibt stets der unmittelbare Bezug zur Fachlichkeit). So kann bspw. das Messen immer gleicher Mengen (bei Flüssigkeiten bspw. 100 ml) nicht nur (wegen des sich miteinander mischenden Wassers) besser mit unterschiedlichen Sandfarben, sondern auch zur Weihnachtszeit (fächerübergreifend) mit gefärbten Wachsarbeiten visualisiert und verdeutlicht werden. Je nach Formenhöhe können auch wiederkehrende Muster mit dem Wachs gegossen werden (grün, blau, rot – grün, blau, rot – grün, blau, rot).

6.2 Zahlen und Operationen

Den Schwerpunkt legen die Bildungsstandards auf (1) *Zahldarstellungen und Zahlbeziehungen verstehen*, (2) *Rechenoperationen verstehen und beherrschen* und (3) *In Kontexten rechnen*. Die nachfolgende Übersicht zeigt entsprechende Ausdifferenzierungen, die in den ersten Grundlagen auch im Unterricht im FgE abgebildet werden können. Wohlgemerkt: Während die Bildungsstandards auf den Kompetenzstand am Ende des vierten Grundschuljahres fokussieren, soll hier der o. g. ideengebende Ansatz im Sinne von Ratz & Wittmann (2011) auf die gesamten Schulbesuchsjahre im FgE projiziert werden.

Zahlen und Operationen

Zahldarstellungen und Zahlbeziehungen verstehen:

- Den Aufbau des dezimalen Stellenwertsystems verstehen,
- Zahlen bis 1.000.000 auf verschiedene Weise darstellen und zueinander in Beziehung setzen,
- sich im Zahlenraum bis 1.000.000 orientieren (z. B. Zahlen der Größe nach ordnen, runden).

Rechenoperationen verstehen und beherrschen:

- Die vier Grundrechenarten und ihre Zusammenhänge verstehen, die Grundaufgaben des Kopfrechnens (Einspluseins, Einmaleins, Zahlzerlegungen) gedächtnismäßig beherrschen, deren Umkehrungen sicher ableiten und diese Grundkenntnisse auf analoge Aufgaben in größeren Zahlenräumen übertragen,
- mündliche und halbschriftliche Rechenstrategien verstehen und bei geeigneten Aufgaben anwenden,
- verschiedene Rechenwege vergleichen und bewerten, Rechenfehler finden, erklären und korrigieren,
- Rechengesetze erkennen, erklären und benutzen,

> - schriftliche Verfahren der Addition, Subtraktion und Multiplikation verstehen, geläufig ausführen und bei geeigneten Aufgaben anwenden,
> - Lösungen durch Überschlagsrechnungen und durch Anwenden der Umkehroperation kontrollieren.
>
> In Kontexten rechnen:
>
> - Sachaufgaben lösen und dabei die Beziehungen zwischen der Sache und den einzelnen Lösungsschritten beschreiben,
> - das Ergebnis auf Plausibilität prüfen,
> - bei Sachaufgaben entscheiden, ob eine Überschlagsrechnung ausreicht oder ein genaues Ergebnis nötig ist,
> - Sachaufgaben systematisch variieren,
> - einfache kombinatorische Aufgaben (z. B. Knobelaufgaben) durch Probieren bzw. systematisches Vorgehen lösen.
>
> (KMK – Kultusministerkonferenz (2004): Bildungsstandards im Fach Mathematik für den Primarbereich. Beschluss vom 15.10.2004. Luchterhand, S. 9)

6.2.1 »Zahlen bitte« – zur Bedeutung numerischer Kompetenzen

In Bezug auf die Grundideen der Mathematik im FgE mit dem Fokus auf die Arithmetik formulierten Ratz & Wittmann (2011) folgendermaßen:

- Numerische Bewusstheit,
- Zahlreihe,
- Rechnen, Rechengesetze, Rechenvorteile,
- Zehnersystem,
- Rechenverfahren,
- arithmetische Gesetzmäßigkeiten und Muster,
- Zahlen in der Umwelt.

Arithmetischer Anfangsunterricht beschäftigt sich demzufolge (wie auch die o. g. Ausdifferenzierung eindrücklich belegen kann) als Teilgebiet der Mathematik (auch im FgE)

- mit der Entwicklung des Zahlbegriffs,
- numerischen Kompetenzen und
- operativen Handlungen.

Zugleich sind in diesem fachdidaktischen Kontext die förderschwerpunktspezifischen (Lern-)Ausgangsbedingungen zu beachten, die

- neben meist umfassenden kognitiven Beeinträchtigungen
- außerdem sprachlich-kommunikative,
- motorisch-koordinative und audio-visuelle,
- motivationale und (in zunehmendem Maße) sozial-emotionale Aspekte einschließen.

Mit den Arbeiten bspw. von Ratz & Wittmann (2011), Siegemund (2016) und Schnepel (2019) kann gezeigt werden, dass der Auf- und Ausbau numerischer Kompetenzen bei Lernenden im FgE nicht grundsätzlich anders (oder besonders) verläuft. »Vielmehr darf wohl davon ausgegangen werden, dass ihre Entwicklung in anderen, deutlich größeren Zeitfenstern erfolgt und individuell höchst unterschiedlich früher oder später an ihre intellektuellen Grenzen kommt« (Peter-Koop 2016, S. 7).

Demzufolge bedarf es keines besonderen mathematischen Modells, wie es bisher mit dem sonderpädagogischen Konstrukt der sogenannten Pränumerik vorgelegt wurde. Vielmehr kann auch die Mathematik im FgE an aktuellen fachwissenschaftlichen Modellen anschließen, sie muss jedoch die behinderungsspezifischen Aspekte berücksichtigen, wie bspw. Kognition, Sprache, Motorik usf. (s. o.).

Ein Modell, das in den Arbeiten der schulischen Geistigbehindertenpädagogik großen Zuspruch erfährt (bspw. Siegemund 2016, S. 160; Moser Opitz et al. 2016, S. 126; Pitsch & Thümmel 2015b, S. 84), ist das Entwicklungsmodell der Zahl-Größen-Verknüpfung (ZGV-Modell) (▶ Abb. 6.8). Das Modell ist gewissermaßen die Konkretisierung der beiden ersten arithmetischen Grundideen nach Ratz & Wittmann (2011) *Numerische Bewusstheit* und *Zahlreihe* (Peter-Koop 2016).

- Auf der *Ebene 1* entfalten sich erste Basisfertigkeiten: Größen (hier: Mengen) können »auf der Basis eines protoquantitativen Vergleichsschemas« (Pitsch & Thümmel 2015b, S. 82) unpräzise (also nicht genau) unterschieden werden, und es liegen erste Kenntnisse zu Zahlwortern vor (meist noch nicht in der richtigen Reihenfolge abrufbar), die hin zur exakten Zahlwortfolge führen können (s. u.).

  Auf dieser Ebene liegt noch kein kardinales Verständnis vor, die Schüler zählen Mengen (ggf. schon in Eins-zu-eins-Zuordnung), ohne die Mächtigkeit der Menge zuordnen zu können (Kardinalzahlaspekt). Sie können Mengen ungenau/ungefähr voneinander unterscheiden (Subitizing).

  In diesem Zusammenhang ist häufig zu beobachten, welchen Spaß die Schüler im FgE am Zählen haben, auch wenn die Reihenfolge noch nicht stimmt, also Zahlen ausgelassen, übersprungen oder vertauscht werden und die Zuordnung noch unpräzise ist. Alleine diese Freude gilt es aufzugreifen und zu unterstützen (bis hin zur exakten Zahlwortfolge), auch für die Schüler im FgE sind Zahlen (ebenso wie Buchstaben) etwas ganz Besonderes und auch aus fachwissenschaftlichem Blick heraus ein wichtiger Teil der Schulzeit.

  Schließlich ist davon auszugehen, »dass sich das Zahlverständnis über das Zählen und den Umgang mit Zahlen entwickelt« (Moser Opitz et al. 2016, S. 125) (vgl. Baroody 1999) (mehr zu den unterrichtlichen Möglichkeiten s. u.).
- Auf der *Ebene 2* entwickeln die Schüler ein einfaches Zahlverständnis. Es kommt zu einer Verknüpfung von Zahlwörtern/Ziffern mit Größen, diese Entwicklung verläuft in zwei Phasen:

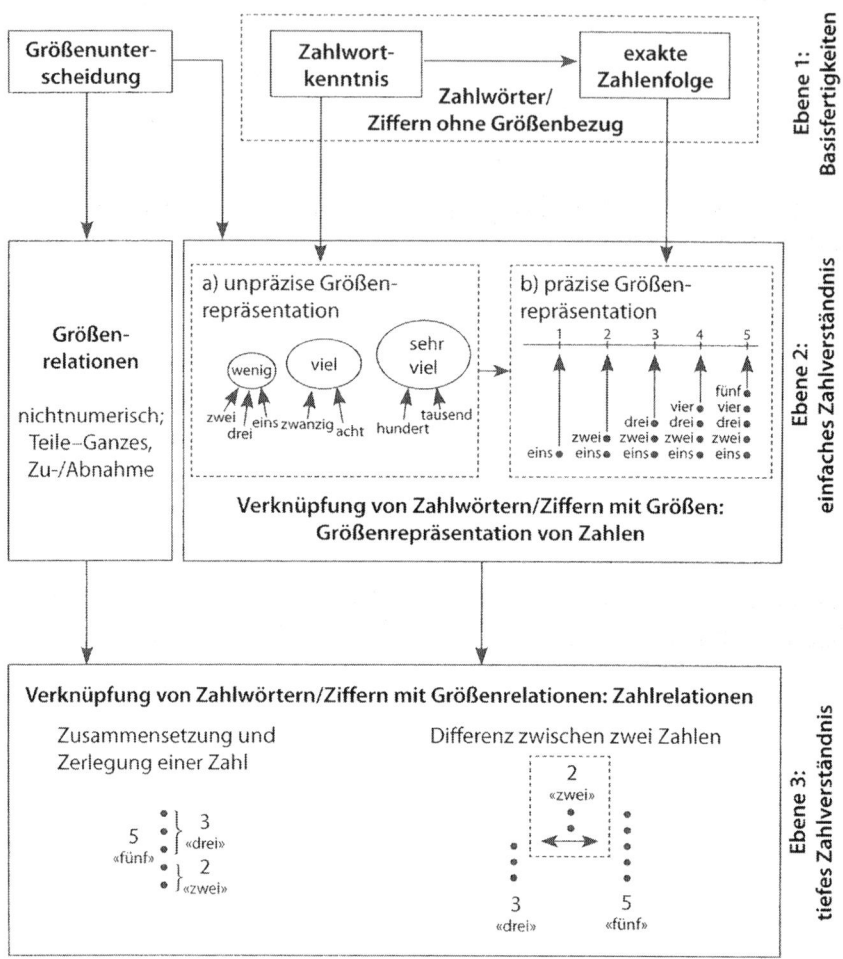

Abb. 6.8: Entwicklungsmodell der Zahl-Größen-Verknüpfung: ZGV-Modell (Krajewski, K./Ennemoser, M. (2013): Entwicklung und Diagnostik der Zahl-Größen-Verknüpfung zwischen 3 und 8 Jahren. In: Hasselhorn, M./Heinze, A./Schneider, W./Trautwein, U. (Hrsg.): Diagnostik mathematischer Basiskompetenzen. Göttingen: Hogrefe, S. 41–66, hier S. 43 (= Jahrbuch der pädagogisch-psychologischen Diagnostik. Band 11)

– In Phase a) (Unpräzise Größenrepräsentation; ▶ Abb. 6.8) entwickelt sich die Einsicht der unpräzisen Größenrepräsentation: Die Zahlen eins, zwei oder drei können für wenig stehen, wohingegen die Zahlen hundert oder tausend viel oder auch sehr viel sein können. Während sich bei Kindern ohne Beeinträchtigung diese Fähigkeiten auch in spielerischen Situationen entfalten, sind Schüler im FgE schon bei diesen unpräzisen Größenrepräsentationen auf Unterstützung und Übungsphasen angewiesen. Nicht selten sind Zuordnungsübungen über den Primarstufenbereich hinweg nötig und bedürfen vielfältiger und ganzheitlicher Übungsphasen.

Von großem Vorteil erweisen sich Übungsphasen eben auch in unterschiedlichen Kontexten: Zählen im Sport und bei Bewegung, Zählen beim Schwimmen, Zählen bspw. auch der Anzahlen der Kinder in der Klasse beim Morgenkreis. Mit dem Ziel der Entwicklung der Kompetenz der flexiblen Zahlwortreihe (also auch »bei 3 beginnen« oder das »Rückwärtszählen« s. u.) empfiehlt es sich, sensibel auch entsprechende Variationen einzubeziehen (diese Variationen können dann auch in der Förderplanung konkrete Lernziele sein, die im Zuge der Fortschreibung wiederum tatsächliche Hinweise auf den Fortschritt geben). Zugleich sind die sprachlichen Hürden zu beachten (Artikulation, Wortschatz) (Moser Opitz & Schindler 2017, S. 141 ff.).

– In der Phase b) (Präzise Größenrepräsentation; ▶ Abb. 6.8) entwickelt sich die präzise Größenrepräsentation, d. h., die Schüler können genau 3 Dingen die Zahl 3 zuordnen. Es entsteht zugleich eine erste Einsicht, dass mit jedem neuen Zahlwort (entsprechend der zuvor erlernten exakten Zahlwortreihe) die Menge entsprechend um eins zunimmt bzw. auch im Umkehrschluss abnehmen wird. Moser Opitz et al. (2016, S. 126) sprechen hier von der »N+1-Strategie«. In dieser zweiten Phase ist nun auch das kardinale Verständnis entstanden, dem Kind wird bewusst, dass das zuletzt genannte Zahlwort zugleich die Mächtigkeit der Menge beschreibt (Peuker & Weißhaupt 2017, S. 56 f.).

• Pitsch & Thümmel (2015b) bezeichnen die *Ebene 3* als »Integrationsstufe (…), denn sie verknüpft die auf Ebene I und II erworbenen Kompetenzen« (ebd., S. 84) und nach Krajewski & Ennemoser (2013) »erreichen die Kinder ein tiefes numerisches Verständnis von Zahlen. Sie verstehen nun, dass eine Zahl aus anderen Zahlen zusammengesetzt ist und dass umgekehrt eine Zahl in andere Zahlen zerlegt werden kann« (ebd., S. 45; ▶ Abb. 6.9).

Ein wesentlicher Vorteil des beschriebenen Modells liegt darin, dass Verschiebungen in der individuellen Entwicklung denkbar sind, mehrere Entwicklungen können parallel verlaufen und dabei gegeneinander verschoben sein.

Ein Kind »kann also möglicherweise im Zahlenraum bis 10 bereits auf Ebene 3 operieren, während es im Zahlenraum über 100 erst noch die Zahlwörter und damit Ebene 1 erwerben muss« (Krajewski & Ennemoser 2013, S. 45 f., zitiert in Peter-Koop 2016, S. 7).

> »Möglich ist auch, dass ein Kind bestimmte Aufgaben mit Unterstützung von Arbeitsmitteln bearbeiten kann (wenn bspw. die Zerlegung mit Plättchen dargestellt wird), dass ihm dies jedoch auf symbolischer Ebene noch nicht möglich ist« (Moser Opitz et al. 2016, S. 127).

Die Mengen-Zahlen-Kompetenzen auf den Ebenen 1 (Basisfertigkeiten) und 2 (einfaches Zahlverständnis) des ZGV-Modells bilden die Grundlagen für das Rechnen, die Ebene 3 (tiefes Zahlverständnis und basierend auf dem Verständnis des Anzahlkonzepts) verweist auf beginnende arithmetische Einsichten (Zusammensetzung von Zahlen, Zerlegung von Zahlen und die Differenz zwischen ihnen).

»Grundlage für die Rechenkompetenzen ist also die Entwicklung des Zahlbegriffs, daher sollte die Entwicklung von Kompetenzen bezogen auf die beiden ersten Ebenen im mathematischen Anfangsunterricht hinreichend Beachtung finden und anstelle der vielfach noch praktizierten Fokussierung auf die Pränumerik ausgebaut werden« (Peter-Koop 2016, S. 7).

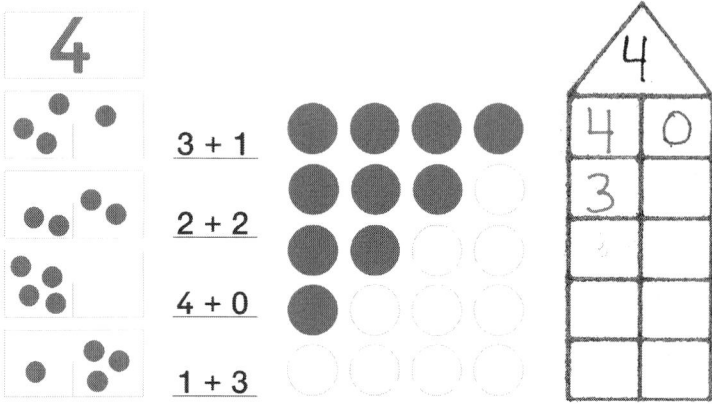

Abb. 6.9: Handlungs- und Darstellungsmöglichkeiten der Mengenzerlegung (Schäfer, H. (2016a): Arithmetik im FgE. Anschlussfähige Gedanken und (Neu-)Ausrichtung. In: Lernen konkret 4 (35), S. 4–5, hier S. 5)

Für die Mathematik im FgE ist das ZGV-Modell deshalb so interessant, weil sich (an fachwissenschaftlichen Grundlagen anschließend) »mathematische Kompetenzen auf einem basalen Niveau differenziert analysieren lassen und Zusammenhänge zwischen den Teilkompetenzen deutlich werden« (Moser Opitz 2016 et al., S. 127).

Nicht zuletzt die Hinweise von Ratz (2012),

- dass »die mathematischen Fähigkeiten, die die Lehrkräfte bei ihren Schülern (...) erkennen, im Bereich der ersten und zweiten Klasse der Grundschule« liegen (ebd., S. 145),
- sowie die Einschätzung, »dass viele Schüler im FgE bis in die Berufsschulstufe hinein Fortschritte in der Zählentwicklung machen« (ebd.),

sprechen für die differenzielle Einordnung und analytische Nutzung des o. g. Modells auch im FgE.

Auch der Hinweis auf die »überaus große Bandbreite an Fähigkeiten, die Schüler im FgE haben« (ebd., S. 146), verdeutlicht schließlich die Notwendigkeit, auch im Sinne einer Differenzierung nach oben (bspw. multiplizieren der o. g. Studie zufolge 5 Prozent der Schüler im Kopf) das didaktische Spektrum (mindestens) der ersten beiden Grundschuljahre vorzuhalten (in Einzelfällen wird auch darüber hinaus anzusetzen sein).

Zugleich spricht auch der didaktische Ansatz des o. g. Modells dafür, schon zu Beginn des Mathematikunterrichts die Vielfalt an Zahlen darzustellen, bspw. mit dem Hunderterfeld, um den Schülern konkrete Hinweise auf das Stellenwertsystem geben zu können. Dies meint nicht, dass alle Schüler im FgE dadurch in der Lage sein werden, ohne Weiteres den Zehnerübergang zu erfassen oder Zehner überschreitende Additionsaufgaben zu lösen. Es kann jedoch helfen, Einsichten zu entwickeln und Übungsphasen auf symbolischer Ebene zu begleiten.

6.2.2 Didaktische Ansatzpunkte

Das Entwicklungsmodell nach Krajewski & Ennemoser (2013) »legt einen Schwerpunkt auf die schrittweise Verknüpfung des Verständnisses von Zahlen und Größen beziehungsweise Mengen« (Obersteiner & Reiss 2017, S. 315) und damit auf einen arithmetischen Inhaltsbereich des mathematischen Anfangsunterrichts der Grundschule, mit dem sich die Schüler im FgE jedoch über viele Jahre ihrer eigenen Schulzeit hinweg auseinandersetzen. Dönges (2016) folgend, erscheint es daher sinnvoll, sich in Bezug auf die didaktische Ausrichtung auch an vorschulischen Bildungsangeboten und am mathematischen Anfangsunterricht zu orientieren (ebd., S. 13).

Im Überblick lassen sich folgende fachwissenschaftliche Grundlagen und Voraussetzungen für das Rechnenlernen auch im FgE nennen, die in den weiteren Ausführungen hinsichtlich förderschwerpunktspezifischer Herausforderungen und methodischer Überlegungen ergänzt werden sollen.

> **Rechnen lernen – Grundlagen und Voraussetzungen (vgl. Dönges 2016, S. 13 ff.)**
>
> 1. Zählen und Zählkompetenzen
> 2. Strukturierte Anzahlerfassung (Quasi-Simultanerfassung)
> 3. Einsicht in die Zerlegbarkeit von Zahlen (Teil-Ganzes-Verständnis)
> 4. Strukturiertes Zählen
> 5. Grundvorstellungen von Zahlen und Operationen

Zählen und Zählkompetenzen

Alleine die Konstruktion der Zahlwortreihe bringt in sprachlicher Hinsicht gewisse Hürden mit, um die es (neben den spezifischen mathematischen Besonderheiten) zu wissen gilt. Im Kontext der Mathematik im FgE sind daher das Zählen und die damit verbundenen didaktischen und methodischen Kompetenzfelder zu beachten. Als besonders geeignet erscheint es auch hinsichtlich der intendierten Eins-zu-eins-Zuordnung (Benz et al. 2015, S. 119) »mit dem Aufsagen der Zahlwörter eine Aktivität« zu verbinden (Kaufmann 2011, S. 146).

Scherer & Moser Opitz (2012) nennen mit Hinweis auf Fuson (1988) folgende regelhafte Entwicklungsniveaus der Aneignung der Zahlwortreihe:

- »*String Level*« (Undifferenzierte Zahlwortreihe): Auf dieser Stufe werden die Zahlwörter als Zahlwortreihe undifferenziert gesprochen, die einzelnen Wörter werden noch nicht isoliert genannt und können somit auch nicht einzelnen Gegenständen zugeordnet werden (einszweidreivier...) (Werner 2009, S. 155).

  Die Praxis im FgE zeigt in diesem Zusammenhang (im Gegensatz zu den Fähigkeiten im Grundschulbereich) (Hasemann & Gasteiger 2014, S. 29) eine in der Regel sogar noch nicht vorhandene, nicht ausgeprägte Zahlwortreihe.

  Alleine die inhaltliche und artikulatorische Wortaneignung steht hier zunächst im Vordergrund, sowohl in Bezug auf die einzelnen Zahlwörter als auch auf die eigentliche Reihenfolge. Oft endet mit der drei die Reihenübung, und die außerdem bekannten Zahlwörter werden wahllos nacheinander genannt: fünf, sieben, zehn.

  Es wird also hier zunächst darauf ankommen, mit den Schülern unter Einbezug von Bewegung, Rhythmik und Musik und stetem Üben und Wiederholen die Zahlwortreihe sprachlich zu üben. Einen spielerischen Zugang bieten hierzu bspw. die vielen Möglichkeiten des Hüpfkästchens auf dem Schulhof, aber auch in der Turnhalle, auf dem Flur usf. Schüler mit motorischer Beeinträchtigung können natürlich auch mit beiden Beinen hüpfen oder die Kästchen einfach abgehen. Im Sinne einer Mathematisierung dieses Spiels kann es sich auch anbieten, die Zahlen nicht nur durch Ziffern abzubilden, sondern als mengenbezogene Stütze zusätzlich mit Punktbildern oder Würfelbildern zu arbeiten.

- »*Unbreakable List Level*« (Unzerbrechliche/unflexible Zahlwortreihe): Im regelhaften Entwicklungsverlauf können Kinder die Zahlwortreihe aufsagen und zugleich zwischen den Zahlwörtern differenzieren. Für diesen Entwicklungsverlauf zeigen Studien, dass bereits vor Schuleintritt 97 Prozent der Kinder (ohne Beeinträchtigung) differenziert bis zur 10 zählen konnten (Hasemann & Gasteiger 2014, S. 29).

  Durch die Segmentierung der Zahlwortreihe (eins – zwei – drei – vier ...) gelingt es nun auf dieser Stufe, Eins-zu-eins-Zuordnungen herzustellen und Gegenstände abzählen zu können. Für viele Schüler im FgE ist dies schon ein bedeutsamer Schritt und damit wichtiges Förderziel, denn es gehört ein hohes Maß an Konzentration dazu,
  - das Zahlwort (beginnend bei eins) zu erinnern,
  - verständlich zu artikulieren,
  - einen ersten Gegenstand isolierend auszuwählen (visuell oder zunächst berührend taktil),
  - diesen Gegenstand mit eins zu beziffern (Eins-zu-eins),
  - diesen Gegenstand als gezählt zu verstehen (optimal zur anderen Seite zu legen)
  - und dann zum nächsten Gegenstand überzugehen (und diesen als zwei zu beziffern, wissend den vorherigen mit eins beziffert zu haben) usw.

  Der kardinale Ansatz, der im regelhaften Entwicklungsverlauf auf dieser Stufe im Alter von ca. 3,6 Jahren zu beobachten sein kann, ist im Kontext der schulischen Geistigbehindertenpädagogik zunächst nur vereinzelt festzustellen. Zu verstehen, dass das zuletzt gesagte Zahlwort zugleich die Mächtigkeit der vorliegenden Gegenstände beschreibt, ist eine große Hürde und bedeutet für den Anfangsunterricht meist ein Annähern mit konkretem Anlass, wie das Beispiel aus dem Bereich der Unterstufe zeigen kann (▶ Tab. 6.1).

Wichtig ist hier immer wieder die Sprachvorbildfunktion des Lehrers, sowohl mit Blick auf die Artikulation als auch in semantischer Hinsicht (Werner 2009, S. 55). Die Schüler müssen konkret erfahren können, dass den Zahlwörtern stets identische Mengen zugeordnet werden, und sie müssen hören können, wie diese Zahlwörter richtig ausgesprochen werden können.

Diese Übungen im Alltagshandeln dienen sowohl zur Entwicklung des kardinalen Verständnisses als auch zur Festigung der Zahlwortreihe. Sie erfordern im Anfangsunterricht viel Geduld und im günstigen Fall auch die Unterstützung von zu Hause.

Tab. 6.1: Beispiel Kommunikation – Zählen auf der Stufe der unflexiblen Zahlwortreihe (Lehrer – Schüler)

Ausgangslage: Zu den 7 Schülern der Klasse (Unterstufe) gehören auf den Frühstückstisch 7 Teller.	
Lehrer	**Schüler**
Zähle die Teller ab	
	eins – zwei – drei – vier – fünf – sechs – sieben
Wie viele Teller hast du?	
	Es sind sieben Teller!
Richtig, es sind sieben Teller!	
Gemeinsames Zählen als Wiederholung: eins – zwei – drei – vier – fünf – sechs – sieben	

- »*Breakable Chain Level*« (Aufbrechbare Zahlwortreihe): In dieser teilweise flexiblen Reihenfolge (Werner 2009, S. 155) kann die Zahlwortreihe von einem beliebigen Zahlwort an weiter aufgesagt werden, ebenso können die Vorgänger und (meist sicherer) auch die Nachfolger genannt werden. Im gedanklichen Speicher entsteht ein Reihenbild der Zahlwörter, das auch das Rückwärtszählen zunehmend mehr ermöglicht. »In Verbindung mit dem Kardinalzahlprinzip gelingen dem Kind Lösungen erster Additionsaufgaben mit der Methode des Weiterzählens an Gegenständen« (Schipper 2015b, S. 73; Kaufmann 2011, 145 ff.).

Diese Stufe der aufbrechbaren (teilweise flexiblen) Zahlwortreihe ist im Mathematikunterricht schon ein bedeutsames Ziel und erfordert von den Schülern die Einsicht, das kardinale Erfassen der ersten Menge zwischen zu speichern, um daran anschließend den ersten Gegenstand der anderen Menge (an die Zahlwortreihe anschließend) zu beziffern und wiederum daran anschließend die Zahlwortreihe fortzuführen. Hier empfehlen sich zwei Dinge:

1. Zur Entlastung des Kurzzeitspeichers erweist sich im Übungsprozess die Addition kleinerer Mengen als hilfreich, wie bspw. $3 + 2$, $3 + 4$ oder $4 + 5$.

2. Sehr hilfreich ist hier die Zugabe von Materialien, die die Mengen bildlich repräsentieren (bspw. Muggelsteine), oder das Arbeiten am Zehnerfeld oder mit dem Abaco, um die Technik des Weiterzählens zu üben, ohne durch überlastende Speicherabläufe tatsächlich überfordert zu werden.

Ein hilfreicher Indikator zur Erfassung der jeweiligen Stufe ist das Rückwärtszählen (Gerster 1994). Schüler im FgE, die im Zahlenraum bis 10 Ansätze des Rückwärtszählens erkennen lassen, sind häufig auch in der Lage, von einer ersten (kardinal erfassten) Menge an weiterzuzählen, was den vergleichbaren Kompetenzen der teilweise flexiblen Zahlwortreihe nach Fuson (1988) entspricht.

Für den Unterricht im FgE erweist es sich über die Stufen hinweg als hilfreich, das Spektrum mindestens der Zahlen bis 10 (in den Klassen ab der Mittelstufe auch bis 20) im Klassenraum stets zu visualisieren, bspw. mit Hilfe eines größeren Zahlenstrahls für das Klassenzimmer, dessen Zahlen auch für Übungen bspw. im Wald oder auf dem Schulhof schnell abgehängt werden können (▶ Abb. 6.10).

Durch die Visualisierung können die Schüler zugleich ein Gefühl dafür bekommen, wo die Zahlen im Zahlenraum liegen, sie erkennen das Ziffernbild wieder und können zugleich die Antworten zu den Vorgängern und Nachfolgern selber prüfen.

Abb. 6.10: Zahlenstrahl bis 10 in Verbindung mit den Fingerbildern

- »*Numerable Chain Level*« (Numerische Zahlwortreihe): Im regelhaften Verlauf benötigen die Schüler auf dieser Stufe (flexible Zahlwortreihe) keine konkreten Objekte mehr, sondern verstehen die Zahlen in ihrer numerischen Bedeutung und verarbeiten sie losgelöst von konkreten Repräsentanten. Sie addieren und subtrahieren durch einfaches Vorwärtszählen und Rückwärtszählen, oft werden in dieser Phase noch die Finger eingesetzt (vgl. hierzu auch die Arbeiten zum Fingerrechnen von Gaidoschik 2016).

  In der Studie SFGE stellen Ratz und Kollegen (2012) fest, dass sich 8,6 Prozent der Schüler auf dieser Stufe der flexiblen Zahlwortreihe befinden, deutlich weniger als auf den vorherigen Stufen – möglicherweise durch die Gewöhnung an Anschauungsmaterial, möglicherweise aber auch durch zu geringe Übungsphasen und Anteile von Mathematik im FgE (Ratz 2012, S. 146).

- »*Bidirectional Chain Level*« (Vollständig reversible Zahlwortreihe): Die Zahlwortreihe ist tatsächlich vollständig reversibel, also umkehrbar, sodass auch das Rückwärtszählen ebenso sicher und zügig wie das Vorwärtszählen abläuft (Schipper 2015b, S. 73).

6.2 Zahlen und Operationen

Den Schülern wird die Umkehrbarkeit der Addition und der Subtraktion bewusst und die Beziehungen zwischen den Aufgaben werden erkannt (ebd.): $4 + 6 = 10$ und $10 - 6 = 4$. Durch diese Einsichten in die Strukturen sowohl des Dezimalsystems als auch in die Beziehung von Zahlen zueinander wird auch ein vorteilhaftes, geschicktes Rechnen ermöglicht.

Die Erkenntnisse der o. g. Studien in Bayern deuten darauf hin, »dass ein Fünftel der Schüler (…) in die Stufe vollständig reversible Zahlwortreihe eingestuft wurden, d. h.
– sie haben die Zahlreihe automatisiert (vorwärts und rückwärts),
– können Nachbarzahlen finden und
– Zahlenfolgen fortsetzen (und dabei abzählen),
also insgesamt sehr elaboriert zählen – eine Grundlage für die Entwicklung von Strategien des flüssigen Rechnens« (Ratz 2012, S. 137).

Hasemann & Gasteiger (2014) schildern eine weitere Phasenfolge, die für die analytische Betrachtung im FgE ebenfalls nicht ungeeignet erscheint:

1. verbales Zählen,
2. asynchrones Zählen,
3. Ordnen der Objekte während des Zählens,
4. resultatives Zählen,
5. abkürzendes Zählen.

In seinem Handbuch schildert Schipper (2015b) außerdem ein Beispiel des asynchronen Zählens (also der Phase 2), das in seinen Merkmalen auch im Anfangsunterricht im FgE immer wieder zu beobachten ist:

- Elemente werden berührt bzw. gezeigt, aber nicht mit einem Zahlwort belegt,
- Elemente werden mehrmals berührt und benannt,
- nicht die Zahlwörter, sondern die Silben der Zahlwörter werden den Objekten zugeordnet (▶ Abb. 6.11, vgl. hierzu weiterführend ebd., S. 74),
- Auslassen von abzuzählenden Elementen bei unstrukturierter Anordnung (Übersehen),
- doppeltes Zählen von Elementen bei kreisförmiger Anordnung (ebd.).

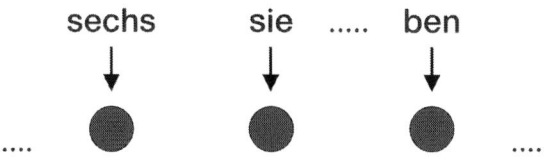

Abb. 6.11: Typischer Fehler beim asynchronen Zählen: Zuordnung der Silben der Zahlwörter

Wenn also dem Zählen eine bedeutsame Rolle beizumessen ist, gilt es zum einen um die o. g. Abfolgen und Bedingungen zu wissen, und zum anderen die im FgE besondern Erschwernisse bei der Entwicklung unterrichtlicher Angebote zu bedenken. Zu den Zählkompetenzen gehört aber nicht nur die Kenntnis der Zahlwortreihe (s. o.), sondern auch das Kennen und Anwenden der Zählprinzipien (Krauthausen 2018, S. 45 ff.).

Gelman & Gallistel (1978, 1986) nennen in diesem Zusammenhang fünf Zählprinzipien, »die als elementare Muster und Strategien beim korrekten Zählen für die weitere Entwicklung und den Ausbau/die Differenzierung des Zahlbegriffs verantwortlich sind« (Krauthausen 2018, S. 48; Lorenz 2012, S. 24 ff.). In diesem Zusammenhang unterscheiden sie, *wie* zu zählen ist und *was* zu zählen ist (Scherer & Moser Opitz 2010, S. 96; Dönges 2016, S. 14):

- »How-to-count-principles«
  - *Eindeutigkeitsprinzip* (one-to-one-principle) (Jedem zu zählenden Objekt der Menge wird jeweils nur ein Zahlwort/eine Ziffer zugeordnet.)
  - *Prinzip der stabilen Ordnung* (stable-order-principle) (Die Reihenfolge der Zahlwörter ist festgelegt und stabil, dies korrespondiert auch mit den Kompetenzen der Zahlwortreihe.)
  - *Kardinalzahlprinzip* (cardinal principle) (das zuletzt gesagte/zugeordnete Zahlwort gibt die Anzahl der gezählten Objekte und damit die Mächtigkeit der Menge an.)
- »What-to-count-principles«
  - *Abstraktionsprinzip* (abstraction princible) (Die bisher beherrschten Prinzipien lassen sich auf jede beliebige Menge, also auf alles, was zählbar ist (Personen, Töne, Dinge) anwenden.)
  - *Prinzip der Irrelevanz der Anordnung* (order-irrelevance principle) (»Die Reihenfolge, in der die Elemente einer Menge abgezählt werden, und die Anordnung der zu zählenden Elemente sind für das Zählergebnis irrelevant« Schipper 2015b, S. 75).

Die Forschung geht davon aus, dass es sich nicht um angeborene Fähigkeiten handelt, sondern um eine Zählkompetenz, »die im Laufe eines längeren Lernprozesses durch aktive Auseinandersetzung mit entsprechenden Aufgaben erworben« wird (ebd.). Während jedoch in einem regelhaften Entwicklungsverlauf die Kinder bis ca. 7 Jahre die o. g. Kompetenzen abrufen können, sind im Kontext geistiger Behinderung insbesondere beim Kardinalzahlprinzip längere Entwicklungsphasen einzuräumen.

Die Kenntnis der Zählprinzipien, deren Beziehungen untereinander und der Blick auf den Fortschritt auf diesem Gebiet erlaubt es dem Lehrer, Schwierigkeiten bei Zählaufgaben differenziert zu betrachten. Aus fachwissenschaftlicher Perspektive sollen die Zählprinzipien nicht als eigene Einheit geübt, sondern vielmehr durch den Erwerb einer immer größeren Zahlenfolge angeeignet werden (Krajewski 2005, S. 53 ff.). Dies verdeutlicht aus fachdidaktischer Sicht wieder die Bedeutsamkeit des Zählens, weniger die in den bisherigen Arbeiten der schulischen Geistigbehindertenpädagogik geschilderten Übungen (bspw. Irrelevanz) sind bedeutsam (Haseman & Gasteiger 2014).

Exkurs Zählen und Zahlbegriff

Pfister et al. (2015) nennen u. a. als Inhalte wirksamen Mathematikunterrichts:

- die Einsicht in das Dezimalsystem (Krauthausen 2018, S. 53 ff.),
- das Zählen (Moser Opitz 2008),
- (erstes) Verständnis von Grundoperationen (Käpnick 2014, S. 63 ff.),
- (erstes) Lösen von Textaufgaben (Pfister 2015, S. 55).

Das Zählen als solches stellt damit eine zentrale Grundlage im Elementarbereich dar, Moser Opitz (2008) weist insbesondere auf die Bedeutung für Kinder mit Beeinträchtigungen hin, »die in ihrer Umgebung nicht zum Zählen angeregt werden, oder dies aufgrund von (Lern)Behinderungen nicht von sich aus lernen« (ebd., S. 120).

Auch die spezifischen Arbeiten von Ratz & Wittmann (2011), Dönges (2016), Schäfer (2015a; 2016a), Siegemund (2016; 2017) und Schäfer, Peter-Koop & Wollring (2019) weisen dem Zählen und dahingehender Kompetenzentwicklung im FgE eine große Bedeutung bei. Mit den Erkenntnissen von Schnepel et al. (2015) ist davon auszugehen, dass die Entwicklung der Zählkompetenzen im FgE vergleichbar mit der nicht beeinträchtigter Kinder ist (ebd., S. 6 ff.), jedoch langsamer verläuft und auch an entsprechende Grenzen gelangt (Peter-Koop 2016).

Zu unterschätzen ist in diesem Zusammenhang nicht die intrinsische Motivation und das Interesse der Schüler selber an Zahlen und dem Zählen. Nicht selten fließen auch hier Zahlen des Codierungsaspekts (Postleitzahlen, Autokennzeichen usf.) ein, mit denen jedoch nicht gerechnet werden kann.

Für den Anfangsunterricht nennen Käpnick (2014) und Benz et al. (2015) u. a. folgende Möglichkeiten der Förderung und Unterstützung der Zahlbegriffsentwicklung (als Verknüpfung von Zählen, Simultanerfassung und Mengenvergleichen), die auch für Kinder und Jugendliche mit geistiger Behinderung kompensatorische Wirkung entfalten können (Moser Opitz 2008):

- Übungen zur Zahlwortreihe als Sequenz (Singspiele und Lieder, Reime, Bewegungsspiele, Sport und Schwimmen, Vor- und Rückwärtszählen),
- Objekte zählen (auditiv, visuell und taktil) und Zahlenbücher herstellen (▶ Abb. 6.12) oder mit bekannten Zahlenbüchern arbeiten, wie z. B.« 1, 2, 3 ein Zug zum Zoo« von Eric Carle,
- Verstehen von Kardinalität (Mengen zählen, Mengen vergleichen, Würfel- und Abzählspiele).

Die Zählaktivitäten werden sowohl in der *Alltagsmathematik* (im familiären Kontext, bei Freunden, beim Einkauf, beim Spiel, im Verein usf.) als auch in der *Schulmathematik* (also dem unterrichtlichen Handeln mit Mengen, Zahlen und Formen im Klassenraum) im Kontext wiederum miteinander verwobener Zahlaspekte erworben, gefestigt und erweitert (Moser Opitz 2008; Scherer & Moser Opitz 2012).

6 Inhaltsbezogene mathematische Kompetenzen im Kontext FgE

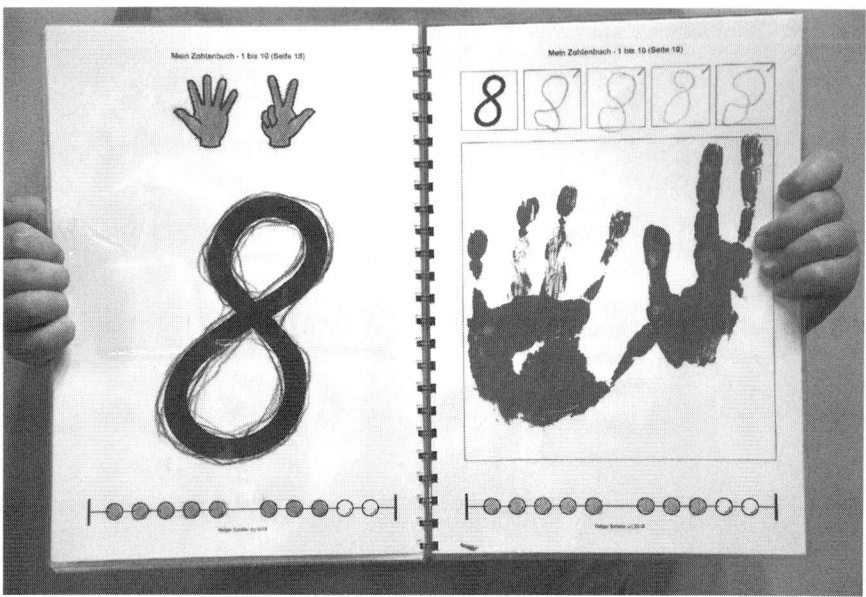

Abb. 6.12: Beispiel eines selbst hergestellten Zählbuches (hier mit dem Aspekt der Zahlzerlegung 8 = 5 + 3)

Krauthausen (2018) weist hier auf die unterschiedlichen »*Listen mit Aufzählungen von Zahlaspekten*« (ebd., S. 43) hin und stellt mit Verweis auf Radatz & Schipper (1983) folgende Übersicht vor.

- **Kardinalzahlaspekt**: Die Zahl am Ende der Zahlwortreihe beschreibt die Mächtigkeit der Menge bzw. die Anzahl der Elemente der Menge (bspw. 3 Euro oder 5 Tassen). Additive Strategien sind das Vereinen und das Zusammenlegen, subtraktive Strategien sind das Wegnehmen, das Berechnen des Unterschieds und das Ergänzen.
- **Ordinalzahlaspekt**: Hier sind die folgenden Aspekte zu unterscheiden.
  - Die **Zählzahl** steht für die Folge der natürlichen Zahlen, die im Zählprozess erfasst/genannt werden (bspw. »fünf, sechs, sieben …« oder »einundzwanzig, zweiundzwanzig …«). Unter operativen Gesichtspunkten wird weitergezählt (Addition) bzw. rückwärtsgezählt (Subtraktion).
  - Die **Ordnungszahl** repräsentiert den Rang der Zahl innerhalb einer geordneten Reihe (bspw. wir wohnen in unserer Straße im dritten Haus auf der linken Seite). Dieser Aspekt dient nicht dem Rechnen (vgl. hierzu auch den Kodierungsaspekt).
- **Maßzahlaspekt**: Maßzahlen (bspw. 3) repräsentieren in Verbindung mit der Maßeinheit (bspw. m) eine Größe (also 3 m). Maßeinheiten können sein m (für Längen), min. (für die Zeit), kg (für Massen), € (für Geld) und L (für Volumen) einschließlich der Vergrößerungs- bzw. Verkleinerungsformen (bspw. g und Kg). Die Addition erfolgt durch das Zusammen- bzw. Aneinanderlegen sowie Zu-

sammenfügen und die Subtraktion durch das Abtrennen, das Auseinanderlegen und das Feststellen des Unterschieds zwischen den Repräsentanten.
- **Operatoraspekt**: Mit diesem Aspekt ist die Vielfachheit eines Vorgangs oder einer Handlung gemeint (bspw. zweimal aussetzen oder dreimal klingeln). Aus additiver Perspektive handelt es sich um eine Ausführung hintereinander bzw. um ein Vervielfachen nacheinander und als Subtraktion (als Umkehroperation) stellt sich die Frage »Wie oft noch?« (bspw. »Wie oft muss ich noch aussetzen?«).
- **Rechenzahlaspekt**: Der Rechenaspekt der Zahl(en) lässt sich gliedern in
  - den **algebraischen Aspekt**, mit dem die Gesetzmäßigkeit der Zahlen im Kontext Kommutativität und Assoziativität mit- und untereinander ausgedrückt werden kann (bspw. $35 + (15 + 2) = (35 + 2) + 15$ oder die Binomische Formel $(a - b) \cdot (a + b) = a^2 - b^2$) (als Operationen sind zu nennen das Rechnen mit Ziffern als schriftliches Rechenverfahren und das Rechnen mit Zahlen als halbschriftliches Rechenverfahren),
  - und den **algorithmischen Aspekt**, mit dem das Rechnen (bspw. die Addition) als die Veränderung (Manipulation) der Ziffern nach festgelegten Regeln beschrieben wird, bspw.:

    ```
    T H Z E
      5 1 7    Bündelung der 7 und 4 Einer (zu 11 Einern) mit
               Übertrag zum Zehner als 1 plus 7 plus 1 gleich 9.
    +   6 7 4  Ebenso 5 plus 6 Hunderter zu 11 Hundertern mit
        1 1    Notation der 1 an der Tausenderstelle.
    1 1 9 1
    ```
- **Kodierungsaspekt**: dient der Bezeichnung mit Einbezug von Zahlen/Ziffern (bspw. Telefonnummern 0 65 31 – 97 19 210, KFZ-Kennzeichen S – EH – 78 oder ISBN 978-3170352209). Diese Zahl-Aspekte dienen nicht dem Rechnen (vgl. hierzu den Ordnungszahlaspekt).

Krauthausen (2018) weist in seinen differenzierten Darstellungen außerdem darauf hin, dass die verschiedenen Aspekte auch immer ein Stück weit miteinander verwoben sind: »Analog zur Bedeutung von zweimal so groß ließe sich auch eine Maßzahl wie 65 Kg als 65 mal 1 Kg oder das 65-fache eines Kilos verstehen« (ebd., S. 44).

Neben den o. g. Zahlbegriffsaspekten mit Bezug auf Krauthausen (2018) und Radatz & Schipper (1983) werden u. a. von Lorenz (2012) weitere Aspekte genannt:

- *geometrischer Aspekt* (Dreieck, Sechseck),
- *narrativer Aspekt* (Glückszahlen, »die wilde 13«),
- *relationaler Aspekt* (räumlich-geometrische Beziehungen).

Auch hier ist wieder auf die Bezogenheit der Aspekte aufeinander hinzuweisen. Während bspw. bei der Aufteilung eines runden Kuchens der *relationale Aspekt* auf die Anteile des Kuchens (bspw. 1/12) in Bezug auf das Ganze (4/4) verweist, könnte auch mit Verweis auf den Vollkreis mit 360° das Kuchenstück mit einem Kreissegment von 30° aus geometrischer Perspektive beschrieben werden.

In Bezug auf diesen ersten Punkt der Grundlagen und Voraussetzungen für das Rechnenlernen lässt sich für den Unterricht im FgE feststellen, dass sich ein umfassender Zahlbegriff in der Erkenntnis widerspiegelt (▶ Abb. 6.13):

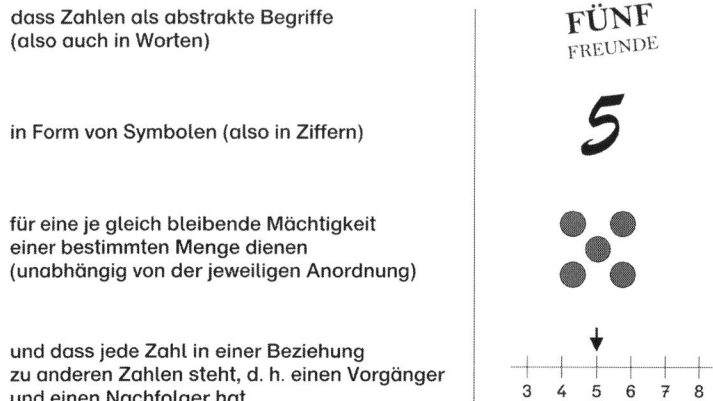

Abb. 6.13: Zahlbegriff im Kontext Zahlaspekt

Simultane und quasi-simultane Anzahlerfassung

Auch für den Grundschulbereich weisen zahlreiche Autoren auf die Gefahr hin, dass eine zu sehr und zu einseitig auf die »Zählkompetenzen ausgerichtete Förderung (…) mit der Gefahr verbunden (ist), Schüler zum zählenden Rechnen zu verführen« (vgl. Gaidoschik 2016, S. 22; 2017, S. 111 ff. und Wittmann 2016, S. 30 ff.).

Gerade für den langfristig angelegten Aneignungsprozess im FgE erfährt die Feststellung von Schuler (2017) besondere Bedeutung: »Ein Verständnis für Zahlen ist mehr als Zählen. (…) Zentral ist die Erkenntnis, dass Zahlen in Beziehung zu anderen Zahlen stehen und diese Beziehungen auf verschiedene Arten beschrieben werden können:

- ungefähr, d. h. qualitativ (mehr, weniger, gleich viel, größer, kleiner, gleich)
- numerisch, d. h. quantitativ (2 mehr, 3 weniger, um 4 größer, um 1 kleiner) und
- relativ (doppelt so groß, halb oder dreimal so viel)« (ebd., S. 15).

Dies bedeutet, dass nicht das Aufsagen der Zahlwortreihe (s. o.) zugleich ein (auf eine bestimmte Menge bezogenes) Zählen und damit Erfassen der Mächtigkeit bedeutet: »Erst wenn sie ein inneres Bild zu den Zahlwörtern aufgebaut haben, sind sie nicht mehr auf auswendig gelerntes Wissen angewiesen« (Kaufmann 2011, S. 152). Analog zum Speichervorgang beim Schriftspracherwerb (Graphem – Phonem), müssen die Schüler zu den Ziffern jeweilige Mengen speichern und in ihrer mentalen Vorstellung mit anderen Speicherbildern in Beziehung setzen.

Aktuelle (auch neurokognitive) Studien gehen davon aus, dass Kinder im Grundschulbereich entsprechende Kompetenzen im Zahlenraum bis 20 im ersten Grundschuljahr weitestgehend entwickelt haben (u. a. Krinzinger 2017, S. 32 ff.; Pixner 2017, S. 96 ff.). Dahingehende Erkenntnisse aus den Arbeiten von Ratz (2012) und Siegemund (2016) geben deutliche Hinweise darauf, dass Schüler im FgE sowohl grundsätzlich in diesem Zahlenraum arbeiten (ca. 20 bis 25 Prozent) bzw. eine deutliche längere Zeit benötigen, um sich im übergeordneten Zahlenraum zu orientieren.

Der Bereich der simultanen bzw. quasisimultanen Anzahlerfassung als »eine andere Art der Wahrnehmung und Bestimmung von Anzahlen« (Benz et al. 2015, S. 133) zielt grundsätzlich darauf ab, dass die Schüler das gleichzeitige Erfassen kleinerer Anzahlen zur Erfassung und Bestimmung von Mengen nutzen. Das simultane Erfassen von Anzahlen meint das Bestimmen der Menge sozusagen *auf einen Blick* in der Regel bis Mengen bis 5. Benz et al. (2015) verweisen hier auf die Bezeichnung des *subitizing* (als eigenständige Kompetenz) im englischsprachigen Raum (in Anlehnung an das lateinische Wort *subito*), womit das simultane Erfassen von vier bis fünf Objekten gleichzeitig gemeint ist (zur Diskussion ebd., S. 133 ff.).

Größere Mengen werden auch von Erwachsenen nicht simultan, sondern quasisimultan (man spricht daher auch von Quasi-Simultanerfassung bzw. vom *conceptual subitizing*) erfasst. Dies meint das mentale Gliedern einer Menge durch geschicktes Aufteilen und Strukturieren in simultan erfasste Teilmengen, die durch wiederum gedankliches Zusammenführen zur Gesamtmenge zusammengeführt werden (Scherer & Moser Opitz 2012, S. 95 ff.).

Im Sinne eines konkret ausgerichteten Förderprozesses muss man weiter unterscheiden zwischen:

1. dem Prozess der Wahrnehmung der Anzahl (Strukturierung und Simultanerfassung) und
2. dem Prozess der Bestimmung der Anzahl (als Addition der Mengen aus Schritt 1) (ebd.).

Das Beispiel von Schuler (2017) beschreibt den Prozess des Strukturierens anhand von Plättchen, was zugleich vermuten lassen kann, dass schon für den Regelbereich anzunehmen ist, dass die beiden o. g. Schritte unterschiedlich ablaufen können und jeweils unterschiedliche individuelle und situative Lösungsstrategien genutzt werden (Kaufmann 2011, S. 152 ff.) (▶ Abb. 6.14; vgl. hierzu weiterführend Schuler 2017, S. 17).

Für die Mathematik im FgE stellen die o. g. Kompetenzstufen bereits große Herausforderungen dar, die nicht einfach im Voranschreiten erworben werden können, sondern denen über einen oft langen Zeitraum intensive Lernzeiten eingeräumt werden müssen. Dies ist nicht zuletzt deshalb bedeutsam, weil das Simultanerfassen auch unmittelbar im Kontext Teil-Ganzes-Denken einzuordnen ist (Schultz et al. 2017, S. 206 ff.; Hefendehl-Hebeker & Schwank 2015, S. 77 f.).

Für den Unterricht im FgE bedeutet dies konkret eine auf Dauer angelegte Implementierung dahingehender ganzheitlich ausgerichteter Übungen zur Simultan- und Quasi-Simultanerfassung wie bspw.

- *Fühlübungen* (Gegenstände verdeckt erfassen, Benennen der Menge),
- gemeinsames *Zerlegen* von Mengen in Teilmengen (von 2, 3 oder 4 Objekten) und

- *Benennen* kleinerer Mengen zur Verdeutlichung der Möglichkeit des gleichzeitigen (simultanen) Erfassens[3],
- *Blitzzählen* (kurzes Aufdecken kleinerer Mengen),
- *Würfelspiele*[4] (beim Würfeln mit mehreren Würfeln kann so auch das quasi-simultane Erfassen verdeutlicht werden (Scherer 1995, S. 151 ff.; Kaufmann 2011, S. 152 ff.).

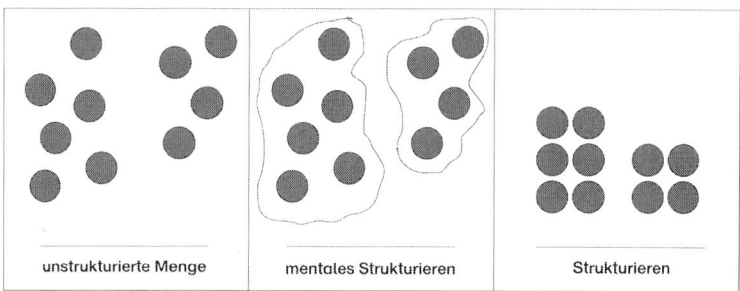

Abb. 6.14: Quasi-Simultanerfassen durch Strukturierung

Zur Unterstützung des Aneignungsprozesses bietet es sich außerdem an, die Kraft der 5 bzw. der 10 zu nutzen (Krauthausen 1995; Krajewski 2005), sowie grundsätzlich die angemessene Gestaltung des Anschauungsmaterials im Blick zu haben (Gerster 1994; Siegemund 2016). Dönges (2016) nennt in diesem Zusammenhang auch das Spiel »Räuber und Goldschatz« (Wittmann & Müller 2012b, S. 6) mit folgenden Übungsmöglichkeiten:

- Zahlwortreihe,
- Zahlenraum bis 20 als Ganzheit,
- Zählfertigkeiten (vorwärts und rückwärts),
- Addition und Subtraktion als Umkehraufgaben.

Die Zerlegbarkeit von Zahlen (Teil-Ganzes-Verständnis)

Die Fähigkeit, Zahlen aus anderen Zahlen zusammensetzen zu können, wird nach Resnick (1983) als zentrale gedankliche Leistung bewertet. Demzufolge »entwickelt sich bei Kindern allmählich die Einsicht, dass Zahlen für Mengen stehen, die wiederum gegliederte Quantitäten enthalten. Zahlen können in Teilmengen zerlegt

---

3 Im Primarstufenbereich ist immer wieder festzustellen, dass die Möglichkeit des simultanen Erfassens als solche erst einmal vorgestellt werden muss, weil den Schülern nur das Zählen als Möglichkeit der Anzahlerfassung bekannt ist.
4 Benz et al. (2015) weisen auf die Möglichkeit hin, dass ein Kind zwar die Ziffern 5 zum Würfelbild fünf wiedergeben kann, jedoch hier möglicherweise noch keine Mengenvorstellung entwickelt hat. Für den Anfangsunterricht im FgE kann es daher sinnvoll sein, entsprechend Übungen zu den Würfelbildern als Unterrichtsprinzip einzuführen.

werden, und die Teilmengen können wieder zur ursprünglichen Zahl zusammengesetzt werden« (Schneider et al. 2013, S. 38).

Resnick (1983) unterscheidet in ihren Arbeiten verschiedene Stadien, beginnend mit dem *protoquantitativen Wissen* über Mengen, für das noch keine genaue Anzahlerfassung notwendig ist: eine Menge Steine, Nüsse o. Ä. kann in zwei oder mehrere Mengen geteilt werden. Handlungen sind in diesem Kontext

- die *Kompensation* (Verlagerung von einer Teilmenge zur anderen Teilmenge verändert nichts an der Gesamtmenge) und
- die *Kovariation* (Veränderung einer Teilmenge führt zur Veränderung der Gesamtmenge).

Dieses protoquantitative Wissen entwickelt sich dahingehend weiter, dass die Erkenntnis, »die mit konkreten Anzahlen erworben wurde, in abstrakte Zahlen übersetzt wird. Hier wissen die Kinder, dass man die Zahl sechs in die Zahlen zwei und vier zerlegen kann bzw. dass man aus zwei und vier die Zahl sechs erhält« (Benz et al. 2015, S. 136).

Für den Bereich der schulischen Geistigbehindertenpädagogik legten u. a. Ratz & Wittmann (2011), Dönges (2016), Schnepel & Krähenmann (2016) und Peter-Koop (2016) in diesem Zusammenhang erste Überlegungen vor und nennen auch für den FgE die Zahlzerlegung und das in diesem Kontext bedeutsame Teil-Ganzes-Verständnis »als eine weitere Schlüsselkompetenz für eine arithmetische Grundbildung« (Dönges 2016, S. 14). Konkret: »Um später Aufgaben wie $8 + 5$ im Kopf rechnen zu können, ist es wichtig, den zweiten Summanden geeignet zerlegen zu können« (ebd., S. 9; ▶ Abb. 6.15).

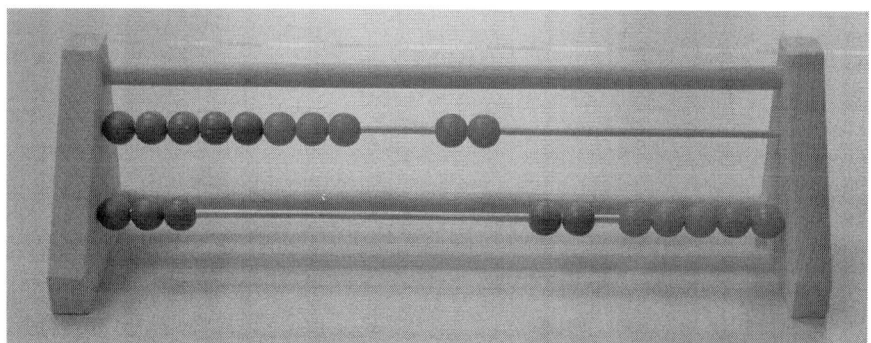

Abb. 6.15: Zahlzerlegung am Rechenrahmen

Es spielt also eine wesentliche Rolle,

- den zweiten Summanden ($5 = \mathbf{2} + 3$) geeignet zerlegen zu können,
- um (mit dieser Teilmenge 2 hinzufügend) schrittweise bis zum nächsten Zehner ($8 + \mathbf{2} = 10$) aufzufüllen,
- und dann (mit diesem Zwischenergebnis) weiterrechnen zu können ($10 + \mathbf{3} = 13$).

Im Anfangsunterricht wird im FgE noch selten der Zehnerübergang thematisiert werden können, jedoch sollte der hier beschriebene Ansatz der Zahlzerlegung im Unterricht kontinuierlich und intensiv geübt werden (bspw. Schüttelboxen, Zahlenfreunde). Neben den Übungen in den Mathematikheften (Zahlenhaus, Zahlenmauern, Zahlenräder usf.) eignen sich im konkreten Einsatz insbesondere die Schüttelboxen (▶ Abb. 6.16) und im spielerischen Zusammenhang Kartenspiele wie bspw. die »Zahlenfreunde« (Peter-Koop & Rottmann 2013; ▶ Abb. 6.17).

Abb. 6.16: Darstellungsformen der Menge 8 in Schüttelboxen (4 + 1 + 3 = 1 + 4 + 3)

Abb. 6.17: Kartenbeispiele aus den Zerlegungskarten der Zahlwerkstatt (Peter-Koop, A. (2016): »Zahlen bitte!« Zur Bedeutung numerischer Kompetenzen für das Rechnenlernen. In: Lernen konkret 4 (35), S. 4–9, hier S. 8)

Strukturiertes Zählen

Strukturiertes Zählen ist gewissermaßen die Zusammenführung der bisherigen Stufenfolge und meint,

- kleine Mengen von bis zu 4 oder max. 5 Objekten simultan zu erfassen,
- und dadurch größere Mengen, als aus diesen wiederum zusammengesetzten Mengen, erkennen und erfassen zu können.

Die simultane und dann quasi-simultane Anzahlerfassung sind so die Grundlage des strukturierten Zählens (Wittmann 2016, S. 32). Überträgt man dahingehend das Teilergebnis der Studie SFGE (Ratz 2012) zur Simultanerfassung (ebd., S. 138, Tab. 2 – Mengenerfassung simultan bis 5 = 47,9 Prozent der Schüler im FgE) auf diese Kompetenz, gibt dies zumindest Anlass zur Vermutung, dass für etwa knapp die Hälfte der Schüler die Vorteile dieser Zählart nutzbar gemacht werden können, bspw. durch das Üben des strukturierten Zählens in 2er- oder 3er-Schritten (Übungsmaterial, ▶ Abb. 6.18) oder dahingehender (auch materialgestützter) Übungen zur Anzahlerfassung.

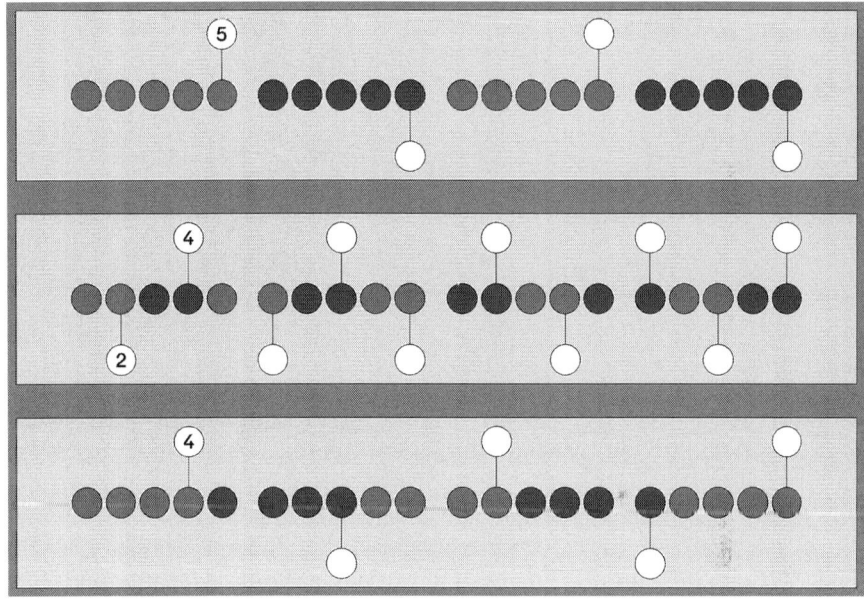

Abb. 6.18: Übungen am Zahlenstrahl zum strukturierten Zählen in 5er-, 2er- und 4er-Schritten

Geeignet sind im Zahlenraum bis 12 außerdem bekannte Gesellschaftsspiele wie »Mensch ärgere dich nicht« und spielerische Übungen zu den Würfelbildern (bspw. in Wittmann & Müller 2015c, S. 7):

- Sie sind den Kindern bekannt,
- sie stellen eine günstige Vernetzung von Familie und Schule dar,
- sie sind durch den spielerischen Charakter auch sozial-kommunikativ und damit
- emotional (und so auch nachhaltig) wirksam.

Zusätzliche Übungen zum strukturierten Zählen finden sich außerdem in den Mathematikheften der Primarstufe (▶ Abb. 6.19). Interessant an diesem Beispiel aus der Oberstufe im FgE sind das strukturierte Zählen in 2er-Schritten und das Bündeln der fünf 2er-Päckchen zu einem Zehner. Das Beobachten der Lösungswege bietet hier einen diagnostischen Einblick über den Kompetenzstand.

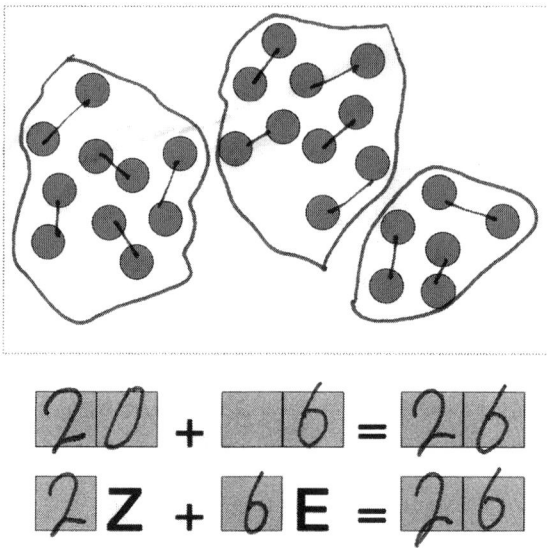

Abb. 6.19: Bündeln im Zahlenraum bis 100

Grundvorstellungen von Zahlen und Operationen

Dönges (2016) stellt hinsichtlich der Fragestellung nach der Ausrichtung der Mathematik im FgE fest: »in der Mathematikdidaktik (gilt) die Annahme eines (…) Voraussetzungsverhältnisses (Pränumerik → Numerik) als widerlegt und eine pränumerische Förderung insgesamt als überholt« (ebd., S. 13; Moser Opitz 2008). Demzufolge richtet sich der Unterricht sinnigerweise aus am

- mathematischen Anfangsunterricht der Grundschule und
- (auch mit Blick auf die Berücksichtigung der unspezifischen und spezifischen Vorläuferfertigkeiten) an den vorschulischen (elementarpädagogischen) Bildungsangeboten (▶ Abb. 6.20).

Betrachten wir die drei Überschriften der Bildungsstandards zum Inhaltsbereich »*Zahlen und Operationen*« (1. Zahldarstellungen und Zahlbeziehungen, 2. Rechenoperationen verstehen und beherrschen und 3. In Kontexten rechnen) und deren Unterpunkte, wird deutlich, dass die o. g. didaktischen Ansatzpunkte zunächst die Grundlagen der Arithmetik beschreiben. In einem regelhaften Entwicklungsverlauf werden diese Kompetenzen zum Zeitpunkt der Einschulung bzw. im Verlauf des ersten Schuljahres (im Gegensatz zu den Erfahrungen im FgE) meist beherrscht (Krauthausen 2018, S. 8 ff.).

6.2 Zahlen und Operationen

Ziffer	1	2	3	4	5	6	7	8	9	10	11	12
Zahlwort	eins	zwei	drei	vier	fünf	sechs	sieben	acht	neun	zehn	elf	zwölf
kardinale Vorstellung	*	**	***	****	*****	***** *	***** **	***** ***	***** ****	***** *****	***** ***** *	***** ***** **
ordinale Vorstellung	Position in einer Reihe											
kardinale / ordinale Orientierung im Zahlenraum	kardinale / ordinale Abnahme um 1 ⬇						kardinale / ordinale Zunahme um 1 ⬆					
intuitive und begriffliche Orientierung	z. B. kleiner, weniger, kürzer, leichter ⬇						z. B. größer, mehr, länger, schwerer ⬆					

Abb. 6.20: Grundvorstellungen zu Zahlen und zum Zahlenraum (Dönges, Ch. (2016): Didaktische Ansatzpunkte mathematischer Förderung im FgE. In: Lernen konkret 4 (35), S. 12–15, hier S. 12)

Zugleich wurde deutlich, dass innerhalb dieser Grundlagen die ersten operativen Ansätze begründet liegen. Umso wichtiger ist es demnach für die Mathematik im FgE, um diese zu wissen, diese in den Unterricht einzubeziehen und den Schülern im Anfangsunterricht und darüber hinaus im FgE vielfältige Übungsmöglichkeiten zu bieten.

6.2.3 Das Stellenwertsystem

Mit Hinweis auf Gaidoschik (2015) betont Krauthausen (2018) gerade auch für Kinder und Jugendliche mit Lernschwierigkeiten im Zusammenhang mit mathematischen Fragestellungen die Bedeutsamkeit eines »soliden Grundlagenwissens über den dekadischen Aufbau unseres Zahlsystems« (ebd., S. 53). Grundsätzlich verweisen auch Herzog et al. (2017, S. 268 ff.) mit den KMK-Empfehlungen (2004) auf die Notwendigkeit der »Entwicklung eines profunden Stellenwertverständnisses« (ebd.; vgl. hierzu außerdem Müller, Steinbring & Wittmann 1997, S. 15 ff.).

Das Wissen um diesen dekadischen Aufbau (dessen Thematisierung im Übrigen auch in den Bildungsstandards als Kernaufgabe aufgezeigt wird) bringt zentrale Anforderungen an die Lernenden auch im Grundschulbereich mit sich:

- Das *prozedurale Wissen* (Notationen von Zahlen und deren Sprechweisen): Hier ist besonderes die inversive Sprechweise eine grundsätzliche Herausforderung und für den Anfangsunterricht im FgE bedeutsam (s. o.). Oft wird den Gesetzmäßigkeiten zu geringe Beachtung geschenkt (weil sie in der Regel unbewusst genutzt werden wie bspw. der Rechentrick des Anhängens der Null) und die sich aus dem System ergebenden Lesestrategien (als Übersetzung der Ziffern in Zahlworte) (s. o.) werden nicht hinreichend didaktisch bewertet. Dies wiederum kann zur Behinderung im ohnehin schon erschwerten Lernprozess von Kindern und Jugendlichen mit geistiger Behinderung führen.
- Das *konzeptuelle Wissen* (das sich auf die dem Stellenwertsystem zugrunde liegende Zehnerbündelung bezieht): Herzog et al. (2017) stellen in diesem Zusammenhang fest, dass das in der Regel nach Vereinbarungen auswendig zu lernende prozedurale Wissen ohne konzeptuelle Grundlagen nicht tragfähig sein kann. Konzeptuelles Wissen bezieht sich jedoch weniger auf die Zahlen selber (wenngleich auch für die Schüler im FgE deren Versprachlichung unbedingt zu thematisieren sein wird; vgl. Padberg 2012, S. 141 ff.), sondern mehr auf ihre »*Schreibfiguren*« (ebd., S. 54), also wie die Mächtigkeit dargestellt werden kann.

»Dies bedeutet, Kinder müssen lernen, Zahlen als Zusammensetzungen von Zehnern und Einern zu begreifen, und dass es mehr als eine Partition in Zehner und Einer gibt« (Herzog et al. 2017, S. 270). Die Autoren verweisen hier mit Resnick (1983) und Ross (1989) auf das kanonische und das nicht-kanonische Bündeln, das sich wiederum durch unterschiedliche Ausprägungsgrade an Flexibilität auszeichnet. Die folgende Abbildung zeigt die Bündelungsformen am Beispiel der Zahl 34 (▶ Abb. 6.21, vgl. hierzu weiterführend Herzog et al. 2017, S. 271)

6.2 Zahlen und Operationen

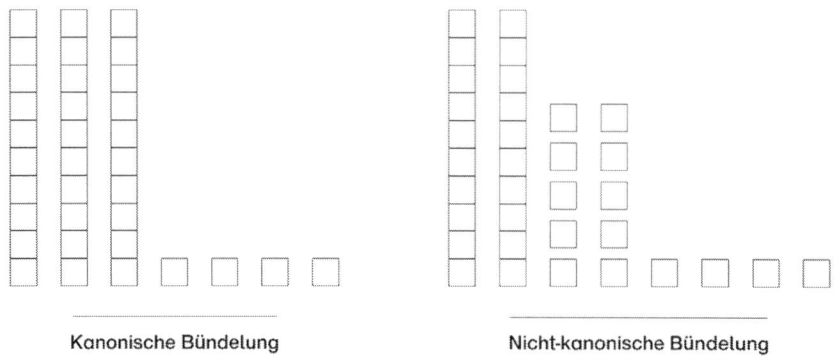

Kanonische Bündelung   Nicht-kanonische Bündelung

Abb. 6.21: Kanonische und nicht-kanonische Darstellung

Die Kenntnis über diese Formen des Bündelns kann für den Unterricht im FgE dahingehend konkret hilfreich sein, dass eben auch diese scheinbaren Zwischenformen und ein noch nicht abgeschlossenes Bündeln in alle Zehner zugelassen werden und als Entwicklung hin zur kanonischen Bündelung (auch als Standardbündelung bezeichnet) gesehen werden kann. Dies entspricht auch den Gedanken des entdeckenden Lernens (Wittmann 1995; Ratz & Moser Opitz 2015).

Mit Hinweisen auf Fuson et al. (2000 und 1997) und Moser Opitz (2008) betonen Herzog et al. (2017) die »prädikative Bedeutung des Stellenwertsystems« (ebd., S. 272) im Kontext mathematischer Kompetenzen und die Rolle des konzeptuellen Wissens. Zugleich stellen sie fest, dass keines der im Beitrag genannten Modelle für den deutschen Sprachraum validiert wurde und es demzufolge »keine verlässliche Erkenntnis darüber gibt, in welcher Abfolge von Niveaus Kinder das dezimale Stellenwertsystem begreifen« (ebd., S. 278).

Verbindendes Glied innerhalb der Niveaus ist immer wieder das Bündeln gemäß dem allgemeinen Prinzip des Zusammenführens von Mengen nach vorgegebener Basis in nächsthöhere Einheiten. Die Basis 10 ist für die Schüler im Anfangsunterricht im FgE eine meist unüberschaubare Menge (Ratz 2016), weshalb es für das Üben des Bündelns also durchaus von Vorteil sein, das Bündeln auch in zunächst kleineren Basen zu üben. Diese sind für die Schüler ggf. bereits simultan erfassbar (s. o.) und können somit helfen, das doch sehr abstrakte System der Stellenwerte zu vermitteln.

Hinweise von Scherer & Moser Opitz (2012) deuten in diesem Zusammenhang darauf hin, diese Schritte zugleich sorgsam in den Blick nehmen zu müssen, um nicht infolge überfordernder (weil zu komplexer und abstrakter) Aufgabenstellungen Nachteile für diese Schüler entstehen und Frustration aufkommen zu lassen. Es gilt: Das Bündeln mit kleinen Basen *kann, muss aber nicht* vorteilhaft sein. Und auch diese Feststellung gilt es in regelmäßigen Abständen zu prüfen.

»Die Eleganz und Effizienz des dezimalen Stellenwertsystems im Vergleich zur römischen Zahlschrift wird erkauft durch einen deutlichen Verlust an Anschaulichkeit und durch eine starke Steigerung der Abstraktion« (Padberg 2012, S. 143; Ifrah 1991, S. 53 ff.), denn in der heutigen Zahlschrift vermittelt jede Ziffer zugleich zwei Informationen:

1. »Die Ziffer gibt uns die Anzahl der Bündel der betreffenden Mächtigkeit an (Zahlenwert der Ziffer, Beispiel: fünf Hunderter)
2. Die Stellung der Ziffer innerhalb des Zahlwortes gibt die Mächtigkeit des zugehörigen Bündels an (Stellenwert der Ziffer, Beispiel: fünf Hunderter)« (ebd.).

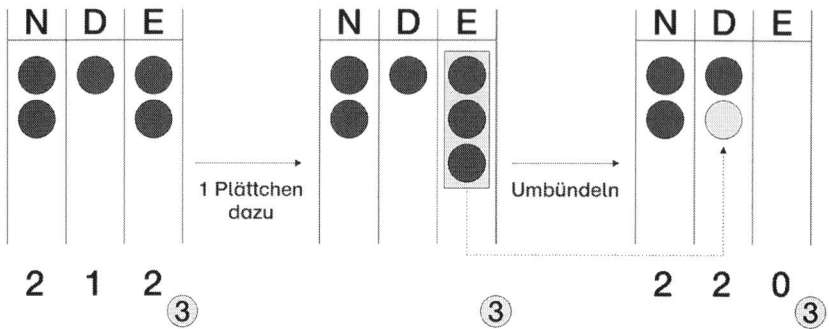

Stellenwerte im Dreier-System: **N** = Neuner | **D** = Dreier | **E** = Einer

Abb. 6.22: Hinzufügen im Dreier-System – Bündeln mit Basis 3

Das Beispiel in Abbildung 6.22 zeigt das Bündeln im 3er-System nach Einern (E), Dreiern (D) und Neunern (N) (also »3 mal 3« statt des 100ers – »10 mal 10« – im Dezimalsystem). Fügt man 1 Plättchen hinzu (linke Darstellung), werden gemäß Basis 3 die 3 Einer gebündelt zu einem Dreier (D) und in der Spalte (E) steht 0 (▶ Abb. 6.22, vgl. hierzu weiterführend Padberg & Büchter 2015, S. 35).

Entsprechende Übungen sind in der Grundschulpädagogik (auch in der Lehrerbildung, vgl. Krauthausen 2018, S. 54) gängige Praxis und finden auch im Unterricht Anwendung. Das für den Erwachsenen zunächst abstrakt und schwierig wirkende Bündeln in anderen Systemen, stellt für die Schüler im Regelbereich jedoch eine spannende und willkommene Abwechslung dar (Wittmann 1995, S. 20 ff.).

In erster Linie geht es jedoch nicht um die Kompetenz bspw. der Addition oder der Subtraktion in anderen Stellenwertsystemen, sondern darum, »Bündelung und Stellenwert als die beiden zentralen Prinzipien« (Padberg & Büchter 2015, S. 34) zu erkennen, und nicht sozusagen automatisiert »Bündelung, Stellenwert und Zehnersystem unauflösbar miteinander« (ebd.) zu verbinden. Schließlich geht es im Anfangsunterricht im FgE um die Erkenntnis, dass »Stellenwertsysteme (...) durch zwei grundlegende Prinzipien gekennzeichnet« sind (Krauthausen 2018, S. 54):

- *Das Prinzip der fortgesetzten Bündelung*: Das Bündeln meint das Zusammenfassen der Elemente einer vorgegebenen Menge zu gleich mächtigen Mengen (Bündeln). Die Mächtigkeit der Teilmengen wird durch die Basis beschrieben, die in unserem Stellenwertsystem 10 ist, jedoch genauso 4 oder 5 sein kann.

    Das Bündelungsprinzip gilt also allgemein und ist zugleich prinzipiell: Es muss so lange gebündelt werden, »bis kein Bündel nächsthöherer Ordnung mehr gebildet werden kann« (ebd.). Der Vorteil des Stellenwertsystems liegt darin be-

gründet, dass man nur zehn Ziffern benötigt, »um beliebig große Zahlen zu notieren« (ebd.).
- *Das Stellenwertprinzip*: Durch das Stellenwertprinzip bekommt jede Ziffer neben dem Anzahlaspekt auch noch einen Stellenwertaspekt. Dieser Systematik unterliegen sowohl dekadische als auch nichtdekadische Stellenwertsysteme. Die Stufenzahlen sind im Zehnerstellenwertsystem immer die Potenz von 10 (vgl. die Einordnung der Zahl 37.094, ▸ Tab. 6.2, vgl. dazu Padberg & Büchter 2015, S. 55).

Tab. 6.2: Zahldarstellungen in der dezimalen Stellenwerttafel

B^4	B^3	B^2	B^1	B^0
10^4	10^3	10^2	10^1	10^0
10.000er	1000er	100er	10er	1er
ZT	T	H	Z	E
3	7	0	9	4

Ein wesentlicher Vorteil der Einsicht in das Stellenwertsystem ist auch die Hinwendung zur *Kraft der 5* und der *Kraft der 10* (Krauthausen 1995), schließlich geht die Nutzung der Basis 10 auf die 2 mal 5 Finger unserer Hände und damit auf die *Basiszahl 10* zurück (Ifrah 1991, S. 59 ff.).

6.2.4 Rechenoperationen

Ratz & Wittmann (2011) zählen zu den Grundideen der Mathematik im Kontext arithmetischer Aufgabenfelder nach der *numerischen Bewusstheit* und der *Zahlreihe* (denen sie im FgE besondere Bedeutung beimessen)

- das Rechnen, die Rechengesetze und Rechenvorteile,
- das Zehnersystem,
- die Rechenverfahren,
- arithmetische Gesetzmäßigkeiten,
- die Zahlen in der Umwelt.

Diese Bereiche sind »im Auge zu behalten, vor allem für Schüler, deren mathematische Entwicklung zügiger voran schreitet« (ebd., S. 138). Dem Wesen nach sind diese Grundideen auch in der Grundschuldidaktik nicht trennscharf voneinander abzubilden, wie es schon im Zusammenhang mit dem Teil-Ganzes-Konzept und der Ebene 3 des ZGV nach Krajewski & Ennemoser (2013) gezeigt werden konnte. Die Erkenntnis der Zusammensetzung der Menge 5 in die beiden Teilmengen 3 und 2 und die Wahrnehmung der Teilmenge 2 als der Differenz zwischen der Teilmenge 3 und der Gesamtmenge 5 ist rechnerisches Handeln.

In Bezug auf die operativen Kompetenzen, spricht Ratz (2012) auf der Grundlage der Studie SFGE von klaren Grenzen: »Während Addition und Subtraktion eine wichtige Rolle in den Fähigkeiten der Schüler im FsgE spielen, sind Multiplikation und Division nur von untergeordneter Bedeutung« (ebd., S. 139). Hier ist davon auszugehen, dass sich der große Teil der Schüler inhaltlich auf der Ebene maximal des zweiten Schuljahres der Grundschule bewegen kann. Insofern sollen sich nachstehende Ausführungen auch in erster Linie auf diesen Bereich beziehen, um Besonderheiten und Erfahrungen zu skizzieren:

Addition

Auf der Grundlage von Untersuchungen im Grundschulbereich (u. a. Carpenter et al. 1982) nennt Schipper (2015b) folgende Grundstrategien zur Lösung von Additions- und Subtraktionsaufgaben:

Zu den Strategien merkt er an: »Die drei Grundstrategien dürfen nicht als eine Abfolge einander ablösender Strategien aufgefasst werden« (ebd., S. 102), jedoch ist mit Hasemann & Gasteiger (2014) festzustellen, dass die Zählstrategien (also das zählende Rechnen) in der Regel zu Beginn stehen und sich die o. g. erweiterten (heuristischen) Rechenstrategien sukzessive entwickeln (Padberg & Benz 2011, S. 98 ff.).

Tab. 6.3: Grundstrategien im ersten Schuljahr der Grundschule

Zählstrategien	Heuristische Strategien[5]	Auswendigwissen
• Alles Zählen • Weiterzählen	• Schrittweises Rechnen • Verdoppeln/Halbieren • Gegen- bzw. gleichsinniges Verändern • Ergänzen (bei der Subtraktion)	(in der Regel noch im Zahlenraum bis 10)
	Sowie Mischformen	

Für die Entwicklungsphasen im FgE ist den Studien von Ratz (2012) folgend davon auszugehen, dass das geschickte Rechnen (also das schrittweise Rechnen, das Verdoppeln und Halbieren und das gegen- bzw. gleichsinnige Verändern) intensiv geübt werden muss. Darauf deuten die Erkenntnisse aus Ratz (2012, S. 144) hin, denen zufolge im Sekundarstufenbereich nur ca. 1/5 der Schüler im Zahlenraum bis 100 addiert und hier zusätzlich auf Materialien angewiesen ist. Demgegenüber sind es weniger als 1/5 der Schüler, die im Zahlenraum bis 20 addieren und ebenfalls Materialien verwenden.

---

5 Heuristik ist die Kunst des Problemlösens. Hasemann & Gasteiger (2014) beziehen sich auf die Untersuchungen von Selter & Spiegel (1997) und Spiegel & Selter (2003), die eindrucksvoll zeigen, wie geschickt und effektiv Kinder beim Rechnen spontan Lösungswege finden. Diese Lösungswege allen Kindern vorzustellen, kann dazu führen, dass auch diese von mehr Kindern genutzt werden.

Demzufolge ist es für die Mathematik im FgE im Kontext des Inhaltsbereichs der Bildungsstandards *Zahlen und Operationen* besonders bedeutsam, um die o. g. Grundstrategien zu wissen (Schipper 2015b). Dies sowohl, um den Schülern bei entsprechenden Fertigkeiten und Fähigkeiten geschickte (eben heuristische) Strategien mit auf den Weg geben zu können, als auch (dadurch), das zählende Rechnen in den Hintergrund treten zu lassen (vgl. hierzu den u. g. *Exkurs: Fingerrechnen*) (Dönges 2016; Peter-Koop 2016).

Padberg & Benz (2011) nennen nun für den Grundschulbereich als informelle Lösungsstrategien von Schulanfängern folgende Zählstrategien, die im FgE auch noch nach vielen Schuljahren häufig zu finden sind (s. o.):

1. *Vollständiges Auszählen*: Die Summe wird durch das vollständige Auszählen der Teilmengen bestimmt. Besonders bei größeren Anzahlen verlieren die Schüler schnell den Überblick und es kommt zum falschen Ergebnis.
2. *Weiterzählen vom ersten Summanden aus*: Vom ersten Summanden aus wird weitergezählt, das Kardinalzahlprinzip muss hier verstanden werden. Auch hier kann es zu Fehlern kommen, wenn die Zählzahlbedeutung nicht verstanden ist.
3. *Weiterzählen vom größeren Summanden aus*: Diese Methode ist schon als Weiterentwicklung des zweiten Schritts zu verstehen, hier haben die Kinder das Kommutativgesetz der Addition verstanden ($4 + 6 = 6 + 4$).
4. *Weiterzählen vom größeren Summanden aus in größeren Schritten*: Auf dieser Stufe der Zählstrategien erkennt das Kind, dass es von 6 auch in Zweierschritten weiterzählen kann: $4 + 6 = 6 + 2 + 2$ im Sinne von sechs – acht – zehn.

Hinsichtlich der unterschiedlichen Erschließung des Zahlenraums im FgE bis 100, wie es Ratz (2012) in seinen Ergebnissen der Studie SFGE differenziert vorlegen konnte, ist davon auszugehen, dass sich viele Schüler im FgE schwer damit tun, sich vom zählenden Rechnen zu lösen und geschickte, effiziente Strategien zu nutzen. Dies kann auch in Verbindung stehen mit der für diesen Bereich unausgeprägten Kompetenz der Zahlwortreihe, denn nur 10 Prozent der Schüler im Primarstufenbereich bis maximal ca. 25 Prozent der Schüler im Sekundarstufenbereich der SFgE rufen die Zahlwortreihe vollständig reversibel ab (Ratz 2012, S. 140).

Dies korreliert auch stark mit Beobachtungen aus dem Grundschulbereich: »Leistungsschwächere Schüler tun sich nach Beobachtungen von Benz (2005) besonders schwer, aus ihren Zählstrategien Rechenstrategien zu generieren« (Padberg & Benz 2011, S. 90).

Eine Erschwernis des Lösens vom zählenden Rechnen kann auch der im FgE oft notwendig erscheinende Materialeinsatz darstellen, denn empirische Befunde zeigen auch: »Zählende Kinder benutzen gerne Material als Zählhilfe, Material kann zu Zählstrategien verführen« (Benz 2005, S. 181).

Umgekehrt ist festzustellen: »Kinder, die oft Aufgaben im Kopf lösen, benutzen Rechenstrategien, weil sie wahrscheinlich erkannt haben, dass Zählstrategien recht langwierig und gedächtnisbelastend sind« (ebd.; Gaidoschik 2017). Auch diese Erkenntnisse der Grundschuldidaktik korrelieren hoch mit den o. g. Daten, denn je höher der Zahlenraum ist, in dem die Schüler addieren, desto mehr verschiebt sich das Lösen im Kopf hin zum materialgestützten Lösen der Aufgaben (ebd., S. 193).

Weitere Nachteile des zählenden Rechnens nennen Padberg & Benz (2001, S. 91 ff.; Krauthausen 2018):

- Fehleranfälligkeit,
- zeitlich ineffizient und aufwendig,
- schwindendes Bedürfnis nach Zahlensätzen des Kleinen 1 + 1,
- Zusammenhänge werden nicht erkannt (4 + 4 und 4 + 5 oder 3 + 5 und 13 + 5),
- Lücken hinsichtlich des schriftlichen Rechnens,
- Schwierigkeiten bei der späteren Einordnung des Ergebnisses.

Was bedeuten diese Erkenntnisse der Mathematikdidaktik nun für den Unterricht im FgE? Lassen sich konkrete Schlüsse ziehen und fachlich anschließende Überlegungen entfalten? Einerseits bewegen sich viele Schüler über einen langen Zeitraum (oder immer) im Zahlenraum bis 20 (ca. 20 bis 25 Prozent), sind oft auf konkretes Anschauungsmaterial angewiesen und üben zudem das Erschließen der Summe durch zählende Strategien.

Andererseits wird das Ablösen vom zählenden Rechnen als wesentlicher Aspekt in der operativen Entwicklung verstanden und auch für den FgE gibt es hierzu stützende Arbeiten, wie bspw. Ratz & Wittmann (2011), Dönges (2016), Siegemund (2016), Ratz (2016) und Wittmann (2016).

Hilfreich können Rechenstrategien sein, die im Grundschulbereich für den Zwanzigerraum genannt werden (▶ Tab. 6.3). Als günstig erweist es sich auf jeden Fall, wenn die Schüler im kleineren Zahlenraum schon erste Erfahrungen gesammelt haben, bspw. »durch simultane Zahlerfassung am strukturierten Material wie dem Zwanzigerfeld oder dem Zahlenstrahl« (Padberg & Benz 2011, S. 96).

Ebenso ist es wichtig, nicht einseitig Lösungswege zu präferieren, sondern vielfältige Lösungswege zu betonen (Hasemann & Gasteiger 2014). Auch mit Schülern im FgE können wir über Rechenwege sprechen und die verschiedenen Ideen erläutern lassen. Dies wird nicht mit allen Schülern möglich sein und auch wiederum andere werden früher oder später an ihre Grenzen stoßen. Zugleich wird es aber für einige Schüler von Vorteil sein, »wenn genügend Zeit für die Erkundung des Zahlenraums und den Aufbau des Zahlverständnisses gelassen wird« (Padberg & Benz 2011, S. 97).

Wichtig ist zu bedenken, dass nicht die Erwartungshaltung im Raum stehen darf, dass die Schüler bereits im Anfangsunterricht über oben gezeigte Kompetenzen verfügen. Es handelt sich auch um die pädagogische Haltung, mit der man den Schülern begegnet: Es geht um das Zutrauen des gemeinsamen Besprechens, des Nachdenkens und des Austauschs über Rechenwege und Lösungsmöglichkeiten. Auch die Hinweise des Lehrers können in diesen Gesprächen hilfreich für die Schüler sein und damit neue und andere Ansätze des Lösens aufzeigen (Krauthausen 2018, S. 63).

Nachstehend sollen nun verschiedene Rechenstrategien gezeigt werden (auch Schipper 2015b, S. 107 ff.), »die beim Erwerb des Kleinen Einsundeins und z. T. auch bei Additionsaufgaben mit größeren Zahlen eine zentrale Rolle spielen« (Padberg & Benz 2011, S. 98):

- *Tauschaufgaben*: Der Vorteil der Tauschaufgaben auf der Grundlage des Kommutativgesetzes ist darin zu sehen, dass ca. die Hälfte der zu lernenden Aufgaben des Einsundeins damit gewissermaßen wegfallen ($3 + 5 = 5 + 3$).
- *Analogieaufgaben*: Besonders durch die Visualisierung am Rechenrahmen, am Abaco oder am Zahlenstrahl lassen sich analoge Aufgabenstrukturen im Dezimalsystem darstellen: bspw. $4 + 3$ und $14 + 3$ oder $2 + 3$ und $2 + 13$. Hier geht es auch darum, dass die Schüler ein Gefühl dafür entwickeln, solche Analogien zu bilden und zu entdecken.
- *Verdopplungsaufgaben*: Durch das Üben von Verdopplungsaufgaben entstehen wichtige Stützpunkte als Grundlage für viele Additionsaufgaben ($4 + 4$ und $5 + 5$).
- *Fastverdopplungsaufgaben*: Dieses Aufgabenformat bedient sich der Nähe zu den Verdopplungsaufgaben und führt zur Lösung durch das Hinzufügen oder Wegnehmen von 1 ($4 + 5 = 4 + 4 + 1$ und $5 + 5 - 1$).
- *Nachbaraufgaben*: Fastverdopplungsaufgaben sind Nachbaraufgaben von Verdopplungsaufgaben. »Im Umfeld einer gegebenen Aufgabe (Beispiel: $5 + 4$) sind nämlich all die Aufgaben Nachbaraufgaben, bei denen sich ein Summand von der gegebenen Aufgabe um 1 unterscheidet, also $6 + 4$ und $4 + 4$ sowie $5 + 5$ und $5 + 3$. Ausgehend von der Kenntnis des Ergebnisses der gegebenen Aufgabe lassen sich die Ergebnisse der Nachbaraufgaben leicht bestimmen« (ebd., S. 100).
- *Schrittweises Rechnen*: die Lösung erfolgt hier meist durch das Zurückgreifen auf andere Strategien (bspw. das Verdoppeln) oder schon durch Rückgriff auf mentale Vorstellungsbilder ($6 + 8 = 6 + 6 + 2 = 14$). Die Fünfer- und Zehnerstruktur des 20er-Feldes bietet hier viele visuelle Eindrücke und löst das einseitige Ergänzen bis zum nächsten 10er ab zugunsten einer größeren Flexibilität der Lösungswege, bspw. durch das o. g. Verdoppeln (Schipper 2015b, S. 108).
- *Gegensinniges Verändern*: Die Aufgabe $6 + 8$ kann in diesem Verfahren verändert werden in $7 + 7$ (beide Summanden werden um je 1 erweitert bzw. um 1 gekürzt), sodass eine bekannte Verdopplungsaufgabe entstehen kann (Padberg & Benz 2011, S. 100; Ratz & Wittmann 2011, S. 142).

Die o. g. verschiedenen Rechenstrategien können helfen, dass »gegebene Aufgaben oft sehr variationsreich und flexibel gelöst werden können« (Padberg & Benz 2011, S. 101). Wohlgemerkt: Hier wird immer von einem regelhaften Entwicklungsverlauf ausgegangen.

Für die Entwicklung operativer Kompetenzen im FgE ist es demgegenüber wichtig festzustellen, dass keine zeitlichen Fenster zu erwarten oder stufenbezogenen Entwicklungen einzuplanen sind. Im Vordergrund stehen der individuelle Entwicklungsverlauf und eine individualpädagogische Entwicklungsplanung.

Vielmehr muss die Mathematik im FgE demzufolge zunächst einmal um diese zählenden und heuristischen (also geschickten, Probleme lösenden) Strategien wissen, um daran anschließend Lernwege entwickeln zu können.

Gemäß den (auch wenigen empirischen) Erkenntnissen zur Mathematik im FgE (Baroody 1999; Ratz 2009; 2012; Siegemund 2016; aktuell Schnepel 2019; im Allgemeinen auch Mitchell 2015) ist zu vermuten, dass nur wenige Schüler ohne Hilfen von außen das Lösen vom zählenden Rechnen bewerkstelligen können, sodass entsprechende extrinsische Impulse hilfreich sein werden.

In diesem Zusammenhang ist eine Balance zu halten zwischen den automatisierenden Übungen und solchen operativen bzw. produktiven Aufgabenstellungen, die »möglichst problemorientiert, operativ und anwendungsbezogen angelegt« sind (Lorenz 2013b, S. 7). »Operative bzw. produktive Übungsformen beinhalten die Möglichkeit, Erkenntnisse über Zahlbeziehungen und Rechenoperationen zu gewinnen« (ebd.). Sicherlich ein für den FgE anspruchsvolles und nicht für viele Schüler erreichbares Ziel – zugleich wird die Vorgehensweise bestimmt wiederum einigen Schülern helfen können, die den arithmetischen Gesetzmäßigkeiten und Regeln innewohnenden Muster und Strukturen besser verstehen bzw. diese erschließen zu können (Ratz & Moser Opitz 2015).

Als geeignete Übungsformen sind hier vor allem zu nennen (vgl. auch Werner 2009):

- Rechenhäuser (▶ Abb. 6.23, ▶ Abb. 6.24)
- Zahlenmauern
- Rechenketten
- Zahlentreppen
- Rechenräder (▶ Abb. 6.25)
- Rechenblumen

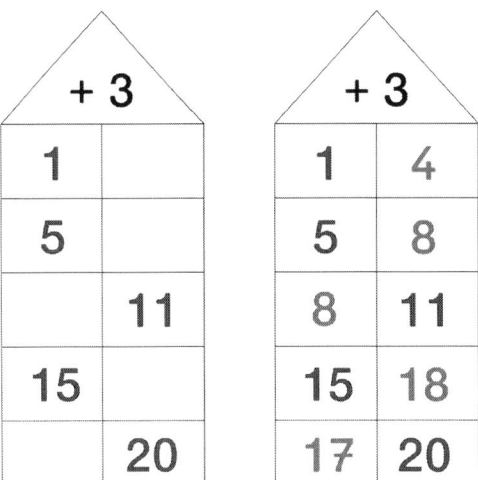

Abb. 6.23: Rechenhäuser Addition

Auch die Darstellung in der Gesamtheit der Menge 10 und der sich durch Addition und Subtraktion ergebenden Partnerzahlen (Cottmann 2006, S. 6 ff.) erscheint für den FgE geeignet. Auf entsprechende spielerische Zugänge zur strukturierten Zahlerfassung verweist Peter-Koop (2016). Als hilfreich kann auch die Übersicht des Einsundeins verstanden werden, die in unterschiedlichen Darstellungsformen angeboten wird (bspw. Betzold). Abbildung 6.26 zeigt die Einspluseins-Tafel aus dem Programm

6.2 Zahlen und Operationen

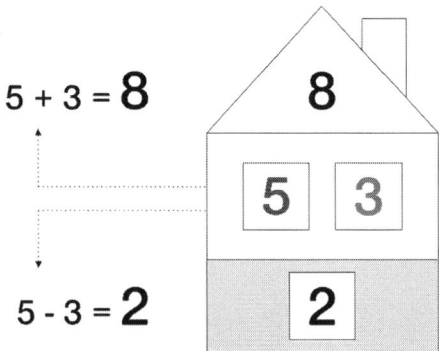

Abb. 6.24: Rechenhaus mit Addition und Subtraktion

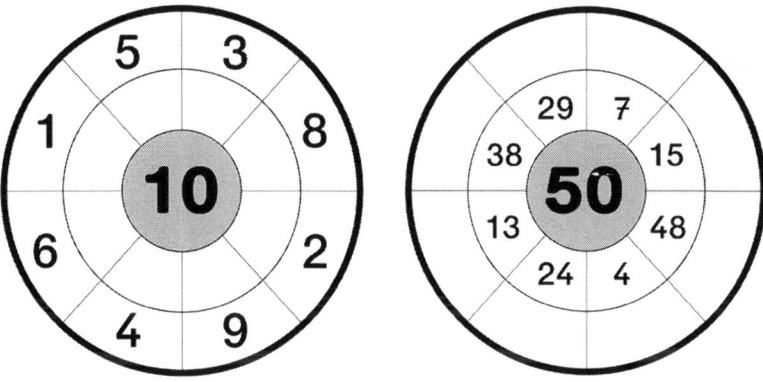

Abb. 6.25: Rechenräder

Mathe 2000 (www.mathe2000.de), auf der die Schüler durch die grafische und farbliche Anordnung zugleich konkrete Orientierungshilfen finden (▶ Abb. 6.26).

Exkurs: Fingerrechnen

Das Rechnen mit den Fingern wird auch in der Didaktik im FgE diskutiert (Ratz & Wittmann 2011; Ratz 2016; Dönges 2016), hier soll nur kurz darauf eingegangen und auf den trefflichen Beitrag von Gaidoschik (2016) im »Lernen konkret«-Themenheft verwiesen werden (ebd., S. 22 ff.).

Naheliegend ist es zunächst, die Finger zu nutzen (▶ Abb. 6.27), da sie ein stets präsentes Hilfsmittel sind, in ihrer Struktur auch den Vorzügen der Kraft der 5 entsprechen (Krauthausen 1995) und für den anfänglichen Zahlenraum bis 10 einige Strategien der Zahlzerlegung (Summe kleiner als 5) ermöglichen (bspw. 2 + 3 oder 1 + 4). Diese Zahlzerlegungen sind für den statischen Einsatz der Finger im Sinne eines Ablösens vom zählenden Rechnen von Bedeutung dergestalt, dass die Zahl 7

6 Inhaltsbezogene mathematische Kompetenzen im Kontext FgE

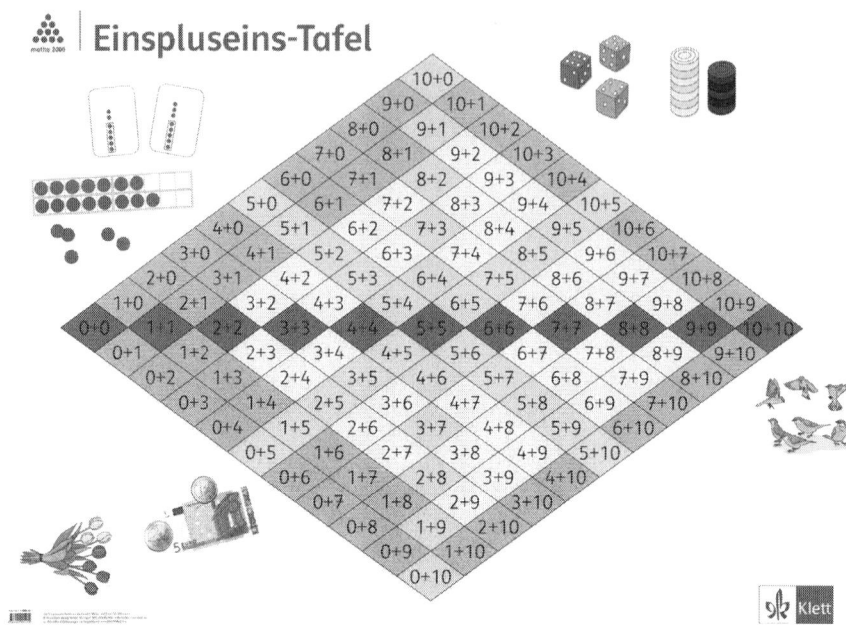

Abb. 6.26: Die Einspluseins-Tafel aus dem Programm Mathe 2000 (© Ernst Klett Verlag GmbH, Programm Mathe 2000 +. Rechenposter Einspluseins-Tafel. Poster mit Einspluseinstafel (DIN A 0). Klasse 1. Stuttgart, http://www.mathe2000.de/rechenposter-einspluseins-und-einmaleins)

durch die Konstruktion der Finger mit 5 und 2 abgebildet werden kann. Mit Blick auf die o. g. Grundlagen zum Anzahlerwerb sind dies zugleich Übungen einer strukturierten Anzahlerfassung und dahingehend sinnvoll, weil die Lernenden stets das Material mit sich tragen.

Abb. 6.27: Die Darstellung der Zahl 7 durch die Teilmengen 5 und 2

Demgegenüber wird der dynamische Einsatz der Finger problematisch gesehen (u. a. hierzu Lorenz 1989), einerseits weil das Verfahren an sich eine hohe Fehleranfälligkeit aufweist, andererseits weil es gerade den Lernenden im FgE zunehmend schwerer fällt, die liebgewonnene (und vermeintlich hilfreiche) Methode zugunsten einer bspw. strukturierten Anzahlerfassung abzulegen (hierzu auch Scherer & Moser Opitz 2012).

So zeigt z. B. Gaidoschik (2016) mit Hinweis auf die Arbeiten von Lauren Resnick (1983) die Bedeutsamkeit des »Teil-Ganzes-Verständnisses« (Gerster 2009) damit, dass alleine das gedankliche Erschließen der Zahl 7 in 5 und 2 zu zwei Additionsaufgaben und zwei Subtraktionsaufgaben führen kann:

- $5 + 2 = 7$ und $2 + 5 = 7$
- $7 - 5 = 2$ und $7 - 2 = 5$

Dies erscheint Gaidoschik (2016) zufolge alleine deshalb ein lohnendes Lernziel zu sein, weil Kinder in der Regel Zahlen als Zählzahlen kennen und nutzen lernen (auch Gaidoschik 2009).

Sie zählen zu Beginn alle Dinge wie Steine, Blätter und Autos, sie zählen aber auch deshalb, weil man ihnen das Zählen näherbringen will. Sie haben auch Spaß am Zählen selber und merken intuitiv, dass es scheinbar eine nicht unwichtige Fertigkeit zu sein scheint. Und das ist auch wichtig, wie oben gezeigt werden konnte.

An diesem Punkt bleibt aus mathematischer Sicht die Entwicklung nicht stehen: »Die Erkenntnis, dass eine Zahl alle Zahlen, die ihr in der Zahlwortreihe vorangehen, als ein Teil in sich enthält, ist eine Revolution im Zahlendenken eines Kindes« (Gaidoschik 2016, S. 23). Durch die Beschäftigung im Zahlenraum bis 10 kann es auch in diesem Kontext hilfreich sein, mit den Fingern (neben anderen Repräsentanten) das Zerlegen von Anzahlen (als ein anzahlerfassendes Zählen) zu üben. Nicht zuletzt die große Herausforderung der Kardinalität (also des Erfassens der Mächtigkeit einer Menge) und zugleich das Wissen um die Anzahlkonstanz kann durch das Nutzen der Finger so unterstützt werden. »Habe ich zählend ermittelt, dass ich fünf Finger an einer Hand habe, dann kann ich auch nach dem Schließen der Finger zur Faust sicher sein, dass es immer noch fünf Finger sind. Fünf Finger sind es nicht nur an der einen, sondern auch an der anderen Hand. Auch andere Menschen haben fünf Finger an jeder Hand und zehn an beiden Händen« (ebd.).

Als weiteren Meilenstein bezeichnet Gaidoschik (2016, S. 24) nun die Fähigkeit, ohne das Abzählen von Fingern sofort die dargestellte Zahl 7 (▶ Abb. 6.28) nennen zu können, bzw. nach Aufforderung die Zahl 7 durch Zusammensetzung der Finger beider Hände darstellen zu können. Alleine hier ergeben sich für die Anzahlwiedergabe nach Händigkeit (hier scheinen auch Links- bzw. Rechtshänder unterschiedliche Präferenzen zu zeigen) (Krinzinger 2017) vier Variationen. Diese Beziehungen der Zahlen zueinander sollen die Kinder optimaler Weise auch versprachlichen, sie generieren so erste Aufgabenformate im Zahlenraum bis 10. Der Vorteil auch für Schüler im FgE scheint das attraktive Üben mit den Händen zu sein, das sowohl Bewegung im Unterricht ermöglicht, als auch spielerische Zugänge (bspw. kleine Wettbewerbe) einbeziehen kann.

Diese Überlegungen können hilfreich sein, jedoch können wir nicht sehen, was die Schüler denken, wenn sie handelnd die o. g. Aufgabenformate darstellen. Schließlich stellen wir auch im FgE die Fähigkeit fest, operatives Handeln abspeichern zu können, womit Formate wie $3 + 4$ nicht anzahlerfassend erschlossen, sondern auswendig reproduziert werden. Spätestens bei der Erweiterung des Zahlenraums führt dies zu entsprechenden Schwierigkeiten.

Dies deutet Gaidoschik (2016) grundsätzlich für die Erweiterung des Zahlenraums an: »Es kann für manche Kinder sinnvoll sein, sich zunächst auf die Zahlen vier bzw. fünf zu konzentrieren. Vielleicht ist es für ein Kind aber auch schneller klar, dass für neun genau ein Finger von den zehn nicht gebraucht wird, als dass es ihm gelingt, drei Finger in einer Bewegung auszustrecken und damit die Erkenntnis zu verbinden, dass fünf aus drei und zwei besteht« (ebd., S. 24).

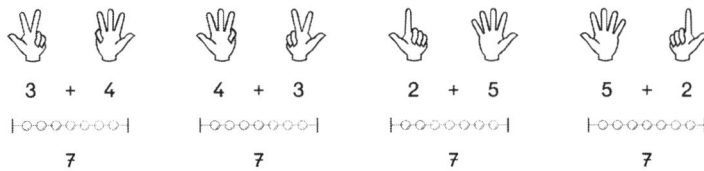

Abb. 6.28: Immer 7 – Möglichkeiten der Zahlzerlegung mit den Fingern

Dies deutet darauf hin, dass das Ausprobieren im Sinne eines individualpädagogischen Zugangs im FgE durchaus als Prinzip verstanden werden kann, auch hinsichtlich der Darstellungsformen an den Händen (▶ Abb. 6.28).

Insgesamt weisen die Beiträge zum Fingerrechnen bzw. zum Gebrauch der Hände sowohl beim regelhaften Entwicklungsverlauf als auch für die Mathematik im FgE auf deren Nützlichkeit zum Einstieg hin, zugleich »auf die Grenzen ihres didaktisch zweckmäßigen Einsatzes« (ebd.):

- Zunächst sei mit Krauthausen (2018) auf die Fehleranfälligkeit des Zählens (aber auch des Rechnens) mit den Fingern hingewiesen. Meist sind Fehler um +/− 1 zu beobachten (vgl. hierzu auch die Analyse dahingehender auch empirischer Studien von Siegemund 2016, S. 166 ff.).
- Hinzu kommen die begrenzte Darstellungsform bis 10 und der o. g. Anspruch an Fortführung von Anschauungsmaterialien. Schüler, die sich möglicherweise sehr lange im Zahlenraum bis 10 orientieren müssen, benötigen umso länger, sich wiederum von diesem Medium zu lösen.
- Zudem sind aus fachlicher Perspektive die Hände bspw. gegenüber anderen Darstellungsformen (Rechenkette, Rechenrahmen) ungeeignet, gegensinnige Veränderungen abzubilden, weil schlichtweg die Finger nicht die Hand verlassen können.
- Folgt man schließlich den Ergebnissen von Ratz (2012) und dahingehenden Einschätzungen zur Zählentwicklung (hier mit Bezug auf das Modell nach Fuson), ist davon auszugehen, dass ca. ⅔ der Schüler der Studie SFGE auf stützendes Material angewiesen sind (lediglich 28,9 Prozent der Schüler wurden auf den Stufen flexible bzw. vollständig reversible Zahlwortreihe wahrgenommen) (ebd., S. 137, Tab. 1).

Als stützendes Material können eben auch die Finger dienen, an die sich Schüler mit geistiger Behinderung gewöhnen und damit ein Gefühl von Sicherheit gewinnen. Dies erscheint insofern verständlich, nimmt doch der Anteil der o. g. Anzahl n nicht deutlich ab (ca. ⅔ auch in der Berufsschulstufe) (ebd., S. 140, Tab. 7).

Zugleich wird darauf zu achten sein, »dass verfestigte Abzählstrategien gar nicht erst entstehen können. Die Förderung einer flexiblen Zählkompetenz (insbesondere das Zählen in Schritten), die Anzahlerfassung, die Einsicht in die Beziehung Teil–Ganzes und die Zahlzerlegung sowie operatives Üben können dazu einen wichtigen Beitrag leisten« (Scherer & Moser Opitz 2012, S. 100).

Ein bisweilen meist verdrängter (möglicherweise auch nicht bedachter) Aspekt bezieht sich eben auf die o. g. Grenzen der kognitiven Fähigkeiten der Lernenden im FgE und dahingehender Nutzung der Finger im Sinne einer dauerhaften Stützfunktion: Wenn nämlich die Studie SFGE (Ratz 2012)

- für die Berufsschulstufe zeigen kann, dass ca. ¼ der Schülerinnen und Schüler noch nicht zählt und darüber hinaus ⅓ die Zahlwortreihe ganzheitlich auffasst bzw. unflexibel zählt (Ratz 2012, S. 140, Tab. 7),
- und dazu vermutet werden kann, dass nach dem stetigen schulischen Üben im nachschulischen Bereich dahingehende Leistungen zumindest nicht gesteigert (bzw. Interessen gar nicht berücksichtigt) werden,

kann doch zumindest das Nutzen der Finger im Sinne einfacher Aufgaben für Kinder, Jugendliche und erwachsene Menschen mit geistiger Behinderung sinnvoll sein. Nicht als Ziel, jedoch als alltagstaugliches (für den Menschen omnipräsentes) Mittel zur Sicherung möglichst eigenständiger Teilhabe, bspw. im öffentlichen Verkehr (Fahrplan und Uhrzeit), beim Einkauf (Preise und Geld) oder beim Hobby (Angeln – Gewicht des Fisches, Wandern – Wegstrecke, Sport – Ergebnisse).

Subtraktion

Die Darstellungen zur Addition zeigten, dass aus den Übungen des Hinzufügens und des Zusammenfügens als Umkehroperation stets auch die entsprechende Subtraktionsaufgabe gelesen werden kann (Padberg & Büchter 2015, S. 200 ff.). Demzufolge lassen sich die Überlegungen zur Addition auch im Wesentlichen auf die Subtraktion beziehen. Auch der Exkurs zum Fingerrechnen deutete bereits dahingehende (umkehrende) Zusammenhänge an (Gaidoschik 2016).

Die didaktischen Arbeiten zur Mathematik in der Grundschule fassen in ihren Überlegungen oft die Addition und die Subtraktion (auch im Kontext des Inhaltsbereichs *Zahlen und Operationen* der Bildungsstandards) zusammen (bspw. Werner 2009; Scherer & Moser Opitz 2012; Schipper 2015b; Benz et al. 2015; Krauthausen 2018). Dies ist dahingehend stringent, da sich die Addition definieren lässt durch »Rückgriff auf die Vereinigung von Mengen und die Subtraktion durch Restmengenbildung, indem man von einer gegebenen Menge eine Anzahl von Elementen wegnimmt. In diesem Sinne besteht eine Beziehung

- zwischen der Addition von Zahlen und der Handlung des Hinzufügens (Zusammenfügens) von Objekten
- sowie zwischen der Subtraktion von Zahlen und der Handlung des Wegnehmens (Entfernens) von Objekten« (Hasemann & Gasteiger 2014, S. 118).

Die Subtraktion kann jedoch auch mit der Vorstellung des Ergänzens abgebildet werden (8 − 5 = ☐ als 5 + ☐ = 8), Padberg & Benz (2011) zufolge eine auch durchaus fehleranfällige Methode, da oft der erste Summand mitgezählt wird (5) und sich so die Differenz von 3 um 1 erhöht. Das Kind zählt also **5** – 6 – 7 – **8** und kommt zum Ergebnis **4** (statt 3).

Padberg & Büchter (2015) weisen jedoch noch auf einen weiteren Zugang als das Verständnis von Umkehroperation hin (Wegnehmen und Ergänzen), nämlich auf die Einführung der Subtraktion mit Hilfe der *Differenzmengenbildung*. Diese Strategie basiert (bspw. bei der Aufgabe 8 − 3 = 5)

- auf der Identifikation der *Differenz* (5)
- durch Bestimmung des *Subtrahenden* (3)
- nach Wegnahme vom *Minuenden* (8).

Die Differenzmengenbildung ist als die elementare Strategie zu bezeichnen und basiert auf Materialnutzung und Veranschaulichung. Grundsätzlich beruhen auch bei der Subtraktion zunächst alle Lösungsstrategien auf Zählstrategien mit und ohne Materialeinsatz.

Betrachtet man die o. g. Möglichkeiten und damit verbundene Erschwernisse sowie mögliche Fehlerquellen, erscheint es für den Anfangsunterricht im FgE (aber auch für die weiterführenden Klassen) nicht abwegig, die Subtraktion und dahingehende Besonderheiten nochmal differenziert darzustellen. Nicht zuletzt die empirischen Erkenntnisse aus den Erhebungen in SFGE (Ratz 2012) zeigen (und bestärken), dass auch die Subtraktion für Lernende mit geistiger Behinderung wesentlicher Bestandteil von Mathematik sein kann und muss, zugleich ist festzustellen: »Erwartungsgemäß sind die Fähigkeiten bei der Subtraktion geringer als bei der Addition (…). Alle Quoten sind in ungefähr der gleichen Weise verschoben« (ebd., S. 144)[6].

Um sich einen Überblick über die vielfältigen Lösungswege und Strategien verschaffen zu können, die auch für das operative Handeln im FgE gültig sind, erscheint auch ein Blick auf die (internationale) Forschungslage hilfreich (Riley et al. 1983; Carpenter & Moser 1984; zusammenfassend in Schipper 2015b, S. 98 ff.; Benz et al. 2015, S. 141 ff.):

- auf der *syntaktischen Ebene* gilt es zu unterscheiden:
  - gesucht wird das *Ergebnis* (a ± b = ☐),
  - gesucht wird der Ausgangszustand (☐ ± a = b),
  - gesucht wird die Veränderung (a ± ☐ = c),

---

[6] Im Zuge der Studie (Dworschak et al. 2012a) wurde nicht nach den Strategien der Addition und Subtraktion gefragt, sondern die Kompetenzbereiche wurden sowohl für den additiven als auch für den subtraktiven Bereich festgemacht an den Zahlenräumen (gar nicht, bis 5, bis 10, bis 20, bis 100 und über 100) (Ratz 2012, S. 133). Interessant als weitere Forschungsfrage wäre nun bspw. zu erheben, mit welchen Strategien Lernende im FgE vordergründig arbeiten bzw. auch, welche fachdidaktischen Grundlagen ihnen nähergebracht wurden (also auch im Sinne von Instruktion) und an welchen Hürden sie an ihre Grenzen kommen (vgl. hierzu auch die Arbeiten von Siegemund 2016 und Schnepel 2019).

- »auf der semantischen Ebene sind folgende unterschiedliche Situationstypen zu unterscheiden« (Schipper 2015b, S. 99):
    - Situationen des Veränderns (*Change*): Mengen und ihre Veränderung; etwas kommt hinzu oder etwas wird weggenommen,
    - Situationen des Verbindens (*Combine*): zwei verschiedene Mengen werden miteinander verbunden,
    - Situationen des Vergleichens (*Compare*): zwei unterschiedliche Mengen werden hinsichtlich der Anzahl ihrer Objekte miteinander verglichen,
    - Situationen des Aus- bzw. Angleichens (*Equalizing*): zwei verschiedene Mengen sollen durch Hinzufügen oder durch Wegnehmen so verändert werden, dass beide Mengen eine gleiche Anzahl von Objekten haben (ebd.).

Hierzu führen Benz et al. (2015) konkrete Beispiele an, die wir hinsichtlich Zahlenraum und konkretem Bezug auch aus dem Anfangsunterricht im FgE kennen:

- *Change*: Maria hat 6 Murmeln. Dann gibt sie Hans 4 Murmeln. Wie viele hat Maria jetzt?
- *Combine*: Maria und Hans haben zusammen 6 Murmeln. Hans hat 5 Murmeln. Wie viele Murmeln hat Maria?
- *Compare*: Maria hat 6 Murmeln. Hans hat 2 Murmeln. Wie viele Murmeln hat Hans weniger als Maria?
- *Equalizing*; *Join Missing Addend*: Maria hat 6 Murmeln. Hans hat 2 Murmeln. Wie viele Murmeln muss Maria abgeben, damit sie genauso viele Murmeln hat wie Hans?

Betrachtet man sich diese konkrete Annäherung, lassen sich zum einen mit der Situation des Verbindens (*Combine*) die Grundvorstellung des Teile-Ganzes-Verständnisses erkennen (6 setzt sich zusammen aus den Teilmengen 4 und 2). Zum anderen entspricht dies im Zahlen-Größen-Verknüpfungsmodell ZGV (Krajewski & Ennemoser 2013) der dritten Ebene (Mengen als Anzahlrelationen) und beschreibt die Erkenntnis des Zusammensetzens und Zerlegens von (An-)Zahlen (Benz et al. 2015, S. 142 ff.; außerdem Garrote et al. 2015, S. 24 ff.; Moser Opitz et al. 2016, S. 130).

In einer klaren Übersicht fasst Schipper (2015b in Anlehnung an Riley et al. 1983; Radatz 1983; Stern 1998) nun die Variationen der o. g. syntaktischen und semantischen Ebene zusammen und kann so die Vielzahl der entstehenden Rechengeschichten darlegen (▶ Tab. 6.4).

In dieser Übersicht werden die Zusammenhänge von Addition und Subtraktion deutlich. Das in der Studie SFGE gezeigte Kompetenzfeld von Lernenden mit geistiger Behinderung im Bereich der Subtraktion (über 20 Prozent der Schüler der Sekundarstufe I bewegen sich subtrahierend im Zahlenraum über 20 und über 30 Prozent der Berufsschulstufe subtrahieren bis, bzw. 10 Prozent sogar über 100) spricht dafür, dahingehende Potenziale ebenso in den Fokus der Mathematik im FgE zu rücken.

Die nachstehenden Ausführungen (orientiert an Padberg & Benz 2011; ergänzend Schipper 2015b; Krauthausen 2018) gliedern sich in (1) *Zählstrategien*, (2) das kleine *Einsminuseins*, (3) *Rechenstrategien* im Hunderterraum, und (4) *Fehlerstrategien*. Förderschwerpunktspezifische Ergänzungen werden für die Altersgruppen ausgewiesen.

Tab. 6.4: Typen von Rechengeschichten

	Ergebnis unbekannt	Veränderung unbekannt	Ausgangsposition unbekannt
Verändern (Change)	a + b = x a − b = x	a + x = b a − x = b	x + a = b x − a = b
	Vereinigung unbekannt	Rest/Teil unbekannt	
Verbinden (Combine)	a + b = x	a + x = b bzw. a − b = x	
	Unterschied unbekannt	Vergleichsgröße unbekannt	Ausgangsgröße unbekannt
Vergleichen (Compare)			
Aus-/Angleichen (Equalizing)	a + x = b	a − x = b	

© Westermann Gruppe, Braunschweig, Schipper, W. (2015b): Handbuch für den Mathematikunterricht an Grundschulen. Braunschweig: Schroedel, S. 100

1. *Zählstrategien*: Auch bei der Subtraktion spielen Zählstrategien eine zentrale Rolle. Zu unterscheiden ist hier stets das Zählen mit Materialeinsatz gegenüber reinen Zählstrategien:
   – *Zählstrategien mit Materialeinsatz*:
     a. *Wegnehmen*: Vom Minuend 8 wird der Subtrahend 5 weggenommen und die verbleibenden Elemente werden ausgezählt und ergeben die Differenz 3.
     b. *Ergänzen*: Der bisherige Subtrahend liegt und wird ergänzt um die Differenz 3 bis zum Minuend 8. Die Lösung der Aufgabe ergibt sich durch Mitzählen der gelegten Elemente (▸ Abb. 6.29; vgl. hierzu auch Padberg & Benz 2011, S. 112).
   Die Arbeiten von Ratz (2012) deuten darauf hin, dass die Schüler im FgE insbesondere in der Primarstufe deutlich vom Materialeinsatz profitieren. Dahingehende Übungen sollten jedoch mathematische Strukturen (Stellenwertsystem, Kraft der 5, Handhabung) unbedingt berücksichtigen (s. o.) (Lücken 2014, S. 14 ff.). Unterrichtspraktische Erfahrungen zeigen deutlich das leichtere Umsetzen des Wegnehmens gegenüber dem Ergänzen, zugleich sollte dies auch geübt werden, um die Entwicklung mentaler Vorstellungen von Mengen und ihrer Teile (Teile-Ganzes-Verständnis) zu stützen (Merschmeyer-Brüwer 2014, S. 4).
   – *Reine Zählstrategien*: Hier sind drei Formen zu beobachten:
     a. *Rückwärtszählen* (um eine gegebene Anzahl von Schritten),
     b. *Rückwärtszählen* (bis zu einer gegebenen Zahl),
     c. *Vorwärtszählen*.
   Studien für den Regelbereich in den USA folgend, lässt sich grundsätzlich auf einen höheren Komplexitätsgrad bei der Subtraktion gegenüber der Addition schließen (Carpenter & Moser 1984), was auf die Rückwärtszählstrategie zurückzuführen ist (Baroody 1984a; 1984b).

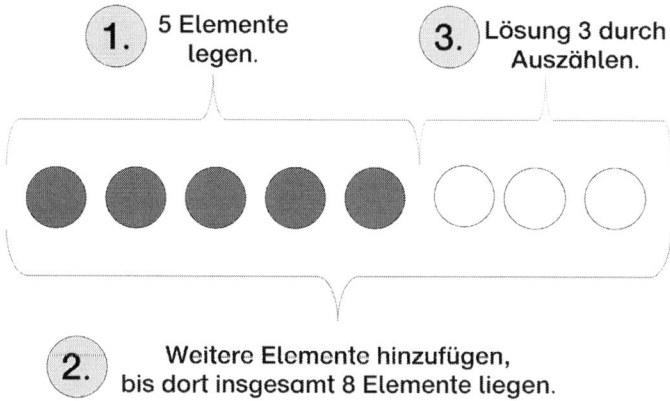

Abb. 6.29: Die drei Schritte des Ergänzens

Die o. g. Zählstrategien im Kontext Subtraktion spielen im regelhaften Grundschulbereich noch bis ins zweite Schuljahr eine wesentliche Rolle, sollten jedoch übergehen in Rechenstrategien, da im Zahlenraum über 20 die Wirksamkeit der Zählstrategien abnimmt bzw. im Zahlenraum über 100 gar nicht mehr gegeben ist (Padberg & Benz 2011) (s. u.).

2. *Das kleine Einsminuseins*: Trotz der hier getrennten Darstellung (im Sinne auch der Übersichtlichkeit), geschieht die Erarbeitung der Subtraktion stets im Kontext additiver Operationen. Und auch hier gilt es hinsichtlich der Entwicklung tragfähiger Strategien im Zahlenraum bis 20 einige Aspekte zu beachten:
   - Entwicklung eines *Subtraktionsverständnisses*: Eine der größten Herausforderungen für den Anfangsunterricht im FgE ist die Vermittlung der Übertragbarkeit von Sachsituationen in mathematische Gleichungen. Was Grundschülern meist ohne weiteres zugetraut wird, muss bei Lernenden mit geistiger Behinderung durch Reduktion von Komplexität in kleinen Schritten eingeführt und stetig geübt werden. Bereits einfache Rechengeschichten (bspw. im Zahlenbuch 1, S. 59) sollten gemeinsam besprochen und exemplarisch gelöst werden.

   Hier eignen sich auch das Übersetzen der Sachsituation in Formate mit Plättchen oder Muggelsteinen, mit denen die Schüler handelnd die Aufgaben in ihren Teilen nachbilden können. Auch hier gilt: Wenn möglich, sollten Übungen und Materialien so ausgerichtet sein, dass sie sich vom zählenden Rechnen lösen (also hier: vom zählenden Subtrahieren).
   - *Rechenstrategien im Zwanzigerraum*: Mit Tabelle 6.3 wurden bereits die heuristischen Strategien für die Addition und Subtraktion genannt und in diesem Zusammenhang die Notwendigkeit für die Mathematik im FgE betont, eben diese geschickten und Strategien verbindenden Rechenwege den Schülern kontinuierlich näherbringen zu müssen. Für die mündliche Subtraktion spielen im Zwanzigerraum folgende Strategien grundsätzlich eine Rolle:
     a. *Analogieaufgaben* ($7 - 3 = 4$ und $17 - 3 = 14$),
     b. *Nachbaraufgaben* ($17 - 8$ analog zu $18 - 8 = 10$ also ist $17 - 8 = 9$),

c. *Halbierungsaufgaben/Fasthalbierungsaufgaben*: 12 − 6 oder 14 − 7 werden auswendig abgerufen, hierzu lassen sich Nachbaraufgaben wie 13 − 6 oder 11 − 6 lösen,
d. *schrittweises Rechnen*: Ähnlich wie beim Addieren können auch hier Zwischenschritte das Aufgabenformat erleichtern: 14 − 6 = (14 − 4) − 2 = 10 − 2 = 8,
e. *Umkehraufgaben*: Durch bekannte Aufgabenformate aus dem kleinen Einspluseins können Umkehraufgaben abgeleitet werden (7 − 5 = □ und 2 + 5 = 7).

- *Beziehungsreiches und automatisierendes Üben*: Bei diesem Übungsformat spielt die Darstellung von Beziehungen der Aufgaben zueinander eine wesentliche Rolle, die wiederum auch im FgE zur Automatisierung von Subtraktionsaufgaben führen können (Schuler 2017, S. 34 ff.). Ähnlich wie beim kleinen Einspluseins werden entsprechende Formate in den Mathematikheften mittlerweile stärker berücksichtigt.

Mit Verweis auf die Überlegungen zur Addition seien hier drei Aspekte zum operativen Üben genannt (Padberg & Benz 2011):
a. *Variation von Daten* (Vergleichbar mit Punkt b geht es hier um Vergrößerungen und Verkleinerungen von Minuend oder Subtrahend, gleichgerichtete Vergrößerung beider Zahlen und um das entgegengesetzte Verändern.)
b. *Zusammenhänge und Aufgabenfamilien* (Entsprechende Übungsformate auch für den FgE können durch die Abbildung 6.30 verdeutlicht werden, ▶ Abb. 6.30.)

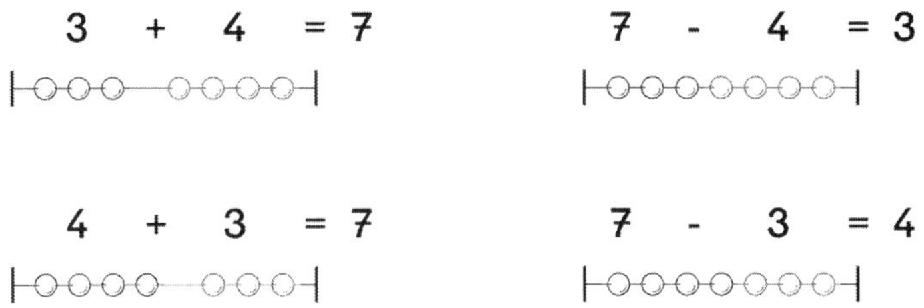

3 + 4 = 7   7 − 4 = 3

4 + 3 = 7   7 − 3 = 4

Abb. 6.30: Darstellung von Zusammenhängen zwischen Addition und Subtraktion durch Aufgabenfamilien

c. *Subtraktionstafel* (Auch die Subtraktionstafel (auch -tabelle) kann verschiedene Schwierigkeitsstufen darstellen (Schipper 2015b, S. 116 ff.) und dient insbesondere im Sekundarbereich im FgE als sinnvolle Übungsmöglichkeit. Durch das gemeinsame Besprechen der Lösungswege und Strategien an der Tafel oder in Gruppenarbeiten können Schülern Zusammenhänge aufgezeigt werden, ▶ Abb. 6.31; vgl. hierzu auch Padberg & Benz 2011, S. 119.)
3. *Rechenstrategien im Hunderterraum*: Hasemann & Gasteiger (2014) deuten in ihren Arbeiten auf die mögliche Verschiedenheit der Rechenwege und Strategien im regelhaften Entwicklungsverlauf hin. Sie sehen es mit Bezug auf die Bildungsstandards sogar als eine wesentliche Aufgabe des Mathematikunterrichts an, den

	3	4
7	4	
9		5

	6	5
6		3

	4	3
	6	5

Abb. 6.31: Schwierigkeitsgrade an der Subtraktionstafel

Schülern die Diversität von Zugängen und Methoden näherzubringen (ebd., S. 129; KMK 2004, S. 19 f.).

Vor dem Hintergrund des o. g. gezeigten Zusammenhangs von Addition und Subtraktion und dahingehender Synergieeffekte im Zuge der Vermittlung von Strategien auch im Hunderterraum stellen u. a. Padberg & Benz (2011), Schipper (2015b), Benz et al. (2015) und Krauthausen (2018) eine Vielzahl an Zugängen dar, die hier mit jeweiligen Verweisen zur Vertiefung bspw. genannt werden sollen (vgl. im Überblick Padberg & Benz 2011):

- *schrittweises Rechnen* (schrittweises Zerlegen des Subtrahenden)
- *stellenweises Rechnen* (Minuend und Subtrahend werden zerlegt),
- *Mischform* (aus dem schrittweisen und dem stellenweisen Rechnen),
- *Analogieaufgaben* (auch in Analogie zum Stellenwertsystem),
- *Umkehraufgaben/Ergänzen* (Subtraktion durch Ergänzen),
- *Nachbaraufgaben* (das Format spielt keine so große Rolle mehr),
- *gleichsinniges Verändern* (Gesetz der Konstanz der Differenz, also $56 - 38 = 58 - 40 = 18$).

Im Überblick sei hier auf das Beispiel aus dem Zahlenbuch 2 (Wittmann & Müller 2012b, S. 92) verwiesen, das mögliche Rechenstrategien aufzeigt, wie Schüler bspw. folgender Fragestellung nachgehen: »*Wie rechnet ihr* $76 + 23 = \square$ *und* $63 + 27 = \square$?« (vgl. hierzu auch die grundsätzlichen Überlegungen von Spiegel & Selter 2003, S. 47 ff.).

Für den Bereich der Sekundarstufe II im FgE kann es sich hier anbieten, Formate zunächst im kleineren (jedoch zweistelligen) Zahlenraum zu wählen, um ggf. mit Material arbeiten zu können. Bspw. kann eine Aufgabe auch konkret mit Geld nachgestellt werden, sodass die Schüler das Bündeln und Entbündeln mit Ein-Euro-Münzen und dem Zehn-Euro-Schein nachvollziehen können. Diese Konkretisierung wird dann wiederum auf symbolische Ebene an der Tafel übertragen. Andere Formate wären bspw. Fragestellungen zum Messen von Längen und damit zu dem konkreten Material, wie Zollstock und Werkstücke zu je einem und zu 10 cm (vgl. hierzu auch die Variationen in Gerster 1994, S. 63 ff.; Rasch & Schütte 2012; Schuler 2017; für den Bereich der schriftlichen Rechenverfahren sei außerdem grundsätzlich verwiesen auf Padberg 2012 und Krauthausen 2018) (▶ Kap. 6.4).

4. *Fehlerstrategien*: Mit Gerster (1994) sind schließlich als mögliche Fehlerquellen zu nennen:
   - das Vermischen des stellenweisen Rechnens im ersten Schritt mit dem schrittweisen Rechnen im zweiten Schritt,

- Fehler bei der Erfassung des Stellenwertes von Ziffern
- sowie Rechenrichtungsfehler.

Während es für die Schüler bei der Addition eine Strategie war, geschickt zu rechnen, z. B. eine Aufgabe zu vertauschen (2 + 7 = 7 + 2 = 9), müssen gerade Kinder und Jugendliche mit geistiger Behinderung, die schnell an solchen Wegen verhaftet bleiben, lernen, dass dies für die Subtraktion nicht gilt.

Grundsätzlich bleibt zu den Fehlerstrategien festzustellen, dass diese gerade aus diagnostischer Perspektive genutzt und daraus Förderansätze generiert werden können. So kann bspw. das fehlerhafte Ergebnis 92 − 30 = 26 dahingehend gedeutet werden, dass die Notation des eigentlichen Ergebnisses (62) noch Unzulänglichkeiten bei der Beherrschung des Stellenwertsystems erkennen lässt. Auch hier können zur Festigung das Üben im kleineren Zahlenraum sowie die Hinzugabe von Anschauungsmaterialien hilfreich sein (vgl. zu den allgemeinen Grundlagen hierzu weiter Padberg & Benz 2011, S. 122 und Herzog et al. 2017).

Grundsätzlich bleibt zu betonen, dass noch mehr als im regelhaften Entwicklungsverlauf die verschiedenen Zugangswege und Lösungsstrategien bei Schülern im FgE im Mathematikunterricht zu beachten sein werden. Insbesondere der langfristig angelegte Entwicklungsverlauf auch mit Blick auf das Zahlen-Größen-Verknüpfungsmodell führt zu einem weiten Feld an Entwicklungsverzögerungen auf den einzelnen Ebenen (vgl. hierzu Krajewski & Ennemoser 2013, S. 43).

Diese große Herausforderung im diagnostischen Feld bietet zugleich Entwicklungsmöglichkeiten und spricht für eine dauerhaft angelegte Mathematik über die gesamte Schulzeit hinweg (▶ Kap. 3).

Multiplikation und Division

Während in der Praxis das Üben von Addition und Subtraktion (s. o.) unmittelbar an den Zahlbegriffserwerb anschließen bzw. auch aus diesem hervorgehen kann, wie Krajewski & Ennemoser (2013) auf Stufe 3 ihres ZGV-Modells zeigen (▶ Abb. 6.8), erscheinen im FgE »Multiplikation und Division nur von untergeordneter Bedeutung« (Ratz 2012, S. 139). In Zahlen ausgedrückt lässt sich dies mit einer Zusammenfassung der Ergebnisse aus SFGE verdeutlichen (Wohlgemerkt: Es handelt sich hier um Einschätzungen der Schülerkompetenzen durch die Lehrer):

Tab. 6.5: Arithmetische Fähigkeiten in allen Schulstufen im FgE (in Prozent) (Ratz 2012, S. 139 f.)

Zahlenraum	Addition im Kopf	Subtraktion im Kopf	Multiplikation im Kopf	Division im Kopf
Gar nicht	58,1	64,4	90	93,6
Bis 5	9,9	7,5	0,6	0,2
Bis 10	12,1	12	1,4	1,1

Tab. 6.5: Arithmetische Fähigkeiten in allen Schulstufen im FgE (in Prozent) (Ratz 2012, S. 139 f.) – Fortsetzung

Zahlenraum	Addition im Kopf	Subtraktion im Kopf	Multiplikation im Kopf	Division im Kopf
Bis 20	10,2	7,9	3,2	2,3
Bis 100	6,6	5,7	4,1	2,5
Über 100	3,1	2,5	0,7	0,3

Vgl. Ratz, Ch. (2012): Mathematische Fähigkeiten von Schülern mit dem Förderschwerpunkt geistige Entwicklung. In: Dworschak, W./Kannewischer, S./Ratz, Ch./Wagner, M. (Hrsg.): Schülerschaft mit dem Förderschwerpunkt geistige Entwicklung (SFGE). Eine empirische Studie. Oberhausen: Athena, S. 133–148, hier S. 139 f.

Unter Verwendung von Materialien fallen die Prozentränge im Bereich der Addition und Subtraktion besser aus, hingegen liegen meist höhere Werte bei der Multiplikation und Division beim Kopfrechnen vor.

Das oben dargestellte Gesamtergebnis kann jedoch nicht bedeuten, der Vermittlung der Multiplikation und der Division gar keinen Raum zu geben, möglicherweise resultiert das schlechtere Abschneiden von Lernenden im FgE in diesem Zusammenhang ja auch aus einem vernachlässigten Unterrichtsangebot? Würden möglicherweise bessere Fähigkeiten vorliegen, wenn das Multiplizieren und Dividieren mehr Raum einnehmen würde?

Gerade deswegen scheint es ratsam, als Lehrer sowohl um die fachdidaktischen (genuin mathematischen) Grundlagen zu wissen, als auch dahingehend die Fähigkeiten und Interessen der Schüler im FgE zu beobachten und diagnostisch zu begleiten (s. o.) (Kapnick 2014, S. 197 ff.; Moser Opitz 2008, S. 119 ff.; Benz et al. 2015, S. 73 ff.). Nur so können grundsätzlich und konsequent entsprechende Angebote im Mathematikunterricht vorgehalten werden. Daher im Überblick und in gebotener Kürze (entsprechend soll auf weiterführende Literatur verwiesen werden) einige Hinweise zu den beiden Operationen:

- *Multiplikation*: Grundsätzlich geht es auch hier wieder um Kontexte, also um das Erkennen multiplikativen Handelns (die Mathematik spricht von Klassen) aus konkreten Sachsituationen heraus:
  - Zeitlich-sukzessive Handlungen: »Mathematischer Hintergrund ist die Vereinigung paarweise elementfremder, gleichmächtiger endlicher Mengen bzw. auf der Zahlebene die wiederholte Addition gleicher Summanden« (Padberg & Benz 2011, S. 129). Konkret meint dies die wiederholte Addition, so wie etwa beim Einkauf 5 mal 2 Flaschen in den Korb gestellt werden ($5 \cdot 2 = \Box$). Diese Handlung ist als die dynamische Komponente der Multiplikation zu verstehen.
  - Räumlich-simultanes Modell: Hier steht die simultane Wahrnehmung einer Situation im Mittelpunkt, bspw. beim Würfelspiel die $3 + 3 + 3 + 3$ Augen als $4 \cdot 3$ zu erkennen. Diese Handlung ist als die statische Komponente der Multiplikation zu verstehen. Für leistungsschwache Schüler empfiehlt die Mathematik eher diese

Methode, da sich hier die Darstellung sozusagen dauerhaft gewährleisten lässt. Dies erweist sich auch für Schüler im FgE als günstige Variante und auch mit Blick auf die Erarbeitung des kleinen Einmaleins ist dies eine tragfähige Methode (zum Methodenstreit der Multiplikation vgl. weiter Padberg 1996, S. 118).
- Kombinatorischer Kontext: Krauthausen (2018) spricht hier vom kartesischen Produkt (auch Kreuzprodukt) und verweist hiermit auf die Kombinatorik. Es geht bei diesen Aufgabenformaten darum, mögliche Kombinationen aus gegebenen Bedingungen zu ermitteln (Beispiel: 4 verschiedenfarbige Röcke und 3 verschiedenfarbige T-Shirts. Wie viele Kombinationen entstehen daraus?). Die Nachteile kombinatorischer Kontexte zur Darstellung der Multiplikation sind Padberg & Benz (2011) zufolge als hoch einzuschätzen und damit als komplex und zu schwierig auch für den FgE zu vermuten.

Dennoch kann es vielleicht im Bereich der Abschlussstufe (Sekundarstufe II) reizvoll sein, auch dieses Feld einzubeziehen und o. g. Aufgabe mit Röcken und T-Shirts mit Hilfe eines Baumdiagramms aufzulösen. Bestimmt wirkt das Thema motivierend und löst das Üben am Mathematikheft etwas ab. Je nach Leistungsstand bieten sich auch in den unteren Klassen interessante Übungen an, nicht im Sinne des selbstständigen Lösens, sondern vielmehr als Fragestellung und Gesprächsanlass für gemeinsames Überlegen und Ausprobieren, bspw. hinsichtlich der Tischdekoration für das Osterfrühstück mit der Abbildung aus Wittmann & Müller (2012, S. 132, Aufgabe 1–3, und S. 133, Aufgabe 2).

Als weitere multiplikative Kontexte, deren Sachbezüge mitunter auch im FgE vorkommen (bspw. Hauswirtschaft, Arbeitslehre, Projekte im Sachunterricht), sind zu nennen:
- *multiplikativer Vergleich* (dreimal so viel Gäste im Schulcafé wie letzte Woche),
- *multiplikatives Ändern* (etwas verdoppelt sich …),
- *Proportionalität* (Grundlagen des Dreisatzes: 1 Kuchen ergibt 12 Stücke, wie viele Stücke ergeben 3 Kuchen?),
- *Verkettung von Vervielfältigungsoperatoren* (x-fache Verzinsung im ersten Jahr und y-fache Verzinsung im zweiten Jahr),
- *formelhafte Multiplikation von Größen* (Länge mal Breite ergibt die Fläche des rechteckigen Grundstücks, analog hierzu auch das Volumen mit Länge mal Breite mal Höhe).

Die o. g. Methoden lassen aus Sicht der Fachdidaktik jeweils Vor- und Nachteile erkennen (Krauthausen 2018). Auch die Beschäftigung mit multiplikativem Handeln im FgE sollte (wie auch im regelhaften Entwicklungsverlauf) eine Kombination sowohl aus *statischen* als auch *dynamischen* Operationen sein, die in angemessenem Rahmen Elemente der Kombinatorik berücksichtigen (s. o.) (vgl. zum Sachrechnen außerdem Franke & Ruwisch 2010). Die Einführung der Multiplikation kann zudem eine schöne und für die Schüler spannende Form der Differenzierung nach oben sein und dient darüber hinaus der Anschlussfähigkeit, bspw. im Zusammenhang mit berufsorientierenden Maßnahmen (Stichwort: Fachrechnen).

Hinsichtlich der Behandlung des kleinen Einmaleins wird in den neueren Arbeiten verstärkt auf den ganzheitlichen Zugang verwiesen, also der Darstellung aller Aufgaben im Zahlenraum bis 10 (und damit 100) und ihrer Zusammenhänge zueinander. Nachstehend zwei Möglichkeiten der Einmaleins-Tafel

(▶ Abb. 6.32, ▶ Abb. 6.33; vgl. hierzu auch die Kopiervorlagen in Schipper, Ebeling & Dröge 2015b, S. 114).

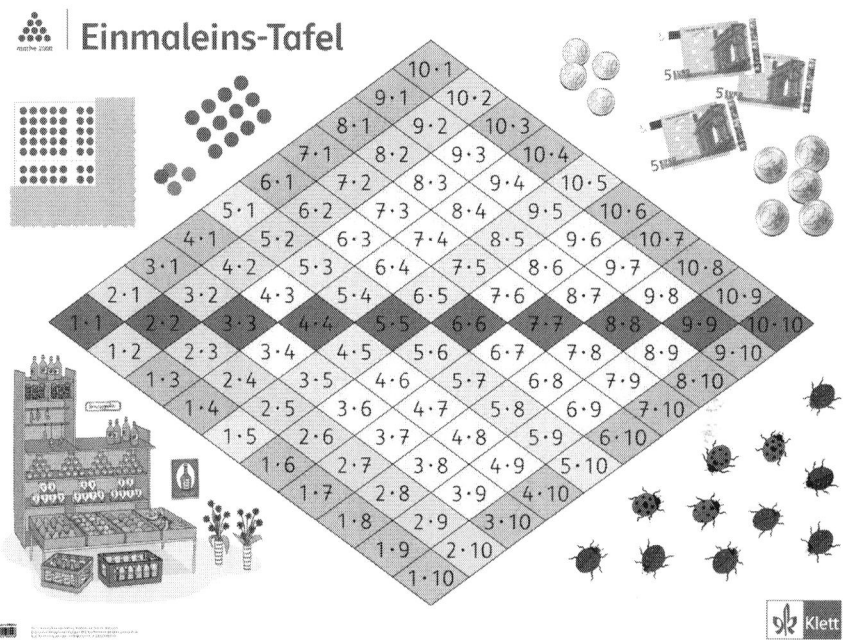

Abb. 6.32: Die Einmaleins-Tafel aus dem Programm Mathe 2000 (© Ernst Klett Verlag GmbH, Programm Mathe 2000+. Rechenposter Einmaleins-Tafel. Poster mit Einmaleins-Tafel (DIN A 0). Klasse 2. Stuttgart http://www.mathe2000.de/rechenposter-einspluseins-und-einmaleins)

Zu den Vorteilen der unterschiedlichen Angebote äußert sich differenziert Krauthausen (2018). Für das Arbeiten im FgE muss man tatsächlich wieder abwägen, welche Darstellungsform für welchen Schüler den besseren Zugang bieten kann. Auch die klassische Form der Einmaleins-Tafel (das sogenannte pythagoreische Zahlenfeld) kann hilfreich sein (▶ Abb. 6.34):
– Hier liegen die Ergebnisse im Feld unmittelbar vor,
– die sogenannten Königsaufgaben werden ebenfalls farblich hervorgehoben und bilden die Symmetrieachse zu den Tauschaufgaben (4 • 3 = 3 • 4) (Schipper 2015, S. 156),
– die quadratische Struktur ist den Schülern durch das Hunderterfeld bekannt (Hasemann & Gasteiger 2014, S. 133).

Möglicherweise kann auch die Kombination aus zwei Tafeln sinnvoll sein, da die beiden Grafen von 1 bis 10 in der vertikalen und horizontalen Darstellung bei beiden Tafeln gleich sind (▶ Abb. 6.33, ▶ Abb. 6.34). Günstig in der Darstellung in Schipper, Ebeling & Dröge (2015b) ist die Berücksichtigung der Null als Summand (0 • 0 = 0; 0 • 1 = 0 usf.).

6 Inhaltsbezogene mathematische Kompetenzen im Kontext FgE

•	0	1	2	3	4	5	6	7	8	9	10
0	0·0	0·1	0·2	0·3	0·4	0·5	0·6	0·7	0·8	0·9	0·10
1	1·0	1·1	1·2	1·3	1·4	1·5	1·6	1·7	1·8	1·9	1·10
2	2·0	2·1	2·2	2·3	2·4	2·5	2·6	2·7	2·8	2·9	2·10
3	3·0	3·1	3·2	3·3	3·4	3·5	3·6	3·7	3·8	3·9	3·10
4	4·0	4·1	4·2	4·3	4·4	4·5	4·6	4·7	4·8	4·9	4·10
5	5·0	5·1	5·2	5·3	5·4	5·5	5·6	5·7	5·8	5·9	5·10
6	6·0	6·1	6·2	6·3	6·4	6·5	6·6	6·7	6·8	6·9	6·10
7	7·0	7·1	7·2	7·3	7·4	7·5	7·6	7·7	7·8	7·9	7·10
8	8·0	8·1	8·2	8·3	8·4	8·5	8·6	8·7	8·8	8·9	8·10
9	9·0	9·1	9·2	9·3	9·4	9·5	9·6	9·7	9·8	9·9	9·10
10	10·0	10·1	10·2	10·3	10·4	10·5	10·6	10·7	10·8	10·9	10·10

Abb. 6.33: Die Einmaleins-Tafel nach der Behandlung aller Einmaleins-Reihen

•	1	2	3	4	5	6	7	8	9	10
1	1	2	3	4	5	6	7	8	9	10
2	2	4	6	8	10	12	14	16	18	20
3	3	6	9	12	15	18	21	24	27	30
4	4	8	12	16	20	24	28	32	36	40
5	5	10	15	20	25	30	35	40	45	50
6	6	12	18	24	30	36	42	48	54	60
7	7	14	21	28	35	42	49	56	63	70
8	8	16	24	32	40	48	56	64	72	80
9	9	18	27	36	45	54	63	72	81	90
10	10	20	30	40	50	60	70	80	90	100

Abb. 6.34: Die Einmaleins-Tafel mit Ergebnissen

- *Division*: Aus mathematikdidaktischer Perspektive geht die Division als Umkehroperation aus der Multiplikation hervor und ist anwendungsnah an das Aufteilen und Verteilen einzuführen (Padberg & Büchter 2015). Mit dem Turnhallenbeispiel (20:4) von Krauthausen (2018) lassen sich diese Modellvorstellungen der Division anschaulich erklären:
  - *Aufteilen*: In einer Turnhalle sind 20 Kinder und es sollen Vierer-Gruppen gebildet werden, gesucht ist die Anzahl der Teilmengen (»*Wie viele Vierer-Gruppen können gebildet werden?*«).
  - *Verteilen*: In einer Turnhalle sind 20 Kinder und es sollen vier gleiche Gruppen gebildet werden, gesucht ist die Anzahl der Elemente der einzelnen Teilmengen (»*Wie viele Kinder sind in einer Gruppe?*«)

  Ruwisch (2014a) weist außerdem noch auf die dynamischen (zeitlich-sukzessiven) und statischen (räumlich-simultanen) Situationen der Division hin (ebd., S. 7).

  In verschiedenen Studien zum regelhaften Entwicklungsverlauf konnten folgende informelle Lösungsstrategien im Elementarbereich gefunden werden, die auch für die Behandlung im FgE bedeutsam sein können, um interoperative Zusammenhänge auch konkret darlegen zu können (Addition – Multiplikation und Subtraktion – Division) (Gerster 1994):
  - direktes Modellieren mit Material/vollständiges Auszählen,
  - wiederholte Subtraktion,
  - wiederholte Addition,
  - Rückgriff auf die Multiplikation (Padberg & Benz 2011).

  Innerhalb dieser Strategien scheint die wiederholte Addition (20:4 als $4+4+4+4+4$) bis zum Erreichen des Ergebnisses »bei allen untersuchten Kontextaufgaben sehr vorherrschend« (Mulligan & Mitchelmore 1997, S. 309 ff.). Legt man die bisherigen Erkenntnisse zu den operativen Kompetenzen von Lernenden im FgE zugrunde und richtet den Blick auf die Praxis, scheint dies auch für die Division in diesem Feld zu gelten (Siegemund 2016).

  Die Mathematikdidaktik geht davon aus, dass für ein tragfähiges Divisionsverständnis »die beiden zentralen Vorstellungen des Aufteilens und Verteilens anschaulich und gründlich erschlossen werden« (Padberg & Benz 2011, S. 157) müssen. Hierbei spielen die handlungsleitenden Vorstellungen der Division als *Umkehroperation der Multiplikation* und die Vorstellung der Division als *wiederholte Subtraktion* eine bedeutende Rolle.

  Betrachtet man die beiden Grundvorstellungen des Aufteilens und des Verteilens hinsichtlich der möglichen Darstellungsebenen, die gemäß der SFGE-Studie von Dworschak et al. (2012) Unterschiede in den Ergebnissen erkennen lassen (Ratz 2012), scheint das Aufteilen auf der Handlungsebene (als der enaktiven Ebene) und auf der ikonischen Ebene in verschiedenen Fällen einfacher zu sein. Demgegenüber kann auf der symbolischen Ebene wiederum das Verteilen dann einfacher ausgeführt werden, wenn alle Einmaleins-Reihen behandelt worden sind, »denn bei 12:3 fragt man ja, in welcher Einmaleinsreihe $3 \cdot \square = 12$ ist« (Gerster 1994, S. 92).

  Grundsätzlich scheint die Division jedoch im FgE ein komplexes und schwieriges Unterfangen zu bleiben, das es gründlich im Primarstufenbereich vorzubereiten gilt, und das dennoch nur von einem eher geringen Anteil der

Schülerschaft mit geistiger Behinderung beherrscht werden wird. Sowohl die Addition als auch die Subtraktion zeichnen auch im Anfangsunterricht schon mögliche Übungsformate vor, wenn man die Multiplikation und die Division als aus diesen beiden Operationen hervorgehende Handlungen versteht. Damit verbunden können Übungen mit konkretem Material Handlungen aus dem schulischen Raum zu mathematischen Fragestellungen werden lassen, die vermutlich eher in Einzelfällen auch auf der symbolischen Ebene rechnerisch gelöst werden können.

Die Bedeutsamkeit der Division lässt sich für den Unterricht im FgE alleine mit der Geldaufgabe aus dem Zahlenbuch 3 (Wittmann & Müller 2012c, S. 107) verdeutlichen. Die Kochgruppe in der Abschlussstufe verzeichnet einen Materialeinsatz (Lebensmittel für 2 Wochen) von 28 €. Geht man von einer Gruppengröße von 4 Schülern aus, kann durch die Division ermittelt werden, dass jeder Schüler 7 € beitragen muss. Eine weitere Rechnung wäre die Ermittlung des Durchschnitts nach erster Division für eine Woche: 7 € : 2 = 3,50 €. Pro Woche müssen also die Schüler 3,50 € für die Kochgruppe mitbringen. Zu klären bleibt hier noch, wie bei Krankheit eines Schülers verfahren wird, da sich hier der Divisor um - 1 verändert und so der Wert des Quotienten größer wird.

Im o. g. Beispiel ist gemäß einer allgemeinen Kennzeichnung (Krauthausen 2018) die Grundmenge (Dividend → 28 €) und die Anzahl der Teilmengen (4 Schüler → Divisor) vorgegeben und die Anzahl der Elemente der einzelnen Teilmengen gesucht. Es handelt sich also um ein *Verteilen* (Gerster 1994).

Auch in diesem operativen Feld sind günstige Rechenstrategien zu beobachten (Rasch & Schütte 2012, S. 66 ff.), die es wiederum für die Lernenden im FgE noch mehr zu verdeutlichen, herauszuarbeiten und zu üben gilt:
- *Nachbaraufgaben*: Vergrößerung oder Verkleinerung des Dividenden um den Divisor, hier sieht man wieder konkret die Bedeutsamkeit des kleinen Einmaleins 8 – 16 – 24 – 32 – 40 – 48 (Bsp. 40 : 8 ergibt 5, darum gilt 48 : 8 = 6)
- *Umkehraufgaben*: Lösung durch Rückgriff auf die entsprechende Multiplikationsaufgabe (Bsp. 6 • 8 = 48, darum ist 48 : 8 = 6)
- *Verdoppeln/Halbieren*: Ergebnis wird gefunden durch Verdopplung des Dividenden (Bsp. *24 : 8 = 3*, darum ist *48 : 8 = 6*) bzw. des Divisors (Bsp. 24 : 4 = 6, darum ist 24 : 8 = 3)
- *Schrittweises Rechnen*: Lösung durch additive oder subtraktive Zerlegung des Dividenden in Vielfache des Divisors (Bsp. 48 = 40 + 8, bekannt ist schon 40 : 8 = 5 und 8 : 8 = 1, darum gilt 48 : 8 = 6) (Grundlage ist hier das Distributivgesetz)
- *Gleichsinniges Verändern von Dividend und Divisor*: Das Ergebnis bleibt unverändert, wenn wir Dividend und Divisor mit derselben Zahl multiplizieren, bzw. durch diese dividieren (Bsp. 24 : 4 = 6; 48 ist das Doppelte von 24 und 8 ist das Doppelte von 4, darum gilt: 48 : 8 = 6) (Padberg & Benz 2011).

Eine besondere Hürde in der didaktischen Aufbereitung der Division ist auch darin zu sehen, dass sich viele Schüler im FgE mathematisch auf einem Leistungsniveau des 1. und 2. Grundschuljahres bewegen, die Division jedoch erst in den Mathematikbüchern und Mathematikheften am Ende des 2. bzw. hauptsächlich in den daran anschließenden Büchern thematisiert wird (Ruwisch 2014b, S. 14 ff.; Schuler 2017, S. 32). Dadurch kann es vorkommen, dass einzelne Schüler gute Fortschritte in der Addition und Subtraktion auch im Zahlenraum über 100 erzielen, jedoch durch mangelnde (oder fehlende) Übungsangebote zur Multiplikation und Division in der Entwicklung stagnieren. Ein Aspekt, den es insbesondere im Bereich der Sekundarstufe vermehrt zu beachten gilt – auch für die Schüler, die bspw. aus anderen Förderschwerpunkten in den FgE wechseln und hier schon erste Grundlagen vermittelt bekamen.

Das Beispiel in Abbildung 6.35 zeigt sehr anschaulich die möglichen Darstellungsformen einer sogenannten Aufgabenfamilie (auch Aufgabennetz) und legt die wechselseitige Beziehung von Multiplikation und Division dar: 4 • 3 = 12 und 12 : 3 = 4 sowie 3 • 4 = 12 und 12 : 4 = 3 (Rottmann 2014) (▶ Abb. 6.35). Gerade solche Beispiele bieten sich an, die oben beschriebene Gliederung in der Turnhalle nachzustellen oder vergleichbare Formen mit konkretem Material den Schülern ggf. auch handelnd zugänglich zu machen (bspw. die Kiste mit Mineralwasser mit 3 mal 4 Flaschen).

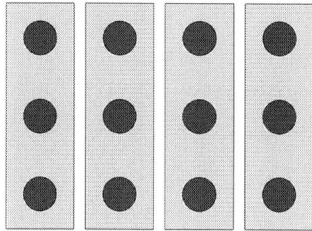
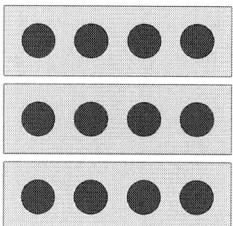

Immer 3 Kinder
stehen in einer Reihe.

4 · 3 = 12
12 : 3 = 4

Immer 4 Kinder
laufen gleichzeitig.

3 · 4 = 12
12 : 4 = 3

Abb. 6.35: Darstellung einer Aufgabenfamilie

Die Didaktik der Mathematik betont einvernehmlich, dass es hier nicht zu einem einseitigen Vorgehen kommen darf, dass weder das konkrete (ikonische) noch das formale (auf symbolischer Ebene) handelnde Darlegen im Vordergrund stehen sollten (Padberg & Benz 2011; Padberg & Büchter 2015; Schipper 2015b; Krauthausen 2018). Und so sind auch für die Schüler im FgE Konkretisierungen ebenso anzubieten wie Phasen formalen Übens, bspw. mit Hilfe von Multiplikationstabellen, in denen die Lernenden selber aus der Multiplikation heraus das Teilen ableiten können (▶ Abb. 6.36) (vgl. hierzu auch die Ausführungen aus dem Zahlenbuch 2; Wittmann & Müller 2012b, S. 85; weiterführend Hefendehl-Hebeker & Schwank 2015, S. 92 ff.).

Zu achten wird in diesem Kontext darauf sein, dass das Material in einer altersangemessenen Darstellung angeboten wird, eine für den FgE noch einmal besondere Herausforderung. Unter Umständen kann es sinnvoll sein, hier eigenes Material anzulegen.

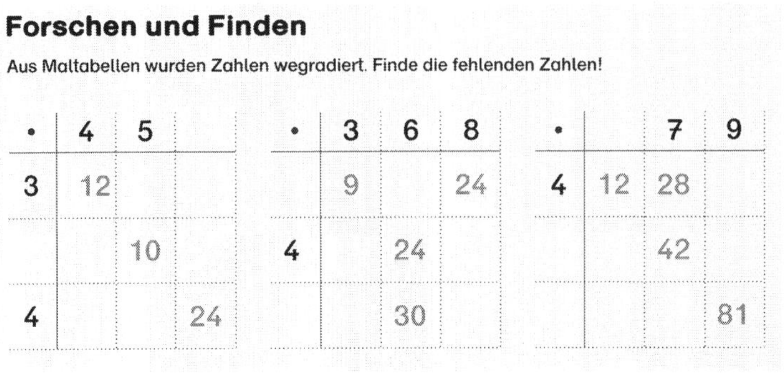

Forschen und Finden

Aus Maltabellen wurden Zahlen wegradiert. Finde die fehlenden Zahlen!

•		4	5
3		12	
			10
4			24

•	3	6	8
	9		24
4		24	
		30	

•		7	9
4	12	28	
		42	
			81

Abb. 6.36: Mal-Tabellen

Ergänzend sei im Zusammenhang mit der Division noch auf zwei Aspekte hingewiesen bzw. auf weiterführende Literatur verwiesen:
– *Null als Dividend oder Divisor*: Hier kann es für den Unterricht im FgE als praktikable Lösung verstanden werden, Aufgaben mit Null als Divisor (bspw. 5 : 0) als nicht lösbar zu beschreiben. Dagegen kann man die Aufgabe 0 : 5 = 0 dahingehend begründen, indem man die Umkehraufgabe der Multiplikation bemüht (0 • 5 = 0).
– *Division mit Rest*: In realen Kontexten bleibt in der Regel beim Dividieren schon mal ein Rest (bspw. beim Verteilen der UNO-Karten), was jedoch für die Kinder selten ein Problem darstellt (Ruwisch 2014a, S. 8 f.). Jedoch beim Lösen formaler Vorgaben kann es zu Irritationen führen.

Übungsaufgaben aus den Mathematikheften sind dagegen so gestaltet, dass kein Rest entsteht, bzw. erst im weiteren Verlauf dann ein geplanter Rest vorhanden ist. An dieser Stelle soll festgestellt werden, dass diese Thematik auf jeden Fall auch im Unterricht für Kinder und Jugendliche mit geistiger Behinderung darzustellen ist, im Einzelfall sollte dann über das weitere Vermitteln nachgedacht werden.

Grundsätzlich ist festzustellen, dass weder zur Multiplikation noch zur Division belastbare Forschungsergebnisse der Geistigbehindertenpädagogik vorliegen und auch in der Praxis dahingehenden Fragestellungen und Innovationen wenig Raum gegeben wird. Nicht selten wird dies mit den Bedenken der Überforderung der Lernenden im FgE begründet und vermeintlich wichtigere Lerninhalte in den Mittelpunkt gestellt (▶ Kap. 2.1).

Die o. g. Annäherung an die grundschulpädagogische Perspektive der Mathematikdidaktik zeichnet jedoch Zugänge und Möglichkeiten auch für den hier fokussierten Personenkreis nach, die beginnend im Primarstufenbereich konkreten Eingang finden und im Einzelfall die Lernwege der Schüler (bspw. die Überlegungen der halbschriftlichen und schriftlichen Multiplikation und Division als differenzieller Zugang) (Weigel 2014, S. 28 ff.) im FgE genuin mathematisch prägen können.

6.3 Raum und Form

Den Schwerpunkt legen die Bildungsstandards im Inhaltsbereich Raum und Form auf (1) *sich im Raum orientieren*, (2) *geometrische Figuren erkennen, benennen und darstellen*, (3) *einfache geometrische Abbildungen erkennen, benennen und darstellen* und (4) *Flächen- und Rauminhalte vergleichen und messen*.

In nachstehender Tabelle sind die Ausdifferenzierungen aus den Empfehlungen gezeigt, auch hier gilt der Hinweis, dass sich diese Inhalte im Sinne eines Inputs auf die gesamten Schulbesuchsjahre im FgE (einschließlich der berufsorientierenden Maßnahmen) übertragen lassen (entgegen dem Fokus im Regelschulbereich auf die Dauer der Grundschulzeit für in der Regel vier Jahre) (KMK 2004).

Raum und Form

Sich im Raum orientieren:

- Über räumliches Vorstellungsvermögen verfügen,
- räumliche Beziehungen erkennen, beschreiben und nutzen (Anordnungen, Wege, Pläne, Ansichten),
- zwei- und dreidimensionale Darstellungen von Bauwerken (z. B. Würfelgebäuden) zueinander in Beziehung setzen (nach Vorlage bauen, zu Bauten Baupläne erstellen, Kantenmodelle und Netze untersuchen).

Geometrische Figuren erkennen, benennen und darstellen:

- Körper und ebene Figuren nach Eigenschaften sortieren und Fachbegriffe zuordnen,
- Körper und ebene Figuren in der Umwelt wiedererkennen,
- Modelle von Körpern und ebenen Figuren herstellen und untersuchen (Bauen, Legen, Zerlegen, Zusammenfügen, Ausschneiden, Falten …),
- Zeichnungen mit Hilfsmitteln sowie Freihandzeichnungen anfertigen.

Einfache geometrische Abbildungen erkennen, benennen und darstellen:

- Ebene Figuren in Gitternetzen abbilden (verkleinern und vergrößern),
- Eigenschaften der Achsensymmetrie erkennen, beschreiben und nutzen,
- symmetrische Muster fortsetzen und selbst entwickeln.

Flächen- und Rauminhalte vergleichen und messen:

- Die Flächeninhalte ebener Figuren durch Zerlegen vergleichen und durch Auslegen mit Einheitsflächen messen,
- Umfang und Flächeninhalt von ebenen Figuren untersuchen,

- Rauminhalte vergleichen und durch die enthaltene Anzahl von Einheitswürfeln bestimmen.

(KMK – Kultusministerkonferenz (2004): Bildungsstandards im Fach Mathematik für den Primarbereich. Beschluss vom 15.10.2004. Luchterhand, S. 10)

6.3.1 Die Grundideen der Geometrie

Die Geometrie gehörte schon seit jeher zur Mathematik, ist jedoch im grundschulpädagogischen Bereich bisher immer vernachlässigt bzw. gar nicht berücksichtigt worden zugunsten einer starken Konzentration auf die arithmetischen Inhalte (Schäfer & Wittmann 2017). Dieses Phänomen lässt sich auch bis heute im FgE feststellen, in erster Linie überwiegen die zahlenbezogenen Inhalte der Arithmetik, vermeintlich wird diesem Themenkomplex eine bedeutsamere Rolle zugesprochen.

Die aktuellen Arbeiten von Schäfer & Wittmann (2017), Rasch (2017) und Peter-Koop & Wollring (2017) stellen fünf Argumente für eine zentrale Rolle der Geometrie im FgE heraus:

1. Geometrische Vorstellungen sind für die geistige Entwicklung von zentraler Bedeutung, insbesondere aus entwicklungspsychologischer Perspektive heraus lassen sich hier Akzente beobachten (zeitliche und räumliche Orientierung, Wahrnehmung von Strukturen und Mustern) (Wittmann 1995).
2. Aktuelle Erkenntnisse aus der Hirnforschung zeichnen deutlich die Präferenzen der Hirnhälften in einerseits Zeichen und Symbole und andererseits Bilder, Flächen und Körper nach. Hier gilt es, die Balance zu halten und Impulse zwischen Bahnen und Synapsen zu setzen (Krauthausen 2018, S. 105).
3. Der in der Geometrie dargebotene dreidimensionale Raum und die damit verbundenen geometrischen Kenntnisse spielen in zahlreichen Berufsfeldern (auch in theoriereduzierten Ausbildungsbezügen) eine wesentliche Rolle (Maurer, Schreiner, Lagerist u. a. m.).
4. Zugleich stellt die räumliche Orientierung der Geometrie eine wichtige Schnittstelle zur Arithmetik dar, wie die Abbildung 6.37 für die Orientierung im Raum auf der horizontalen Ebene verdeutlichen kann (▶ Abb. 6.37).
5. Schließlich bleibt festzustellen, dass gegenüber den abstrakten Ziffern und Symbolen der Arithmetik die prägnanten Formen, das dreidimensionale Bauen (bspw. auch das Bauen mit LEGO-Steinen) und die farbigen Symmetrien der Geometrie die Kinder und Jugendlichen unmittelbar ansprechen.

Geometrie lässt sich auf der Grundlage der o. g. Argumente als wichtiges Gegenstück zur harten Arithmetik bezeichnen und kann damit als Inhaltsbereich *Raum und Form* (in Verbindung mit dem Inhaltsbereich *Größen und Messen*) auch eine gewisse Abwechslung in der Mathematik im FgE bedeuten (*siehe Kasten*).

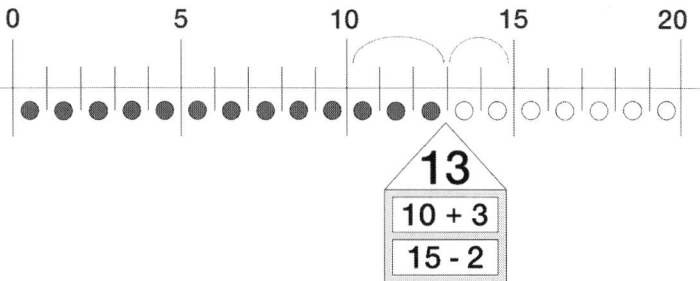

Abb. 6.37: Orientierung im Raum auf der horizontalen Ebene

Die sieben Grundideen der Geometrie (vgl. Schäfer & Wittmann 2017, S. 5)

1. Formen und ihre Konstruktion
   Der dreidimensionale Anschauungsraum wird von Formgebilden unterschiedlicher Dimension bevölkert (Punkte, Linien, Flächen und Körper), die sich auf vielfältige Weise konstruktiv erzeugen lassen.
2. Operieren mit Formen
   Geometrische Gebilde lassen sich bewegen (verschieben, drehen, spiegeln …), verkleinern, vergrößern, zerlegen, überlagern, wodurch Beziehungen hergestellt werden. Die Wirkungen dieser Operationen kann man für Beweise nutzen.
3. Koordinaten
   Zur Lagebeschreibung von Punkten können auf Linien, Flächen und im Raum Koordinatensysteme eingeführt werden, die die Grundlage für die analytische Geometrie und für die grafische Darstellung von Funktionen bilden.
4. Maße und Formeln
   Längen, Flächen, Volumina und Winkel lassen sich nach Vorgabe von Maßeinheiten messen. Aus vorgegebenen Maßen lassen sich andere nach verschiedenen Formeln berechnen (z. B. Inhaltsformeln).
5. Geometrische Gesetzmäßigkeiten und Muster
   Geometrische Gebilde und ihre Maße können in vielfältiger Weise in Beziehung gesetzt werden, sodass Gesetzmäßigkeiten und Muster (»Strukturen«) entstehen, deren tiefere Zusammenhänge in geometrischen Theorien systematisch entwickelt werden (euklidische Geometrie der Ebene und des Raumes, kombinatorische Geometrie usw.).
6. Formen in der Umwelt
   Reale Gegenstände können durch geometrische Begriffe (angenähert) beschrieben werden. Die Technik stellt Verfahren zur Herstellung geometrischer Formen bereit, die bestimmten Zwecken genügen. Künstler setzen geometrische Formen für ästhetische Zwecke ein.

> 7. Übersetzung in die Zahl- und Formensprache
> Reale Problemstellungen lassen sich mithilfe geometrischer Begriffe in die Formensprache übersetzen (»modellieren«). Mithilfe geometrischer Verfahren werden daraus »theoretische« Lösungen gewonnen, aus denen praktische Folgerungen gezogen werden können.

Diese Grundideen der Geometrie, die Wittmann & Müller (2012e) dem regelhaften Grundschulbereich vorgestellt haben (Krauthausen 2018), spiegeln zugleich die o. g. Merkmale des Inhaltsbereichs *Raum und Form* wider und lassen sich dahingehend konkret auf die Möglichkeiten im FgE übertragen.

Die nachstehenden Beispiele stammen aus den Materialien des Zahlenbuchs (Frühförderung und für die Klassen 1 bis 4) und sind aus fachlicher Sicht angelehnt an das Programm Mathe 2000, dem das Verständnis eines aktiv-entdeckenden Lernens zugrunde liegt (vgl. hierzu auch die Ausführungen in Ratz & Moser Opitz 2015):

1. *Frühförderung*: Hier finden wir in den Spielen zur Frühförderung (Wittmann & Müller 2009a) ein Legespiel »in dem nur zwei Formen in je zwei Farben verwendet werden: ein gleichschenkliges rechtwinkliges Dreieck (halbes Quadrat, Winkel 45° und 90°) und eine Raute mit 45°- und 135°-Winkeln. Die Seiten der Raute sind genauso lang wie die Katheten des Dreiecks« (Schäfer & Wittmann 2017, S. 7). Durch die Passung der beiden Formen zueinander lassen sich damit »viele geometrisch relevante Figuren« legen, entweder nach vorgegebenem Umriss oder durch freies Legen. Diese Übungen bieten sich im FgE im Primarstufenbereich an und geben den Schülern in einem noch überschaubareren Rahmen gute Übungsmöglichkeiten beim Entdecken von Formen (vgl. hierzu auch Franke & Reinhold 2016, S. 161 ff.). Nutzen kann man dazu bspw. »Das Zahlenbuch. Spiele zur Frühförderung 1« von Wittmann & Müller (2009b, vgl. auch Wittmann & Müller 2009c).
2. *Primarstufe (Klasse 1 und 2)*: Das in bspw. Wittmann & Müller (2012a) gezeigte Tangramspiel ist ein klassisches Legespiel mit einer jahrtausendealten Tradition, das auch in den Standardwerken der Geometrie in der Grundschule vorgestellt wird (bspw. Krauthausen 2018, S. 113; Benz et al. 2015, S. 204 ff.; Franke & Reinhold 2016, S. 221 ff.). Auf dem Markt existiert eine Vielzahl an Variationen
   a. mit leichten (bspw. www.schmidtspiele.de)
   b. und schwierigen Übungen (bspw. das Spiegel-Tangram aus dem Kallmeyer-Verlag, auch auf https://www.youtube.com/watch?v=kEarawPYZSY).
   Das Mini-Tangram aus dem Zahlenbuch 1 ist eine vereinfachte und damit auch für den FgE geeignete Version mit nur sechs Formen, die alle achsensymmetrisch sind (darunter ein Rechteck, Wittmann & Müller 2015a, S. 67, 2016a, S. 31).
3. *Primarstufe (Klasse 3)*: Eine auch für die Schüler im FgE sehr attraktive Form des Übens im Zusammenhang mit geometrischen Formen und deren Relationen zueinander sind die Übungen mit der Schablone aus dem Zahlenbuch 3 (Wittmann & Müller 2012c).
   Im zweidimensionalen Raum werden die Flächenformen Kreis, Dreieck, Rechteck, Quadrat, Fünfeck, Sechseck und Achteck thematisiert, und durch eigene Versuche (auch in Partnerarbeit) entstehen anschauliche Parkettier-Enden und -Muster

(vgl. hierzu auch die folgende Abbildung als eine Arbeit aus der Sekundarstufe II im FgE, ▶ Abb. 6.38; vgl. weiterführend Schäfer & Wittmann 2017, S. 8).

Die Schüler im FgE beschäftigen sich hier in erster Linie mit den Flächen Dreieck, Rechteck und Kreis und lernen deren Berechnungen kennen. Dies kann für den Unterricht in der Ober- und Abschlussstufe eine sehr anspruchsvolle und zugleich ansprechende Differenzierungsform sein und wird die Schüler in der Regel (sozusagen auch als willkommene Abwechslung von arithmetischen Übungen) begeistern können (die Geoschablone ist günstig zu beziehen unter www.westermann.de → Suchbegriff 121200).

Auf dieser Ebene bewegen sich die Schüler innerhalb der Module 1 bis 8 in der Systematik bei Rasch & Sitter (2016), die mit ihren Modulen für den Geometrieunterricht einen auch für den FgE anregenden systematisierten Aufbau vorlegen. Hinsichtlich der Komplexität der Module und der Entwicklung vom zwei- zum dreidimensionalen Raum hin bleibt zu beachten, diese Themensammlung auf einen längeren Zeitraum (also auf jeden Fall in den Sekundar-I bzw. II-Bereich) und als Differenzierung für die leistungsstärkeren Schüler (bspw. auch im Grenzbereich hin zum FSP Lernen) denken zu müssen (Benz et al. 2015, S. 185 ff.).

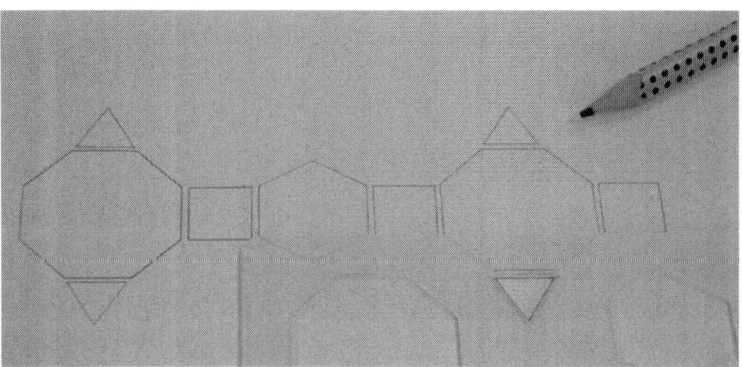

Abb. 6.38: Ergebnisse mit der Schablone (Abschlussstufe)

4. *Primarstufe (Klasse 4)*: Ein sehr anspruchsvolles Üben mit den Körpern im dreidimensionalen Raum kann das eigene Herstellen der Platonischen Körper in der Klasse sein (eine Übersicht über die Platonischen Körper findet man in Wittmann & Müller 2016b, S. 87, sowie mit konkreten Bezügen zum FgE in Schäfer & Wittmann 2017, S. 8).

Mit Hilfe der Zeichenuhr (▶ Abb. 6.39) entstehen nach einem Vorschlag von Rudolph Keßler auf farbigem Papier die Bauteile der einzelnen Körper: *Tetraeder* (4 Flächen), *Hexaeder* (Würfel – 6 Flächen), *Oktaeder* (8 Flächen), *Dodekaeder* (12 Flächen) und *Ikosaeder* (20 Flächen). »Die anfallenden Kreissegmente dienen als Falze zum Verkleben der Seitenflächen. Wenn Buntpapier verwendet wird, entstehen sehr schöne Modelle der Platonischen Körper« (ebd.; außerdem Franke & Reinhold 2016, S. 209 und S. 356 f.).

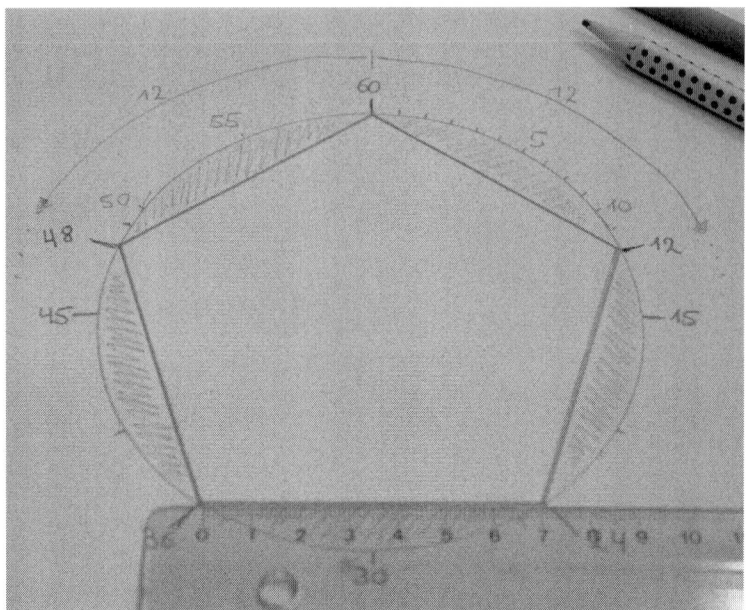

Abb. 6.39: Die Zeichenuhr

Die o. g. Möglichkeiten stellen konkret dar, wie die Grundideen der Geometrie auch schon beginnend in der Primarstufe im FgE (natürlich nicht ohne wesentliche Hilfestellungen) Eingang finden können und dann über die Stufen hinweg zu entfalten sind. Dies kann dann bspw. auch der Auftrag für die Fachkonferenz Mathematik sein, die hier Entwicklungslinien für die Stufen im Sinne einer spiralcurricularen Aufbereitung aufzeigen kann.

Zu beachten bleibt in diesem Zusammenhang

- dass im Vergleich zu den regelhaften Aneignungsniveaus die Beschäftigung im FgE oft eine auf Jahre angelegte Entwicklung sein wird (bspw. wird der Umgang mit dem Lineal meist erst in der Sekundarstufe I ohne weitere Hilfen beherrscht),
- die sich mit Einschränkungen im Transfer und Erfassen abstrakter Sachverhalte (bspw. Kreissegmente als Winkel erfassen) sowie
- mit den Grenzen im Gesamtzusammenhang auseinandersetzen muss (bspw. wegen eines begrenzten Zahlenraums wird die Nutzung des Zollstocks/des Ziffernblatts nicht verstanden).

Zugleich dürfen die Mutmaßungen in Bezug auf Überforderungen nicht zum Vorenthalten anschlussfähiger mathematischer Inhaltsbereiche führen. Gerade die Geometrie hat »zudem noch den Vorteil (…), über weite Strecken sehr anschaulich, lebensnah und attraktiv zu sein« (Hasemann & Gasteiger 2014, S. 169).

Hier einige Beispiele, in welchen Szenarien auch im FgE der Inhaltsbereich *Raum und Form* der Bildungsstandards zu finden ist:

- Projekte im Kunstunterricht können immer in Verbindung zum Handlungsfeld gebracht werden, um Formen und deren Verhältnis zueinander vorzustellen, mit diesen zu arbeiten, mit diesen zu forschen, mit ihnen zu experimentieren, sie darzustellen oder sie auch einfach nur ansprechend zu finden. Dahingehende Abbildungen bspw. in Schäfer & Wittmann (2017, S. 9) zeigen ganz einfache, konkrete Beispiele aus der Unterstufe zur Spiegelung von Rechteck, Dreieck und Kreis (vgl. hierzu auch Schipper 2015b, S. 266 f.).
- Ebenso kann man sich im Primarstufenbereich mit Formen und deren Beziehungen zueinander im Literaturunterricht beschäftigen (bspw. zum Buch »Das schönste Ei der Welt« von Helme Heine) und auf diese Weise Schnittstellen zwischen den Fächern im Sinne einer ganzheitlichen Annäherung schaffen.
- Schließlich finden die Schüler auch die Arbeiten in der Lernwerkstatt 10 zum Koordinatensystem spannend, wenn Sie die Häuser innerhalb der Koordinaten von 1 bis 8 auf der X-Achse bzw. 1 bis 8 auf der Y-Achse zuordnen müssen.

6.3.2 Fachdidaktische Perspektiven

Hinsichtlich des Inhaltsbereichs *Raum und Form* können wir uns für den Unterricht im FgE konkret an den Grundlagen der Geometrie für den Grundschulbereich orientieren. Stets mitzudenken sind hier die förderschwerpunktspezifischen Gesichtspunkte, die in den folgenden Punkten jeweils Berücksichtigung finden sollen:

- *Zur Gestaltung des Geometrieunterrichts*: Mit Schipper (2015b) ist darauf hinzuweisen, dass der Geometrieunterricht der Grundschule im Wesentlichen und über weite Strecken induktiv abläuft. Dies bedeutet, dass die Schüler suchen und ausprobieren, erforschen, experimentieren und versuchen, Fragen im Zusammenhang mit Raum und Form zu lösen. In der Regel finden diese Lösungsprozesse kooperativ statt und gegenseitiges Ergänzen von Fähigkeiten und Einsichten wird im Team geschätzt.

  Es ist auch festzustellen, dass ein solcher Unterricht grundsätzlich arbeits- und materialintensiver ablaufen muss, als das Verteilen von Arbeitsblättern bei Übungen zur Arithmetik:

  > »Es werden Körper gebaut, aus Knete geformt, aus Kartoffeln ausgeschnitten, aus Papier geschnitten und zusammengeklebt, aus kleineren Einheiten zusammengefügt. Andere werden in ihre Bestandteile zerlegt. Flächen werden ausgelegt, ausgemalt oder -geschnitten, zerlegt und zusammengesetzt, mit einem Stift umfahren, gedreht, gespiegelt und verschoben. Für diese Tätigkeiten braucht man Papier, Pappe, Holz, Styropor, Schere, Säge, Klebstoff, Lineal, Gummibänder, Bleistift, Geodreieck, Spiegel usw. – und als Lehrerin bzw. Lehrer viel Geduld« (ebd., S. 257).

Diese Schilderungen treffen auch zu auf den Unterricht mit Schülern mit geistiger Behinderung, und auch hier gilt es zu betonen, dass es nicht sozusagen aus dem Nichts heraus geschehen kann. Auch hier sind die Schüler an dieses Arbeiten heranzuführen, auch hier ist ihnen das Gestalten von Formen zu erläutern und es sind Übungsphasen im Unterrichtsverlauf zu berücksichtigen. Es ist außerdem bedeutsam, den Schülern die Methoden solcher Sequenzen zu vermitteln: Sauberes Kleben, sauberes Schneiden, sauberes Zeichnen und der Umgang mit Zeichengeräten gehören hier ebenso als spezifische Aspekte dazu wie das Achten auf den Arbeitsplatz (Sauberkeit, Ordnung) oder das sozialverträgliche Miteinander beim gemeinsamen Lösen von Aufgaben als allgemeine Grundsätze.

Bedingt durch die Heterogenität der Lernenden im FgE lassen sich nicht zwangsläufig Stufungen vornehmen, die konkrete Aussagen über Kompetenzen in Bezug auf die Schulbesuchsjahre machen können. Jedoch bieten die Stufen geometrischen Denkens nach van Hiele (1986) erste Orientierungspunkte (Rasch 2017, S. 11):

– *Niveau 1 – anschauungsgebundenes Denken (Visualization)*: »Der Fokus des Kindes ist auf einzelne Figuren gerichtet. Das Kind lernt, diese zu benennen. (…) Wahrnehmungsgemäß gespeicherte Prototypen bilden die Grundlage zur Identifizierung weiterer Figuren« (ebd.).
– *Niveau 2 – analysierendes Denken (Analysis)*: »Das Kind kann Figuren bezüglich der Eigenschaften betrachten« (ebd.).
– *Niveau 3 – abstrahierendes Denken (Abstraction)*: »Geometrische Eigenschaften von Figuren können miteinander verknüpft werden. Kinder verstehen zum Beispiel, warum Quadrate eine besondere Gruppe von Rechtecken sind« (ebd.).
– *Niveau 4 – schlussfolgerndes Denken (Deduction)*: »Die Lernenden können einfache geometrische Regeln verstehen und zu einem System kombinieren« (ebd.).
– *Niveau 5 – streng abstraktes Denken (Rigor)*: »Lernende haben Verständnis für deduktive geometrische Systeme und können sich auf der Grundlage von Axiomen denkend bewegen« (ebd.).

Auch den Einschätzungen von Franke & Reinhold (2016) folgend ist davon auszugehen, dass sich die Niveaus 4 und 5 (Schipper gliedert anders und befindet sich – beginnend bei null – hier bei den Niveaus 3 und 4) deutlich über dem Grundschulniveau befinden und Gegenstand der Sekundarstufe I und II sein werden. Für die Gestaltung von Unterricht im FgE bedeutet dies mit Bezug auf die Arbeiten von Rasch (2017):

> »Ein erstrebenswertes Ziel für die Geometrie im FgE sollte es sein, solide Grundlagen für das Niveau 1 zu schaffen und im Einzelfall das Niveau 2 anzusprechen. Die Übergänge zwischen diesen beiden (sowie hin zu den anderen) Denkebenen sind fließend und auch im FgE nach oben offen« (ebd., S. 11; Rasch & Sitter 2016).

Ergänzend zu den o. g. Ausführungen zur Sprache im Mathematikunterricht sei hier nochmal auf die Berücksichtigung der Nutzung fachsprachlicher Besonderheiten hingewiesen. Gerade im FgE bringen die Schüler oft sprachliche bzw.

sprachbezogene Beeinträchtigungen mit (bspw. Artikulation, Speicherfähigkeit, Merkfähigkeit, Zuordnungsgeschwindigkeiten), »die das begriffliche Speichern, Benennen und Zuordnen meist erheblich erschweren« (ebd.). Demzufolge müssen das Berücksichtigen von Fachsprache grundsätzlich und das Üben spezifischer Begriffe wie Viereck, Dreieck, Kreis (auf der Ebene) und Quader, Pyramide und Kugel (im Raum) im Besonderen im Fokus der Geometrie im FgE stehen (Schäfer & Wittmann 2017).

- *Formen, Flächen, Körper*: In der Fachliteratur werden diese Themen oft zusammen angesprochen, letztendlich durch ihren Aufbau macht dies auch im regelhaften Entwicklungsbereich Sinn. Im FgE zeichnet sich eine bewusst differenzierte Betrachtung als günstiger ab, um den Schülern einen sicheren Zugang auf der zwei- und dann dreidimensionalen Ebene zu ermöglichen. Dabei können (und zunehmend sollten) die Ebenen sich ergänzend behandelt werden, auch um deren Zusammenhänge zueinander darzustellen, wie bspw. Quadrat – Quader, Dreieck – Pyramide, Kreis – Kugel.

Aufbauend auf den Begrifflichkeiten ist die Raumvorstellung in der Geometrie grundsätzlich ein zentrales Anliegen (Hattermann et al. 2015). Man ist sich in der Fachdidaktik dahingehend einig, »dass die Raumvorstellung über eine rein rezeptive Wahrnehmung figuraler Darstellungen hinaus geht und sowohl mentale Repräsentationen als auch die Anwendung von Transformationenprozessen erfordert« (ebd., S. 194; Grüßing 2012, S. 76).

Dies deutet auch für den Unterricht im FgE darauf hin, dass nach den einführenden Grundlagen zu Formen, Flächen und Körpern und deren Identifikation, also bspw. Dreieck (auf der Ebene) oder Kugel (im Raum), auch Veränderungen (Transformationen) von Flächen und Körpern zu wiederum anderen geometrischen Figuren Gegenstand sein sollten. Dahingehende Beispiele wurden oben in Bezug auf das Zahlenbuch vorgestellt (Schäfer & Wittmann 2017, S. 4 ff.), eine allgemeine grundschulpädagogische Perspektive legte Bauersfeld (1993a) vor. Mögliche Zugänge sollen nachstehend kurz skizziert werden:

– *Flächen-Modell*: Ein möglicher Zugang kann die Darbietung des Flächenmodells des Würfels sein, das wiederum im Zusammenlegen/-kleben den Schülern raumgeometrische Zugänge bietet. Eine Übung, die nicht gerade im Eingangsbereich möglich sein wird, jedoch analog zu den Übungen mit den Platonischen Körpern handelndes Erschließen und Entdecken von Gesetzmäßigkeiten bieten kann (ausführlich hierzu auch Schipper 2015b).
– *Geobrett*: Eine spannende und auch bei den älteren Schülern im FgE beliebte Aufgabenstellung zur Erfassung ebener Figuren (2D) ist das GEO-Brett. Mit einfachen Übungen an 3 mal 3 oder auch 5 mal 5 Punkten bis hin zu komplexen Anordnungen können (auch mit selber) hergestellten Brettern Übungen spielerisch angeboten werden (▸ Abb. 6.40):
  a. mit den Gummis in unterschiedlichen Farben freie Figuren legen,
  b. Figuren nach Vorgaben legen (ggf. auch abzeichnen),
  c. Figuren nach numerischen Vorgaben legen (die Punkte sind durchnummeriert, bspw. von 1 bis 25, so wäre das Quadrat 1 – 5 – 21 – 25),
  d. die Anordnung als Kreis nutzen um bspw. auch die Segmentierung in die Teile der Uhr (5-Minuten-Schritte) zu üben bzw. zu visualisieren (▸ Abb. 6.40).

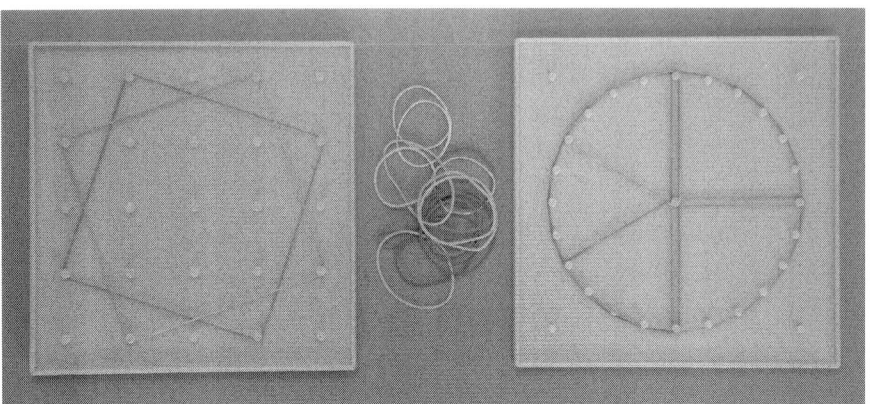

Abb. 6.40: Übungen am GEO-Brett

- *SOMA-Würfel*: Dieser beliebte Zugang über den Würfel und seine Zusammensetzungen geht auf den dänischen Mathematiker Piet Hein (1905–1996) zurück, findet sich für die Grundschule breit ausgearbeitet auch in verschiedenen Verlagen wieder (bspw. www.logo-verlag.de) (Franke & Reinhold 2016, S. 177 ff.) und wird aktuell von Kruse (2017) für den FgE dargestellt. Hier sei insbesondere auf die Seite von Paul Matthies hingewiesen, der auf seiner Homepage unter http://paul-matthies.de/Schule/Soma.php schöne Übungen rund um den SOMA-Würfel zum kostenlosen Download anbietet. Weitere Arbeitsblätter bietet auch der Beitrag von Kruse (2017) an unter www.lernenkonkret.de.
- *Kunst und Geometrie*: Ein wiederum für die Lernenden im FgE attraktiver Zugang scheint über die Schulbesuchsjahre hinweg die Verbindung von geometrischen Formen und künstlerischer Darstellung zu sein, wie dies Ruwisch (2013a; 2013b), Pyroth (2013) und Hölzel (2013) eindrucksvoll mit Hinweisen u. a. zu den Künstlern
  a. *Paul Klee* (Feuer am Abend 1929),
  b. *Lyonel Feininger* (Gelmeroda III 1913; Gelmeroda XIII 1936),
  c. *Max Bill* (Feld aus vier sich durchdringenden Farben 1967) und
  d. *George Korsmit* (1st emotional rip-off 2003; 2nd absolute rip-of 2004)
  für den Grundschulbereich schildern. Mit dem Fokus auf das Verbindende der beiden Fächer bleibt stets darauf zu achten, die fachlichen Besonderheiten nicht aus dem Blick zu verlieren. Zunehmend geraten dann im Unterricht zur ebenen Geometrie (also mit der Zielrichtung Mathematik) die *Objekte* (bspw. Kreis usf.), die *geometrischen Relationen* (bspw. parallel, symmetrisch) und *komplexe Muster* (bspw. in Parketten) in den Mittelpunkt der fachdidaktischen Analyse (Ruwisch 2013b, S. 40 ff.).
- *Symmetrien*: Wenn es ein zentrales Anliegen der Geometrie (deren wörtliche Übersetzung die *Erdvermessung* ist) und damit auch der Leitidee *Raum und Form* ist, das räumliche Vorstellungsvermögen der Kinder auszubilden und weiterzuentwickeln, stellen Symmetrien in diesem Zusammenhang tragfähige Möglichkeiten der

Förderung zur räumlichen Perspektivübernahme dar. Darunter wird die Fähigkeit verstanden, »sich räumliche Objekte oder Konstellationen mehrerer Objekte aus einer fremden Perspektive vorzustellen. Mit der Entwicklung der Fähigkeit zur Perspektivübernahme löst sich demnach das Kind von einer egozentrischen Auffassung seiner räumlichen Umgebung« (Häring 2015, S. 4).

Aktuelle Untersuchungen zu den regelhaften Entwicklungsverläufen zeigen, dass gerade im Grundschulalter ausgezeichnete Entwicklungsmöglichkeiten liegen. Wenn wir nun davon ausgehen, dass die Entwicklungsschritte auch in diesem Zusammenhang bei Kindern und Jugendlichen mit geistiger Behinderung analog (jedoch verzögert und in der Intensität begrenzt) zu denen nicht beeinträchtigter Kinder verlaufen (s. o.), liegt es nahe, auch bereits im Primarstufenbereich im FgE Symmetrien zu berücksichtigen und diese entsprechend der weiteren Entwicklung im Sekundarstufenbereich fortzuführen.

Zu unterscheiden ist zwischen Symmetrien im *zweidimensionalen* und im *dreidimensionalen* Raum, hierbei entspricht die Achsenspiegelung in der Ebene der Ebenenspiegelung im Raum. Schöne Überlegungen zum Üben im Raum und zur Förderung des räumlichen Symmetrieverständnisses beschreibt Merschmeyer-Brüwer (2013c) mit den Spiegelungen von Würfelbauwerken. Übungen zur Symmetrie auf dem Tablet führt Thielbeer (2018) aus.

Nicht zuletzt für die räumliche Orientierung, bspw. im Kontext Mobilität (das Unterscheiden von Links und Rechts bei den Übungen zum Fußgänger-Diplom), sind diese Übungen hilfreich, denn nicht selten wundern sich Kinder und Jugendliche mit geistiger Behinderung bspw. auf dem Nachhauseweg darüber, dass auf dem Hinweg das »*Links*« doch auf der anderen Seite war.

> **Terminologischer Exkurs**
>
> - »Jede Drehung lässt sich als Verkettung von zwei Achsenspiegelungen darstellen, deren Spiegelachsen sich im Drehzentrum schneiden.
> - Die Punktspiegelung ist eine Drehung um 180° oder eine Verkettung zweier Achsenspiegelungen, bei der die Achsen zueinander senkrecht stehen.
> - Die Verschiebung ist eine Verkettung zweier Achsenspiegelungen, bei der die Achsen zueinander parallel und senkrecht zur Verschiebungsrichtung sind.
> - Die Schubspiegelung ist eine Verkettung einer Achsenspiegelung mit einer Verschiebung, bei der die Spiegelachse in Richtung der Verschiebung liegt« (Franke & Reinhold 2016, S. 262; vgl. Fritzlar 2018, S. 7; Ruwisch 2013c, S. 10).

Als mögliche Zugänge werden für den Grundschulbereich meist vier Bereiche genannt (u. a. Franke & Reinhold 2016, S. 269 ff.), die zugleich alle auch für den Unterricht im FgE denkbare Wege darstellen:
- *Falten und Zeichnen sowie Schneiden*: bspw. mit Klecksbildern, Muster in gefaltetes Papier schneiden, bspw. Sterne, Herzen, Bäume usf.

- *Spiegeln und Zeichnen*: Der Umgang mit dem kleinen Taschenspiegel muss auch im regelhaften Grundschulunterricht wohlüberlegt eingeführt und geübt werden, folglich wird er im FgE einiger Übung bedürfen und erst im Sekundarstufenbereich ohne größere Hilfen (bspw. in der Wochenplanarbeit) genutzt werden können (auch das Spiegeln, ▶ Abb. 6.41).

  Gespiegelt werden kann grundsätzlich alles. Ansprechende Bilder und spielerische Grafiken sind für die Kinder besonders attraktiv: Buchstaben des eigenen Namens, Gesichter kombinieren, Figuren spiegelnd auf dem Karo-Papier entwerfen. Als Zeichenaufgabe kann das Einzeichnen der Symmetrieachsen genutzt werden oder das Vervollständigen hälftiger Vorlagen, die durch den Spiegel vervollständigt werden.

Abb. 6.41: Übungen zum Spiegeln

- *Muster fortsetzen*: »Bandornamente entstehen durch wiederholtes Ansetzen eines Grundmusters entlang einer festen Richtung« (Schipper 2015b, S. 269). Legeübungen hierzu finden sich u. a. in dem Beitrag von Aßmus & Fritzlar (2017, S. 26) im Themenheft *Raum und Form* (Schäfer 2017b). Übungen zum Zeichnen und Ausmalen bieten die Mathematikhefte in zahlreichen Variationen an.
- *Symmetrien mit dem GEO-Brett*: Auch das GEO-Brett bietet Möglichkeiten, entweder alleine oder in Partnerarbeit Symmetrien selber aufzuspannen und nach dem Übertragen die Spiegelachsen einzuzeichnen (▶ Abb. 6.42).

Weitere interessante fachdidaktisch Hinweise auch für die Praxis im FgE finden sich in folgenden Themenheften:
- *Grundschule Mathematik* (2013): Geometrie und Kunst (Nr. 36),
- *Mathematik differenziert* (2013): Symmetrien entdecken. Vom Handeln zum Vorstellen (Heft 3),

- *Grundschule Mathematik* (2015): Raumvorstellung: Ansichten und Perspektiven (Nr. 45),
- *Praxis Grundschule* (2018): Symmetrie. Entdecken – erkunden – anwenden (Heft 2).

In erster Linie wird der Zugang im FgE dadurch erleichtert, dass die Übungen zur Symmetrie den Kindern in der Primarstufe Spaß machen und interessant sind, da hier lustige Formen und Figuren entstehen können, die zunächst einmal gar nichts mit Zahlen und Operationen zu tun haben. Dieser positive Effekt der Geometrie sollte auch hier genutzt werden, zugleich benötigen die Kinder in dieser Phase Unterstützung in der Handhabung von bspw. Spiegel, Lineal und im Verstehen der Aufgabenstellungen.

Den Spaß ergänzen zugleich die Einsichten in die räumlichen Relationen und die Erfahrungen mit gespiegelten Objekten. Das Versprachlichen führt wiederum zum Verinnerlichen der äußeren Handlungen zu inneren Bildern und damit zu einem sich entwickelnden räumlichen Vorstellungsvermögen (Häring 2015, S. 4 f.; Niedermeyer 2015, S. 6 ff.; Merschmeyer-Brüwer 2013a; 2013b; 2013c).

- *Zeichnen*: Das Zeichnen stellt eine verbindende Kompetenz über die inhaltlichen Bereiche dar, die ein stetes Üben erforderlich macht und insbesondere durch die feinmotorischen Herausforderungen im FgE nochmal besonderer Beachtung bedarf. Betrachtet man diesbezügliche Anforderungsprofile der Inhaltsbereiche, lässt sich die Bedeutung des Zeichnens für alle inhaltsbezogenen mathematischen Kompetenzen deklarieren (▶ Abb. 6.42; vgl. hierzu Bitter 2017, S. 23). Exponiert findet das Zeichnen dann in den Bereichen *Raum und Form* sowie *Größen und Messen* seine Berücksichtigung, doch auch in den anderen (nicht hervorgehobenen) Inhaltsbereichen lassen sich zeichnende Elemente finden. Die Fachdidaktik unterscheidet hinsichtlich der Zeichengeräte folgendermaßen (Schipper 2015b, S. 273 ff.): (a) Zeichnen mit Schablonen, (b) Zeichnen mit dem Lineal und dem Geodreieck, (c) Zeichnen mit dem Zirkel.

  a. *Zeichnen mit Schablonen*: Aus der Mengenlehre sind in vielen Lernmittelsammlungen in den Schulen noch Schablonen vorhanden, mittlerweile bieten auch die Verlage wieder als Beilagen zu den Mathematikbüchern Schablonen für das Zeichnen von Kreisen, Quadraten, Dreiecken u. a. m. an (s. o.). Auch das Zeichnen mit Gegenständen wie Gläsern, Dosen oder anderen Formen birgt interessante Möglichkeiten: Während die Schablonen von innen zu zeichnen sind, wird bspw. das Glas umrandet. Hierbei können auch in Partnerarbeiten tolle Kunstwerke entstehen und ganz nebenbei beschäftigen sich die Schüler mit Formen und dem Zeichnen.

  b. *Zeichnen mit dem Lineal und dem Geodreieck*: Sowohl mit dem Lineal als auch mit dem Geodreieck können die Schüler *Zeichnen* und *Messen*:
     - Beim reinen *Zeichnen* können sie entweder Punkte verbinden oder auf kariertem Papier geometrische Formen entwerfen und nachzeichnen. Zusätzlich können durch die Konstruktionshilfen auf dem Geodreieck Parallelen zu bereits vorhandenen Geraden gezeichnet werden, ebenso ist das Anlegen von Orthogonalen möglich: Durch das Anlegen der senkrechten Linie des Dreiecks können Orthogonalen gezeichnet werden.

6 Inhaltsbezogene mathematische Kompetenzen im Kontext FgE

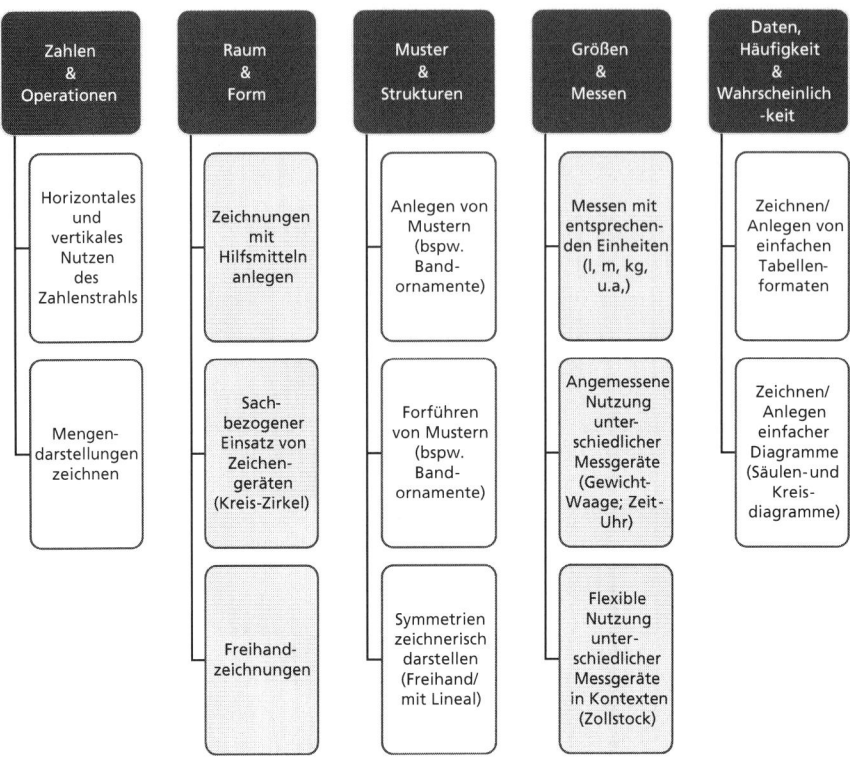

Abb. 6.42: Zeichnen und Zeichengeräte in den inhaltsbezogenen Kompetenzen

- Beim *Messen* sind die Maßeinheiten zu beachten und die Schüler müssen lernen, den Messvorgang bei null zu beginnen. Beim Geodreieck ist wiederum die Anordnung eine Herausforderung, da die Null in der Mitte liegt und so Messungen nach links und nach rechts möglich sind. Zusätzlich bietet das Geodreieck das Messen des Winkels an sowie die Abstände der Parallelen.
c. *Zeichnen mit dem Zirkel*: Das Zeichnen mit dem Zirkel kann entweder als freies Zeichnen (ohne Radius um einen Punkt) oder mit vorgegebenem Radius um einen Punkt geübt werden. Hinsichtlich der Zirkelspitze ist darauf zu achten, dass der angemessene Umgang den Schülern zuzutrauen ist. Vor diesem Hintergrund sowie der schon komplexeren Aufgabenfelder sollten hier schon erste Erfahrungen beim Zeichnen gemacht worden sein. Weitere und konkrete Hinweise für die Nutzung des Lineals, des Geodreiecks und des Zirkels finden sich in Bitter (2017, S. 22 ff.).

Grundsätzlich empfiehlt es sich auch beim Zeichnen, regelmäßige Übungsphasen anzubieten, die den Schülern die Weiterentwicklung ihrer Fertigkeiten im Umgang mit den Zeichengeräten ermöglichen. Hier bieten die Verlage für den Grundschulbereich mittlerweile zahlreiche Veröffentlichungen an. Durch die bisherige Verortung der Geometrie im 3. und 4. Schuljahr setzen diese Sammlungen natürlich für die Lernenden im FgE (die sich i. d. R. maximal auf dem Leistungsniveau zum Ende des 2. Schuljahres befinden, s. o.) schon recht hoch an. Jedoch kann aus den zahlreichen Sammlungen eine Auswahl zu den verschiedenen Feldern (Lineal, Geodreieck, Zirkel) zusammengestellt werden, sodass intensive Übungsphasen entstehen können. Folgende Kurse, Karteien und Hefte sind beispielhaft zu nennen:

- *Mein Geometrieheft 1/2* für die Klassen 1 und 2 (Katrin Langhans 2014; Sternchenverlag),
- *Mein Geometrieheft 3/4* für die Klassen 3 und 4 (Katrin Langhans 2017; Sternchenverlag),
- *Geo-Profi 1. und 2. Schuljahr* (Rosemarie Reiß u. a. 2005; Schroedel Verlag), *Mit Geodreieck, Lineal und Zirkel*. Übungen für den Geometrieunterricht. Lernwerkstatt (Birgit Brandenburg 2001; Verlag an der Ruhr),
- *Mathe an Stationen SPEZIAL*. Geometrie 3–4 (Carolin Donat 2016; Auer Verlag),
- *Zirkel und Geodreieck*: Lerntheke – Lernstanddiagnose – Selbsteinschätzung – Übungspläne – Lernzielkontrolle 4. Klasse (Claudia Dachlauer 2018; Auer Verlag),
- *Lernkartei*: Geometrisches Zeichnen. 2. bis 4. Klasse (Rolf Breiter 2014; Persen Verlag),
- *Geometrie*-Zeichenkurs. Vom freien Zeichnen zur sachgerechten Anwendung der Zeichengeräte (Ralph Birkholz 2017; Persen Verlag),
- *Einführung in die Arbeit mit dem Geodreieck und Zirkel*. 4. Klasse (Inge Buggenthin 2016; Persen Verlag).

6.4 Größen und Messen

Der Inhaltsbereich *Größen und Messen* der Bildungsstandards Mathematik (KMK 2004) wurde erst mit den Standards entsprechend strukturiert, zuvor wurden in den Grundlagen der Fachdidaktik stets auf die Bereiche Arithmetik, Sachrechnen und Geometrie verwiesen (bspw. Franke & Ruwisch 2010; Krauthausen 2018).

Die Bildungsstandards legen folgende Kompetenzfelder mit der entsprechenden Ausdifferenzierung vor: (1) *Größenvorstellungen besitzen* und (2) *mit Größen in Sachsituationen umgehen*.

> **Größen und Messen**
>
> Größenvorstellungen besitzen:
>
> - Standardeinheiten aus den Bereichen Geldwerte, Längen, Zeitspannen, Gewichte und Rauminhalte kennen,

- Größen vergleichen, messen und schätzen,
- Repräsentanten für Standardeinheiten kennen, die im Alltag wichtig sind,
- Größenangaben in unterschiedlichen Schreibweisen darstellen (umwandeln),
- im Alltag gebräuchliche einfache Bruchzahlen im Zusammenhang mit Größen kennen und verstehen.

Mit Größen in Sachsituationen umgehen:

- Mit geeigneten Einheiten und unterschiedlichen Messgeräten sachgerecht messen,
- wichtige Bezugsgrößen aus der Erfahrungswelt zum Lösen von Sachproblemen heranziehen,
- in Sachsituationen angemessen mit Näherungswerten rechnen, dabei Größen begründet schätzen,
- Sachaufgaben mit Größen lösen.

(KMK – Kultusministerkonferenz (2004): Bildungsstandards im Fach Mathematik für den Primarbereich. Beschluss vom 15.10.2004. Luchterhand, S. 11)

»In Bezug auf den Kompetenzbereich Größen und Messen erwerben und vertiefen Kinder im Mathematikunterricht der Grundschule

- Wissen über die Größenbereiche (Längen, Geldwerte, Zeit/Zeitspannen, Masse/Gewicht sowie Flächen und Rauminhalte) und ihre Repräsentanten, Bezeichnungen und Relationen;
- Fähigkeiten in Bezug auf das Messen und das Schätzen von und Rechnen mit Größen sowie die Klassifikation von Messinstrumenten;
- Vorstellungen über Größen im Sinne von Stützpunktvorstellungen« (KMK 2013, S. 7).

6.4.1 »Größen und Messen« als Bindeglied zwischen Arithmetik und Geometrie

Hinsichtlich der komplexen Herausforderungen von Einheiten und Umrechnungsfaktoren sei hier auf den u. g. Entwurf von Wollring & Peter-Koop (2017) im Themenheft *Raum und Form* (Lernen konkret 2017, Heft 4) für den FgE verwiesen (▶ Abb. 6.43; vgl. hierzu Wollring & Peter-Koop 2017, S. 16), die in Bezug zu den o. g. Programmpunkten deutlich die Notwendigkeit von (reduzierenden) Abstrichen für den FgE reklamieren. Sie formulieren hierzu sogenannte *Rückzugslinien*, zu denen jedoch keine Lernumgebungen beschrieben, sondern stattdessen »drei konzeptionsleitende Ideen für Lehrende vorgeschlagen« werden (ebd., S. 17 sowie Peter-Koop, Wollring & Schäfer 2018).

Es geht vereinfacht gesagt darum, im Kontext *Größen und Messen* den Schülern das Beobachten, das Betrachten und das Vergleichen auf der Grundlage geometrischer Eigenschaften näherzubringen (Wie lang? Länger als …? Kürzer als …?), um daran anschließend und aufbauend mit den Größen zu operieren.

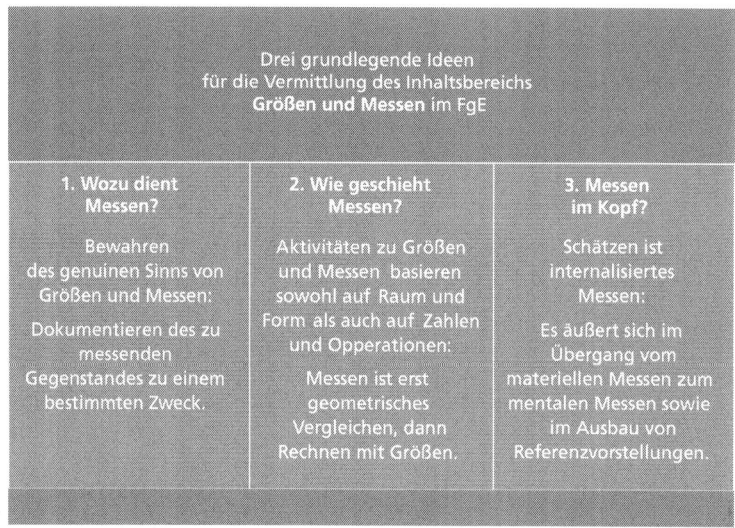

Abb. 6.43: Drei grundlegende Ideen zum Messen im FgE zur Vermittlung der Kernideen des Bereichs Größen und Messen

Stets sind hier die Kontexte und die Einheiten zu beachten. Erst wenn die Schüler auch im FgE Einsichten dahingehend entwickeln, dass der genuine Sinn von *Größen und Messen* die Dokumentation des zu messenden Gegenstands zu einem bestimmten Zweck ist (Idee 1), entstehen tiefergehende Einsichten in Bezug auf die Maßzahlen und die entsprechenden Einheiten, also das *Wie* des Messens (Idee 2).

Das Schätzen von bspw. Längen als internalisiertes Messen bedient sich schließlich Referenzvorstellungen (Türen sind ca. 2 m hoch, das Bett ist meist 2 m lang, der Sportplatz ist 50 m breit und 100 m lang usf.) (Idee 3).

6.4.2 Grundlagen

Deshalb ist es wichtig, dass die Schüler (auch im FgE) von Beginn an, »den Umgang mit entsprechenden Repräsentanten, direkte und indirekte Vergleiche sowie entsprechende sprachliche und mathematische Bezeichnungen« (Peter-Koop & Nührenbörger 2012, S. 90) üben.

Ohnehin kommen auch Lernende mit geistiger Behinderung meist nicht ohne Vorwissen zu den Größenbereichen in die Schule: Sie waren schon mit zum Einkaufen und hörten, wie teuer etwas ist oder wir billig etwas wurde, sie mussten schon irgendwo vermutlich »5 Minuten warten«, sie sind stolz, wieder gewachsen zu sein, und sie hören im Auto die Entfernungen, die es noch zurückzulegen gilt.

Wir knüpfen also auch hier an die Vorerfahrungen an und sollten die Interessen am Vergleichen (ohne Maß) und dann am (standardisierten) Messen, am Wiegen, am Ablängen usf. unbedingt nutzen (Hasemann & Gasteiger 2014; Spiegel & Selter 2008).

Zugleich gilt es, die fachdidaktischen Grundlagen zu berücksichtigen bzw. auch um diese zu wissen. Wann sprechen wir von Maßzahlen und von Einheiten, was sind Größen und Größenbereiche und worin unterscheiden sich hier die Größenbereiche Geld und Zeit von den anderen Bereichen (▶ Tab. 6.6; vgl. hierzu weiterführend Roth o. J.)?

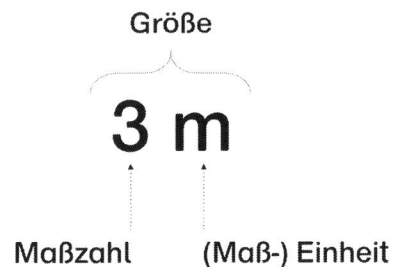

Abb. 6.44: Größe aus Maßzahl und Maßeinheit

Maßeinheiten (wie bspw. m, l, kg) sind standardisiert und dienen dem indirekten Vergleichen: 10 cm sind immer gleich lang, sie sind durch das Maß Meter (mit definierter Länge, dem Urmeter)[7] gegeben. Erst dadurch können wir die Größen der Schüler in der Klasse vergleichen und notieren und Entfernungen standardisiert und vergleichbar benennen.

Ebenso verhält es sich mit anderen Größen, was besonders beim Gewicht durch die analoge Waage (nicht digital – auf der Digitalwaage sehen wir nur die Ergebnisse) verdeutlicht werden kann (auch hier sind 10 g stets gleich schwer, zumindest am selben Ort, wenn wir hier zusätzlich den Druck berücksichtigen wollen).

In der Regel finden sich in den Schulen analoge Haushalts- und/oder Rechenwaagen, die konkret erkennen lassen, wenn etwas gleich ist (100 g = 100 g), etwas ist also gleichschwer (Äquivalenzrelation) (▶ Tab. 6.6; vgl. dazu Peter-Koop/Nührenbörger 2012, S. 90 und Schipper 2015b, S. 230). Direktes Vergleichen ist in Teilen möglich, jedoch an Bedingungen gebunden, wie bspw. an den Ort und die Zeit: Möchten wir die Größen zweier Kinder vergleichen, müssen beide Kinder (auch zur selben Zeit) am selben Ort sein, damit wir sie unmittelbar (direkt) vergleichen können; wir stellen sie nebeneinander und sehen den Unterschied oder die Gleichheit.

Größen und deren Ordnung lassen sich aber noch anders unterscheiden:

- **Gewichte** (1 kg), **Raum-** (1 m^3) und **Flächeninhalte** (1 m^2) und **Längen** (1 m) sind Größen,
- wohingegen **Zeitpunkte** (15.00 Uhr) Skalenwerte auf einem Messgerät (der Uhr) sind und

---

[7] Hier in der Definition von 1983: *1 Meter ist jene Strecke, die das Licht im Vakuum in 1/299.792.458 Sekunden zurücklegt.*

- das **Geld** eine Zählgröße (15 €) (keine Messgröße) ist. Zudem ist Geld eine instabile (Stichwort Inflation) und nicht (international) standardisierte Maßeinheit.

Eine gute Übersicht hierzu bieten Wittmann & Müller (1997; 2012d, S. 4 f.; außerdem in Spiegel & Selter 2008, S. 76), wenn sie die Größenordnungen einschließlich der Relationen der Einheiten zueinander sowie möglicher Stützpunktvorstellungen vorstellen (▶ Tab. 6.6). Solche Vorstellungen sind wichtig auch für das spätere Schätzen als mentales Messen – bspw. das Wissen darum, dass eine Tafel Schokolade 100 g und ein mittelgroßes Auto ca. 1 t wiegt oder in einem Putzeimer 10 l Wasser sind und die Tore auf dem Sportplatz 100 m entfernt stehen. Die Kassette (wie dies im Beispiel noch gezeigt wird) als Stützpunkt für 1 dm dürfte den Kindern heute weniger nützen, zugleich zeigt dies, wie auch Medien und dahingehende Überlegungen stets dem historischen Wandel unterlegen sind.

Tab. 6.6: Übersicht zu den wesentlichen Größen in der Primarstufe

	Repräsentanten	Einheiten	Äquivalenzrelation	Ordnungsrelation
Zeit (Spannen)	Vorgänge, Handlungsabläufe (Dauer eines Films)	1 Jahr, 1 Monat, 1 Woche, 1 Tag, 1 h, 1 min, 1 s	dauert genauso lange wie	dauert kürzer als, dauert nicht so lange wie, dauert länger als
Geld (Werte)	Münzen, Geldscheine, Waren	1 €, 1 Cent (Dollar, Rubel)	wertgleich, ist genauso viel wert wie, ist genauso teuer wie	ist weniger wert als, ist mehr wert als (kostet mehr als, ist billiger als)
Längen	Ketten, Stäbe, Strecken (Straßen)	1 km, 1 m, 1 dm, 1 cm, 1 mm	deckungsgleich, gleiche Länge, ist ebenso lang wie	ist kürzer als, ist länger als
Massen (Gewichte)	Steine, Lebensmittel, Personen	1 t, 1 kg, 1 g, 1 mg	gleichschwer, ist genauso schwer wie	ist schwerer als, ist leichter als
Rauminhalte, Hohlmaße (Volumen)	Töpfe, Flaschen, Eimer, Kannen usf.	1 l (1 hl, 1 ml) (1 m^3, 1 cm^3)	inhaltsgleich, hat genauso viel Inhalt wie	hat weniger Inhalt als, hat mehr Inhalt als
Flächeninhalte	Spielfelder, Platten, Lege- und Einheitsplättchen	(1 km^2, 1 ha, 1 a, 1 m^2, 1 cm^2, 1 mm^2)	zerlegungsgleich, hat genauso viel Fläche wie	hat weniger Fläche als, hat mehr Fläche als

Zu den wesentlichen Größenbereichen, die in der regelhaften Grundschule behandelt werden, gehören Längen, Geldwerte, Gewichte (Massen), Zeitspannen, Flächeninhalte und Rauminhalte. Die Empfehlungen der Didaktik der Mathematik schlagen zur Einführung von Maßeinheiten die Gliederung gemäß Tabelle 6.7 vor (u. a. Roth o. J.) (▶ Tab. 6.7; vgl. dazu Roth o. J., S. 4). Die Ausrichtung findet sich auch in den Mathematikbüchern und Differenzierungsmaterialien wieder, die neben den zahlreichen Übungen zur Arithmetik immer wieder Übungen zu den Bereichen einbeziehen (bspw. Zahlenbuch 2, S. 98 f.; Zahlenbuch 3, 86 ff.; Zahlenbuch 4, S. 128 f.).

Betrachten wir die Maßeinheiten und deren Relationen zueinander (1 m ist so lang wie 100 cm bzw. 1 m = 100 cm), erkennen wir bereits erste Hürden im FgE hinsichtlich des Zahlenraums, in dem sich die Schüler in weiten Teilen bewegen. Während nämlich im regelhaften Entwicklungsverlauf die Schüler zum Ende des 2. Grundschuljahres im Zahlenraum bis 100 operieren (Addition und Subtraktion) und somit auch entsprechende Vorstellungen auf dem Maßband einordnen können, stellt dieser Zahlenraum (bis 100) für einen großen Teil der Schüler im FgE eine Herausforderung über die gesamte Schulzeit hinweg dar (ausführlich hierzu Ratz 2012, S. 133 ff.).

Tab. 6.7: Zur Einführung von Maßeinheiten in der Grundschule

	Klasse 1	Klasse 2	Klasse 3	Klasse 4
Zeit (Spannen)	Tageseinteilung: Stunden (h)	Jahreseinteilung: Monate, Wochen, Tage	s, min	
Geld (Werte)	€ (Euro, Cent)			
Längen		m, cm	dm, mm, km	
Massen (Gewichte)			kg, g	t, mg
Rauminhalte, Hohlmaße (Volumina)			l, ml	hl, m^3
Flächeninhalte			m^2	

Diese Auflistung kann (und darf) also lediglich eine Orientierung sein und hinsichtlich der zu berücksichtigenden Maßeinheiten Hilfestellungen geben. Ein weiterer Anknüpfungspunkt kann die sogenannte *didaktische Stufenfolge* sein, die in ihrem Aufbau modifiziert mal mit sechs und mal mit sieben Stufen gezeigt wird (Hasemann & Gasteiger 2014, S. 205; hierzu auch Franke & Reinhold 2016, S. 305 ff.).

Die Darstellungen im weiteren Verlauf orientieren sich an der didaktischen Abfolge in Franke & Ruwisch (2010, S. 184 ff.; Hasemann & Gasteiger 2014; außerdem Bräunling & Reuter 2017, S. 44 f.) sowie der Erweiterung um die Stufe 6 (Aufbau von Größenvorstellungen), je mit entsprechenden Einschätzungen für den Unterricht im FgE:

6.4 Größen und Messen

1. Erfahrungen in Sach- und Spielsituationen sammeln,
2. direktes Vergleichen von Repräsentanten,
3. indirektes Vergleichen mit Hilfe selbst gewählter Maßeinheiten,
4. indirektes Vergleichen mit Hilfe standardisierter Maßeinheiten, Messen mit verschiedenen Messgeräten,
5. Umrechnen: Verfeinern und Vergröbern der Maßeinheiten,
6. Aufbau von Größenvorstellungen,
7. Rechnen mit Größen.

> Bedingt durch die Heterogenität der Schülerschaft sei hinsichtlich der Hinzunahme der Stufenfolge grundsätzlich darauf verwiesen, dass die Stufen im Zusammenhang mit der Förderplanung eine Orientierung in Bezug auf vorhandene Kompetenzen und Bedarfe geben können, jedoch nicht im Sinne einer zwingenden Abfolge nach festgelegtem Zeitfenster erfolgen kann (vgl. hierzu auch Peter-Koop 2001, S. 6 ff.).
>
> Während die 4. Stufe schon eine Herausforderung sein kann, stellt spätestens die Stufe 5 (also das Umwandeln von bspw. m in cm) ein komplexes Aufgabenfeld dar, das nur wenige Schüler im FgE ohne Hilfestellung im Verlauf der Schulzeit erfassen.
>
> Zugleich darf dies unter keinen Umständen zu einem Vorenthalten solcher Entwicklungschancen durch eine unangemessene Unterrichtsgestaltung führen!

1. *Erfahrungen in Sach- und Spielsituationen sammeln*: Die Schüler auch im FgE kommen mit entsprechenden Vorerfahrungen zur Schule:
   – zum *Vergleichen* und zum *Ordnen* (bspw. größer – kleiner, länger – kürzer, schwerer – leichter),
   – zu den verschiedenen *Maßeinheiten* (Zeit – gleich, später, bald; Geld – teuer, billig, mehr, weniger; Längen – weit, kurz, weiter, länger),
   – zum *Messen* (Uhren, Waagen, Zollstock).

   Diese Erfahrungen gilt es zu nutzen, um dahingehend auch im Rahmen eines Vorhabens konkret an entsprechende Themen anknüpfen zu können (bspw. Mein Körper: Wer ist wie groß? Wer ist größer? Verkehrserziehung: Wie weit sind die Wege? Wie breit ist der Gehweg? Uhrenwerkstatt: Verschiedene Uhren kennen lernen, Zeitspannen und Dauer empfinden usf.) (Hölzel 2014c, S. 46 ff.; Nührenbörger 2014, S. 42 ff.).

2. *Direktes Vergleichen von Repräsentanten*: Auf dieser Stufe geht es um das Verdeutlichen von Relationsbegriffen (so groß wie, kleiner als, größer als). Auf dieser Stufe spielen auch die unmittelbaren Vergleiche der Schüler untereinander eine Rolle.

   Die damit verbundenen zweistelligen Relationen (also das »größer als«) bedeuten immer, zwei Dinge miteinander zu vergleichen und den Unterschied zugleich als Differenz erkennen zu können. Auf dieser Stufe sind zwei Aspekte zu berücksichtigen:
   – Die zu vergleichenden Objekte müssen sich zur selben Zeit am selben Ort befinden. Zudem wird es schwierig, wenn die Gegenstände sehr groß oder sehr klein sind (bspw. 1 km oder 1 mg).

– Ein Wesensmerkmal von Ordnungsrelationen ist, dass sich die Relationen aufeinander beziehen, sie sind transitiv (wenn a > b und b > c dann ist a > c). Auch im Eingangsbereich im FgE kann es schon hilfreich sein, den Schülern zu vermitteln, dass nicht alle Repräsentanten direkt und unmittelbar verglichen werden können bzw. das alleinige Betrachten möglicherweise nicht ausreichen kann (bspw. beim Vergleich von Zeitspannen, bei Preisen usf.) (Franke & Ruwisch 2010, S. 186 f.). Mit Verweis auf Lorenz (1992) kann hier sogar ein Förderansatz darin liegen, diese Schwierigkeiten (ebenso wie die Einsicht in das Transitive) aufzugreifen und im Unterricht hierauf ein besonderes Augenmerk zu richten. Einer Untersuchung von Ruwisch (2008) zufolge scheinen Kinder grundsätzlich Relationen in ihrer Transitivität besser zu erfassen, wenn sie visuell erfassbar sind, als wenn sie durch Messen bspw. von Massen durch Gewichte erfahren wird.

3. *Indirektes Vergleichen mit Hilfe von selbst gewählten Maßeinheiten*: Hier beginnt (auf der Grundlage der bisherigen Erfahrungen) das Bemühen um ein indirektes Vergleichen. Die Kinder nutzen einen Stab oder ein Seil, um damit ein ungefähres Ergebnis zu erhalten (der Stock ist etwa so lang, wie die Tür breit ist – jedoch nicht so lang wie die Seite des quadratischen Tisches – also passt der Tisch nicht durch die Tür). Auch die eigenen Körpermaße (bspw. die Fußlänge, der Finger oder die Handlänge) als »*leibliche Erfahrungen*« sind wichtige und immer verfügbare Repräsentanten.

Für den Unterricht im FgE ist dieses unmittelbare Erleben des Messens einerseits wichtig und auch für schwächere Schüler ein Zugang, komplexe Vorgänge körperlich erfassen zu können (Lorenz 1992; Winter 2001), zugleich weisen Peter-Koop (2001) und Franke & Ruwisch (2010) auf die damit einhergehende mögliche Entwicklung von Fehlvorstellungen hin: Durch das quantitative Betrachten der gewählten Maßeinheiten (bspw. Fuß) kann bei den Kindern der Eindruck entstehen, dass das Messen mit dem Zählen (nämlich der Anzahl der gesetzten Fußlängen) gleichzusetzen sei. Durch diesen arithmetischen Blick wird eine konzeptionelle Abgrenzung von Längen, Flächen und Volumina nachhaltig erschwert. Hier gilt es also abzuwägen zwischen Vorteilen des ganzheitlichen Blicks und den Nachteilen des nicht fachlichen Messens. Durch das Hinzunehmen eines dritten Repräsentanten wird das indirekte Vergleichen auf zwei Arten möglich:
– Ein drittes Objekt wird als beweglicher Vergleichsrepräsentant genutzt.
– Ein drittes Objekt wird als ausmessender Vergleichsrepräsentant genutzt.

Zugleich kann den Schülern durch die gegebenen Unzulänglichkeiten eigener Maßeinheiten (unterschiedliche Ergebnisse bei unterschiedlichen Füßen) die Notwendigkeit von standardisierten Einheiten verdeutlich werden, was bereits den Übergang zur nächsten Stufe darstellt.

4. *Indirektes Vergleichen mit Hilfe standardisierter Maßeinheiten, Messen mit verschiedenen Messgeräten*: In der Regel können wir schon in der Primarstufe die Neugier der Kinder sehen, ihre normiert gemessenen Größen zu erfahren (Wann brauche ich keinen Kindersitz mehr?) und die Veränderungen im Laufe der kommenden Wochen (Monate/Jahre) zu beobachten.

Dies kann bspw. in der Unter- und Mittelstufe eine spannende Beobachtungsaufgabe sein, wenn die Schüler der Klasse ihr Wachstum in einer Tabelle notieren und diese Entwicklungsschritte dauerhaft präsent und für alle einsehbar sind. Die sich daraus ergebenden Gesprächsanlässe wiederum regen zum weiteren Forschen an: Werden wir auch *schwerer*? Wie *lange* dauert das Wachstum an? Wachsen die Lehrer *auch noch*? Die tabellarische Darstellungsform ist da im Übrigen eine gelungene Querverbindung zum Inhaltsbereich Daten, Häufigkeit und Wahrscheinlichkeiten der Bildungsstandards (KMK 2004) (▶ Kap. 6.5).

»Das Messen mit standardisierten Einheiten ist das Herzstück beim Aufbau des Größenverständnisses überhaupt und unabdingbar für die Entwicklung von Größenvorstellungen« (Franke & Ruwisch 2010, S. 191), konkret geht es hier um folgende Aspekte:
- Das Messen mit den drei Kernideen: (1) Finden der Einheit, (2) Anwendung der Einheit und (3) systematische Gliederung der Einheit (Peter-Koop & Nührenbörger 2012, S. 92);
- Den Aufbau von Skalierungen auf Messgeräten erfassen;
- Die Besonderheit der Null: Es gibt keine Messung mit null, das Ergebnis ist immer »> 0«; Null benennt auf der Skala den Ausgangspunkt für das Messen (Lineal: nicht der Rand; Geodreieck: Nullpunkt liegt in der Mitte; Stoppuhr: erst auf null setzen);
- Messgenauigkeit: Die Einheiten sind entsprechend zu wählen (Entfernungen zwischen Städten in km, Stärke der Münze in mm) (Franke & Ruwisch 2010).

Auf dieser Stufe wird für den Unterricht im FgE die inhaltliche Komplexität deutlich, und nicht selten beginnen dahingehende Einsichten erst im Sekundarstufenbereich I und verdichtend im Sekundarstufenbereich II (also im Rahmen der Abschlussstufe und der berufsorientierenden Maßnahmen). Wie oben beschrieben, sind nicht zuletzt die großen Hürden einerseits die Begrifflichkeiten, die für die Schüler wie Fremdwörter zu erfassen sind, andererseits spielt der Zahlenraum eine wesentliche Rolle: Sowohl für das Ablesen der Uhrzeit als auch für das Umwandeln von Einheiten bei Längen und beim Geld (cm nach m usf.; Cent nach Euro) sind die Fähigkeiten im Zahlenraum bis 60 bzw. bis 100 sowie die Einsicht in das Dezimalsystem notwendig. Die genaue Betrachtung des Lineals (auch mit den Schülern eine gute Übung) lässt schön den analogen dekadischen Aufbau erkennen, den es zu durchdringen gilt.

Zugleich sind hier auch die o. g. Zählprinzipien von Bedeutung, denn auch hier muss in der stabilen Reihenfolge und genau zuordnend gezählt werden; und auch hier bedeutet die zuletzt genannte Zahl die Menge des zu zählenden Geldbetrags (Kardinalzahlprinzip).

Anders verhält es sich bei Längen, Gewichten sowie Raum und Flächeninhalten und der Zeit, denn diese werden anhand spezifischer Skalen gemessen, abgelesen bzw. berechnet. Bedingt durch die räumliche Dichte auf der Skala können die Angaben der Millimeter nur bedingt berücksichtigt werden. Eine für den Unterricht im FgE enorme Herausforderung, die dadurch unterstützt bzw. hinsichtlich der Erkenntnis entwickelt werden kann, indem ein an der Tafel oder auf Übungsblättern vergrößertes Lineal mit den Schülern gemeinsam beschriftet wird.

Hier muss es zunächst nicht um den Maßstab gehen, und auch das Messen mit diesen größeren Einheiten steht nicht im Mittelpunkt. Vielmehr soll hier den

Schülern vermittelt werden, dass die Skalenwerte zwischen den cm-Angaben für die Millimeter stehen. Der 10. Millimeterstrich ist jedoch (im Sinne des Bündelns) schon der nächste cm-Strich. Diese Feinheiten können dann am großen Modell verdeutlicht werden.

5. *Umrechnen (Verfeinern und Vergröbern der Maßeinheiten)*: Diese Stufe wird in der Regel nur von wenigen Schülern im FgE auch nur in Ansätzen beherrscht. Die geforderten Fähigkeiten sind in ihrer Komplexität so groß, dass in der Praxis meist eine Schnittmenge zu den Schülern zu erkennen ist, die auch die Division und Multiplikation (> 100) beherrschen (▶ Abb. 6.45; vgl. hierzu auch Roth o. J., Folie 3.1.29, in Anlehnung an Franke & Ruwisch 2010, S. 196). Es sind also nur wenige Schüler, wir sprechen hier von einigen wenigen Prozent der Schülerschaft im FgE (vgl. hierzu auch die Ausführungen in Ratz 2012; Schäfer, Peter-Koop & Wollring 2019).

Empirische Erkenntnisse liegen hierzu keine vor (die o. g. Einschätzungen beziehen sich auf eigene Beobachtungen im Kontext der Arbeiten von Ratz 2012), dennoch sind auch diese Felder zu berücksichtigen. Möglicherweise sind auch deshalb weniger Schüler in der Lage, Maßeinheiten umzurechnen, weil es in den einzelnen Schulstufen zu wenig berücksichtigt wird. Konkret geht es hier um folgende Kompetenzen; dargestellt am Beispiel Meter:

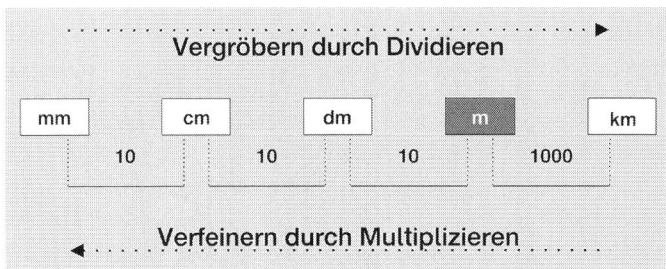

Abb. 6.45: Vergröbern und Verfeinern im Größenbereich Längen durch Dividieren und Multiplizieren

Was können wir also anbieten, um auch den Schülern im FgE angemessene Übungsräume und einen dahingehenden Erkenntnisgewinn zu ermöglichen?
– Zunächst einmal ist das Einbeziehen des Umrechnens der Maßeinheiten grundsätzlich wichtig, und zwar schon von Beginn an! Jedoch in Schritten; im Eingangsbereich kann es im FgE bspw. Gegenstand sein, beim Zeichnen mit dem Lineal bis zu den cm-Strichen zeichnen zu lassen, die Schüler erkennen so immer länger werdende Striche. Hier geht es auch um ein Versprachlichen von Mathematik (das Lineal, cm, zeichnen (ich zeichne), Linie, Gerade, Punkt usf.). Hier ist es auch sinnvoll (in Anlehnung an die Sprachförderung/Sprachheilpädagogik bspw. auch in der Grundschule), Plakate zum Wortspeicher zu nutzen. Hier gilt es auf die Reduktion von Komplexität zu achten (weniger ist mehr); wohl dosierte Darstellungen in angemessener Form können auch schon im Primarbereich im FgE hilfreich sein.

- Zur Entlastung des mentalen Speichers sind Übersichten hilfreich, die die Relationen der Maßeinheiten zueinander verdeutlichen können. Dies kann entweder grundsätzlich und mit allen o. g. Größenbereichen im Klassenbild berücksichtigt werden (▶ Tab. 6.6) oder im Sinne von Reduktion jeweils nur zu den aktuellen Bereichen (Uhrenwerkstatt: s – min – h; Verkehrserziehung: cm – m – km; usf.). Diese Übersichten können auch im Lauf der Zeit mitwachsen und erweitert werden. Die Schüler bekommen für den Arbeitsplatz die Taschenausgaben in DIN A4.

  Die Lehrmittelverlage bieten hierzu mittlerweile eine große Auswahl zu erschwinglichen Preisen an (bspw. www.Betzold.de: Mathe-Wissen auf einen Blick – Klasse 3 bis 4). Die Abbildungen in DIN A3 sind auch aus fachlicher Sicht für den FgE geeignet.

- Nach der ersten Annäherung in der Primarstufe (Unterstufe) und der entsprechenden Weiterentwicklung der numerischen Kompetenzen (Zahlenraumerweiterung) können sich die Schüler auch hin zur Oberstufe (also in den Schulbesuchsjahren 7, 8 und 9) mit der weiteren Ausdifferenzierung (analog etwa zu den Einheiten des 3. Grundschuljahres) (s. o.) beschäftigen.

  Hierbei erscheint es immer wieder hilfreich, wenn zu den jeweiligen operativen Handlungen (also dem Umgang mit den Einheiten) die entsprechenden Handlungen mit den Messgeräten intensiv geübt werden. Die Komplexität der Vielfalt der Messgeräte darf in diesem Zusammenhang nicht unterschätzt werden; das, was sich die Kinder im regelhaften Grundschulbereich meist spielend (sozusagen nebenbei) anzueignen wissen (bzw. aufgrund kognitiver Leistung erfassen können), müssen die Kinder und Jugendlichen mit geistiger Behinderung oft und intensiv, begleitet und wiederholend üben und vertiefen, wir unterscheiden

  a. zwischen digitalen und analogen Messgeräten (mit wiederum unterschiedlichem Produktionsalter) sowie

  b. einfachen und komplexen Skalen und Darstellungsformen.

- Die in der Grundschule meist sogenannte Sortentrennung bezieht sich auf die Kommaschreibweise, die beim Umwandeln in größere Einheiten auftritt. Folgende Darstellungsformen finden wir hier und können dies den Schülern auch im FgE zutrauen, die sich im Zahlenraum bis 100 bewegen und eine Idee vom Stellenwertsystem haben. Schließlich ist gerade dies beim Umgang mit Geld von herausragender Bedeutung (▶ Abb. 6.46).

Abb. 6.46: Darstellungsformen im Größenbereich Geld

Weiterführende fachdidaktische Hinweise, die dann auch für den FgE sachdienlich sind, finden sich bei Franke & Ruwisch (2010), Peter-Koop & Nührenbörger (2012) sowie Bitter (2018).

6. *Aufbau von Größenvorstellungen*: Auch im FgE erwerben viele Schüler über die Schuljahre hinweg Grundvorstellungen zu Größenangaben (auf unterschiedlichen Niveaus). Doch diese Vorstellungen entwickeln sich nicht von alleine, sondern sollten immer wieder im Sinne von Stützpunktwissen und Stützpunktvorstellungen aufgegriffen und sprachlich begleitet werden, bspw.
   - *Zeit*: Durch das tägliche Beschäftigen mit dem Stundenplan und dem Tagesablauf fällt es hier relativ leicht, den Schülern die vollen und halben Stunden und die Uhrzeiten zu verdeutlichen (Frühstück um 10.00 Uhr, Mathematik um 11.00 Uhr und Sport um 14.00 Uhr). Dennoch sollte dies neben dem täglichen Üben auch in spezifischen Einheiten aufgegriffen werden (s. u.) (Hölzel 2012a).
   - *Geld*: Kinder und Jugendliche finden das Geld wichtig, sie erleben dies auch zu Hause. Klassenkasse, der wöchentliche Einkauf, der Besuch im Schulcafé und spezifische Projekte dienen dazu, die Entwicklung von Stützpunktvorstellungen zu begleiten (Die Tüte Milch kostet ca. 1 € und das Brot ca. 2 €, das Brötchen ca. 30 Cent.) (Grassmann 2013, S. 9 f.).
   - Ähnlich verhält es sich auch bei den *Längen* und *Gewichten* sowie den *Raum-* und *Flächeninhalten*; auch hier sind über die Schulzeit hinweg immer wieder Orientierungshilfen zu geben, bspw. im Kontext Hauswirtschaft: Wie viel wiegt etwas und wozu brauche ich die Waage? 250 g Butter kann ich sofort dazu geben und für 50 g der Schokolade kann ich die Schokolade in der Mitte teilen – dies sind Aspekte, die die Entwicklung sogenannten Stützpunktwissens (▶ Abb. 6.47) sinnhaft begleiten und dieses für die Schüler im FgE konkret werden lassen.

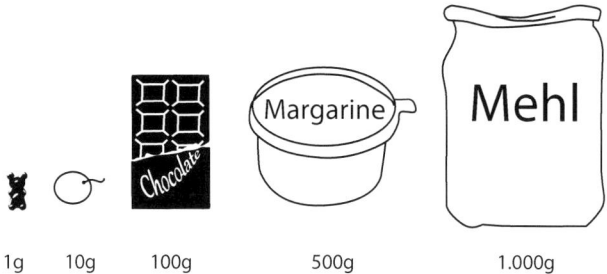

Abb. 6.47: Beispiele für Gewichte im Kontext Hauswirtschaft

7. *Rechnen mit Größen*: Das formale Rechnen mit Größen (vorausgesetzt, wir befinden uns in derselben Einheit) unterscheidet sich kaum vom eigentlichen Zahlenrechnen. Franke & Ruwisch (2010) nennen folgende Rechenoperationen (vgl. ebd., S. 201 f.):
   - *Addieren* von zwei Größen derselben Art (3 kg Äpfel und 4 kg Äpfel);
   - *Subtrahieren* von zwei Größen derselben Art, sofern der Minuend größer ist als der Subtrahend (1.500 g Kirchen – 800 g Kirchen);
   - *Vervielfachen* einer Größe (4 mal 8 kg Birnen);

- *Ausmessen* einer Größe (Divisionsaspekt des Aufteilens) (12 kg Erdbeeren in Körben zu je 2 kg sind auf 6 Körbe aufgeteilt);
- *Teilen* einer Größe (Divisionsaspekt des Verteilens) (12 kg Erdbeeren auf 6 Körbe verteilt ergibt ein Gewicht pro Korb von 2 kg).

Damit es hier nicht zu Rechenfehlern kommt, müssen die Umwandlungszahlen sicher beherrscht und grundsätzlich die Zusammenhänge der Operation beachtet werden. Hier liegt ein besonderes Augenmerk für die Mathematik im FgE: Durch das in der schulischen Geistigbehindertenpädagogik notwendige Üben und das redundante Aufgreifen von Aufgabenformaten fällt es den Schülern im Handlungsfeld Größen und Messen oft schwer, die Aufgaben zuerst genau zu betrachten und Lösungswege zu erkunden. Oft werden einfach die offensichtlichen Zahlen miteinander in Verbindung gebracht, ohne deren Beziehungen zueinander zu hinterfragen. So kommt es zu den typischen Rechenfehlern noch bis in die Abschlussstufe, die die Didaktik der Mathematik idealtypisch in der Grundschule identifizieren kann (Franke & Ruwisch 2010, S. 65 ff.; Winter 2003, S. 177; Spiegel & Selter 2008, S. 61; Benz et al. 2015, S. 232 ff.).

> Für die didaktische Stufenfolge gilt insbesondere für den FgE grundsätzlich, dass sich diese Aspekte wiederum reflexiv durchdringen müssen. Dies meint, dass alleine das formale Rechnen mit den Größen (bspw. 3 kg + 4 kg) nicht dazu führen kann, dass die Lernenden die o. g. Stützpunktvorstellungen entwickeln können. Vielmehr sind diesbezügliche Fragestellungen in konkrete Sachsituationen einzubinden, sei es in Bezug zur Zeit, zum Geld oder zu Längen und Gewichten.
>
> Gerade der ganzheitlich ausgerichtete Unterricht im FgE bietet eine optimale Grundlage, die es auch zu nutzen gilt. Wichtig (und deshalb erwähnenswert) erscheint stets der Hinweis auf die sachgemäße Ausrichtung und Orientierung an der Didaktik der Mathematik, deren Erkenntnisse ebenso sachdienlich für den Unterricht im FgE sein werden.

6.4.3 Größenbereiche

Die o. g. Ausführungen beziehen sich auf die Größenbereiche im Allgemeinen einschließlich spezifischer Hinweise für den FgE. Nachstehend sollen weitere Besonderheiten und didaktisch-methodische Zugänge zu den Größenbereichen in gebotener Kürze gezeigt und mit Verweisen zur Didaktik der Mathematik vertiefend erläutert werden.

Hierbei nehmen die beiden Größenbereiche (1) *Zeit(-Spannen)* und (2) *Geld (-Werte)* hinsichtlich der unmittelbaren Bedeutsamkeit für die Lernenden im FgE und ihrer späteren (selbstständigen, selbstbestimmten) Lebenswirklichkeit eine exponierte Stellung ein.

Es folgen weiter im Überblick die Bereiche (3) *Längen* und (4) *Massen (Gewichte)* sowie (5) *Raum-* und (6) *Flächeninhalte*.

1. Die Zeit und die Uhr[8]

Vorweg: Die Zeit ist grundsätzlich der für Kinder am schwierigsten zu erschließende und zu verstehende Größenbereich, zugleich sind sie von Anbeginn ihres Lebens in die zeitlichen Abläufe ihres unmittelbaren Umfeldes eingebunden.

Sie erleben mit ihrer Familie den Tagesablauf und die Wochengestaltung einschließlich der Rhythmisierung durch das Wochenende sowie den Ablauf des Jahres und die jahreszeitlichen und wichtigen (ggf. kirchlichen oder traditionellen) Ankerpunkte, wie bspw. das Osterfest und die Sommerferien, die Traubenlese und Obsternte im Herbst, die Adventszeit, die Nikolausfeier und das Weihnachtsfest im Winter mit dem Feuerwerk an Silvester.

Sie wachsen also nicht sukzessive hinein in den Umgang mit diesen Zeiträumen und -abläufen, wie beim Erkunden der unmittelbaren Umgebung vom Nah- zum Fernraum, vom Unbekannten zum Erkundeten und dann Bekannten, sondern sie sind sofort mittendrin und (zumindest zu Beginn) auf die sensible Handhabung durch das familiäre Umfeld, zugleich dann Kita und schließlich Schule angewiesen (Franke & Ruwisch 2010, S. 215).

Durch diese biografisch bedingte Auseinandersetzung beschäftigen sich die Kinder schon vor der Grundschulzeit mit der Zeit und ihrer Ordnung (vgl. bspw. hierzu auch Häring 2017, S. 21 ff.). Sie beginnen zu differenzieren zwischen morgens, mittags und abends (dann auch irgendwann vormittags und nachmittags), sie lesen die Uhr in Stunden und irgendwann in Minuten ab (zumindest beginnen sie damit), sie kennen die Wochentage und Monatsnamen, sie finden ihren Geburtstag im Jahreskreis und fiebern auf den Termin hin, ebenso wie Feste und Feiern nun nicht mehr irgendwann auftauchen, sondern eingeordnet werden können in zeitliche Zusammenhänge.

In diesem Kontext schließen die Ausprägungsgrade (APG) der Entwicklung mathematischen Denkens bezogen auf die Größenbereiche Zeit und Längen im »ElementarMathematischen BasisInterview (EMBI) – Größen und Messen, Raum und Form« (Wollring u. a. 2014) an. Dem Inventar liegt das australische *Early Numeracy Research Project* zugrunde, das analog für Kinder im Alter zwischen 4 und 8 Jahren in deutscher Bearbeitung vorgelegt wurde (Wollring et al. 2014). Damit bezieht das EMBI die beiden letzten Kindergarten- und die beiden ersten Grundschuljahre mit ein. Die »APG beschreiben erreichte Meilensteine (grow pints) in der Entwicklung mathematischen Denkens und verdeutlichen zugleich, welche Meilensteine als nächste erreicht werden sollen« (Benz et al. 2015, S. 244).

Die mit den APG beschriebenen Meilensteine sind vor dem Hintergrund der hierarchischen Gliederung auch eine nutzbare Orientierung und Diagnosehilfe für die Mathematik im FgE. Gleichwohl gilt es hier zu beachten, dass die Lernenden qua ihrer Behinderung nicht mit acht Jahren (somit auch nicht im zweiten Schulbe-

---

8 Die Ausführungen in diesem Abschnitt beziehen sich im Wesentlichen auf die Arbeiten aus Schäfer, H. (2018): Wie die Zeit vergeht! Fachdidaktische Annäherungen an die vergängliche Größe Zeit im Förderschwerpunkt geistige Entwicklung. In: Lernen konkret Heft 4, S. 8–15 (Themenheft Größen und Messen im FgE).

suchsjahr) die o. g. Meilensteine in ihrer Gesamtheit durchlaufen haben bzw. die APG bis zur Stufe 6 erreicht haben werden.

Vielmehr ist auch in diesem Kontext Zeit des Inhaltsbereiches Größen und Messen wohl davon auszugehen, dass sich die Lernenden im FgE sowohl über viele Jahre hinweg mit dem Lernfeld auseinandersetzen müssen (bis in die Sekundarstufen I und II), bzw. an inhaltliche Grenzen (»nur Stunden ablesen können«; »nur Wochentage kennen«) und auch grundsätzliche Grenzen stoßen werden (»gar nicht die Uhr ablesen können«; »die Wochentage in ihrer Abfolge nicht kennen/nicht sagen können«).

Die nachstehende Übersicht zeigt die APG der regelhaften Entwicklung mathematischen Denkens bezogen auf den Größenbereich Zeit.

Ausprägungsgrade im Größenbereich »Zeit« (Wollring et al. 2014, S. 58)

0. Nicht ersichtlich, ob und inwiefern das Kind bereits Einsichten bezüglich zeitbezogener Terminologie und/oder Charakteristika des Ziffernblatts gewonnen hat.
1. Zeitbezogene Terminologie kennen
2. Das Kind verwendet passende Terminologie bezogen auf den Größenbereich »Zeit« und kann einen Tagesablauf der Reihenfolge nach beschreiben.
3. Einheiten zur Zeitmessung benennen
4. Das Kind kennt (einige) Wochentage und Monate.
5. Konventionelles Messgerät benutzen
6. Das Kind kann ein Datum auf dem Kalender korrekt bestimmen und Uhrzeiten ablesen. Ein Zeitpunkt wird mit Maßzahl und Einheit benannt.
7. Standardisierte Einheiten kennen und gebrauchen
8. Das Kind zeigt grundlegende Einsichten in den Aufbau einer analogen Uhr bezüglich der verwendeten Intervalle und der Funktionen der Uhrzeiger.
9. Uhrzeiten auf der analogen Uhr lesen und Beziehungen zwischen verschiedenen Uhrdarstellungen herstellen
10. Das Kind kann Uhrzeiten auf analogen und digitalen Ziffernblättern lesen/darstellen.
11. Zeitdauer und Zeitpunkt berechnen
12. Das Kind kann mit Angabe von Anfangs- und Endzeitpunkt eine Zeitdauer bzw. mit Angabe von Anfangspunkt und Zeitdauer den Endzeitpunkt berechnen.

Mit diesen APG kann zugleich das Handlungsfeld im Größenbereich Zeit umrissen werden. Die Meilensteine geben außerdem das jeweilige nachfolgende Förderziel vor und fokussieren so (an die Bildungsstandards der KMK weitaus differenzierter anschließend, wie Benz et al. 2015, S. 245, feststellen) auf den Größenbereich über die gesamte Schulbesuchszeit hinweg.

Das eingangs beschriebene Eingebunden-Sein in Zeit von Geburt an gilt auch für Kinder und Jugendliche mit geistiger Behinderung. Zusätzlich müssen sich diese in ihrer Kindheit noch mit den Terminen beim Arzt, bei Therapeuten und in der

Frühförderung auseinandersetzen. Oft sind sie durch die komplexen Beeinträchtigungen und die damit notwendige medizinische und therapeutische Versorgung eingeplant (nicht selten verplant), Freiräume und Freizeit (freie Zeiten) im Sinne eines Beschäftigens mit sich selber (und dem wichtigen Entstehen von Langeweile) werden seltener.

Zugleich stellen wir bei Lernenden im FgE (analog zu den anderen Lern- und Entwicklungsfeldern) eine erheblich verlangsamte Entwicklung hinsichtlich der oben skizzierten Kompetenzen im Zusammenhang mit Zeit und Uhr fest. Heute, morgen oder gestern sind in den ersten Schulbesuchsjahren bestenfalls zu füllende Worthülsen und nicht selten resultieren Unruhe (ggf. auffälliges) und störendes Verhalten aus fehlender Einsicht in die zeitlichen Abläufe und zeiträumlichen Strukturen. Sind wir nicht selber dann ruhig und ausgeglichen, wenn uns die Orientierung *in Raum* (»Wo sind wir?«, »Wo müssen wir hin?«) und *Zeit* (»Bin ich zu spät?«, »Habe ich noch Zeit?«, »Wann geht es weiter?«) Sicherheit gibt? Nicht zuletzt, weil Pünktlichkeit in unserem Kulturkreis ein hohes Gut ist, stellt die Beschäftigung mit Zeit auch mit dem Blick auf die spätere Arbeitswelt sowie die Teilhabe am sozialen Leben (»Wann beginnt der Film im Kino?« oder »Wann fährt der nächste Bus/die nächste Bahn?«) ein wichtiges Thema dar.

Somit zeigt sich die Bedeutsamkeit des Lernfeldes Zeit auch im FgE. Die Lernenden gehen morgens zur Schule, ihr Tagesablauf unterliegt während der Woche dem Stundenplan und außerhalb dieser Zeiten der Planung der Familie. Mit zunehmendem Alter werden ihnen kleine Aufgaben (auch in der Schule) übertragen, die wiederum zeitlicher Orientierung bedürfen, und schließlich bedeutet auch die Berufsorientierung pünktliches Erscheinen, Durchhalten von Zeiten (im Sinne von Belastbarkeit), und auch die Produktion und das Arbeiten stehen immer im Kontext Zeit.

Neben dieser (mehr unmittelbaren und alltagsbezogenen) Betrachtung von Zeit sollten wir auch einen Blick auf das Biografische, das Historische werfen: Es geht dabei um das Zeiterleben als solches, um die Veränderlichkeit (auch die Vergänglichkeit) und zugleich um das Vor-uns-Liegende, das Zukünftige und damit das Planbare von Zeit und so schließlich um die Auseinandersetzung mit Geschichte und Fragestellungen von Zukunft und Perspektiven (Pech 2015, S. 6 f.) (s. u.). Damit erfahren Schüler auch im FgE die Unterscheidung

- von objektiver (messbarer) Zeit nach gesellschaftlich vereinbarten Normen und den dafür vorgesehenen Messgeräten wie Kalender und Uhr sowie
- von subjektiver Zeit, die sich individuell und für jeden persönlich verschieden darstellt (Hohnstein 2015, S. 28).

Worum geht es also? Welche Themen sind im Größenbereich Zeit bedeutsam und wie setzen sich die Schüler gewinnbringend mit diesen auseinander? Wie kann Schule und Unterricht dies für Lernende im FgE aufbereiten? Folgende Übersicht (▶ Abb. 6.48) fasst (auch korrespondierend zu den Bildungsstandards) die wesentlichen Handlungsfelder im Größenbereich Zeit zusammen, die im weiteren Verlauf mit Impulsen für die Praxis beschrieben werden sollen.

6.4 Größen und Messen

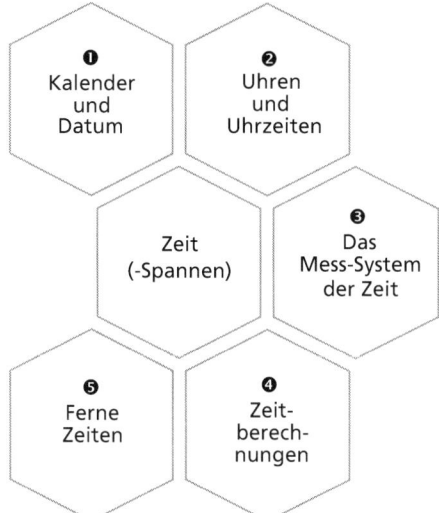

Abb. 6.48: Handlungsfelder im Größenbereich Zeit

Kalender und Datum (1)

Zu den klassischen morgendlichen Ritualen zählen im FgE auch das Aktualisieren, Besprechen und Vorstellen des Kalenders. Für den Grundschulbereich ähnlich, schildert es Hölzel (2014c) anhand eines Abreißkalenders.

Damit bleibt das Datum kein isoliertes Thema im Vorhaben des Sachunterrichts, sondern eine regelmäßige und alltägliche Aufgabe, die auch im Sinne eines Klassendienstes auf Schülerteams übertragen werden kann. »Vorstellungen im Größenbereich Zeit lassen sich nicht durch die Behandlung eines entsprechenden Kapitels im Mathematikbuch anbahnen. Viel wichtiger ist der bewusste Umgang mit Zeit von Anfang an« (ebd., S. 46).

Im Eingangsbereich im FgE gilt der Blick darauf zu richten, welche Schüler schon in der Lage sind, das Datum nachzusprechen oder gar schon einzelne Bestandteile selber formulieren können. Die sprachunterstützenden Gebärden (hier im Beispiel aus der Sammlung »Schau doch meine Hände an«, BeB 2007) dienen als Unterstützung, sie helfen den Schülern, das Wortbild zu erinnern/zu artikulieren (hier: Mittwoch).

Zu Beginn scheint etwa nachstehende Formulierungshilfe zum Datum günstig, alleine um den Schülern eine gewisse Sicherheit im Sprachduktus zu geben (▶ Tab. 6.8).

Wie vielfältig und unterschiedlich das Datum genannt werden kann, zeigen Franke & Ruwisch (2010) am Beispiel des 28.9.2010: »28. September«, »Dienstag, der 28. September«, »28.9.«, »28.9.2010«, »Dienstag, der 28. September 2010«, »28.9.10« (ebd., S. 218). Diese Darstellungsformen können zugleich im FgE (komplexer werdende) Differenzierungsmöglichkeiten für die weiterführenden Klassen sein.

Tab. 6.8: Formulierungsbeispiel des Datums mit Gebärden

Satzbausteine	Gebärden für
»Heute ist Mittwoch,	heute – ist – Mittwoch
der 13. Juni	Juni
2018	
Es ist Frühling	Frühling
und die Sonne scheint«	Sonne

Hier sind die Fähigkeiten der Schüler im FgE sehr unterschiedlich. Während manche Schüler schon recht schnell verstehen, dass nach der »4« die »5« folgt, und damit das Stellenwertsystem genutzt werden kann (also nur die rechte Zahlkarte »4« gegen die Nachfolgerkarte »5« zu ersetzen ist), benötigen andere Schüler noch grundsätzlich Hilfe bei der Suche nach dem Nachfolger der »4«. Wiederum andere Schüler haben verstanden, dass sie sich in der Darstellung des Datums an dem vorliegenden Kalender orientieren können, und lesen hier das Datum ab. Die ganzheitliche Begleitung der Zahldarstellung (Ordnungszahl) zur Betonung der Endsilbe »-te« (der Ers*te*, der Zwei*te*, der Drit*te* bzw. der Elf*te*, der Zwölf*te*, der Dreizehn*te* usf.) können wir im Anfangsunterricht bspw. durch das Klatschen oder Klopfen unterstützen (Hölzel 2014c, S. 47).

In diesem Kontext (Kalender und Datum) sind auch die »in den gemäßigten Zonen der Erde deutlich unterscheidbare(n) Jahreszeiten« (Gebauer & Schrenk 2014, S. 64) zu verorten, die auch für die Kinder und Jugendlichen im FgE durch die Merkmale der sich in unseren Zonen stets wandelnden Lebensbedingungen für die Tier- und Pflanzenwelt wahrnehmbar sind. Hier gilt es zum einen, die aktuelle Jahreszeit durch unmittelbare Erfahrungen erlebbar (ganzheitlich erfahrbar) zu machen, wie bspw.

- das Beobachten der austreibenden Bäume und Pflanzen in der Umgebung (*Frühling*),
- das Ernten des ersten Gemüses und der Erdbeeren im Schulgarten und das Spüren der Schwimmbadtemperaturen (*Sommer*),
- das Sammeln der bunten Blätter des Waldes und das Erleben etwa der Trauben- oder Kornernte (*Herbst*) und schließlich
- das Spüren der Kälte und des Schnees (*Winter*).

Zum anderen erweist es sich (wie bei der Orientierung im Zahlenraum) auch beim Erschließen der Jahreszeiten als günstig, den Kindern das Jahr und dessen Eigenschaften als Ganzes darzustellen. Eine auch für den Unterricht im FgE gelungene Vorlage einschließlich der dafür notwendigen Kopiervorlagen bieten Langemeyer & Langemeyer (2014b) in ihren Überlegungen zum Zeitbewusstsein bei Kindern an. Analog zum Ziffernblatt beginnt die Jahresuhr bei »1« und bewegt sich im Uhrzeigersinn fort. Die farbige Zuordnung der Jahreszeiten zu den Monatsabschnitten bietet den Kindern Orientierungshilfen.

6.4 Größen und Messen

Abb. 6.49: Mögliche Darstellungsform des Kalenders mit Gebärden

Besonders interessant ist der Gedanke, die einzelnen Tage mit der Perlenkette (und dem roten Sonntag) nachzulegen (ebd., S. 75 ff.). Ergänzend bietet es sich an, die Jahresuhr auch mit den persönlichen Interessen der Schüler und den Gegebenheiten vor Ort zu ergänzen, bspw. auch durch eine Klassen- oder eine Schuljahresuhr (Ferien, Termine der Schule und der Klasse, Feste und Feiern, Geburtstage in der Klasse usf.).

Uhren und Uhrzeiten (2)

Analoge und digitale Uhren sind auch für manche Schüler im FgE bereits im Eingangsbereich faszinierend und sie entwickeln intrinsisch einen gewissen Ehrgeiz, die Uhr lesen zu können. Die meisten Lernenden müssen jedoch sorgsam herangeführt werden, und nicht alle Kinder und Jugendlichen im FgE können sich schließlich diese Kompetenz aneignen. Im Sinne eines motivationalen Zugangs kann es für die Schüler im Primarstufenbereich auch interessant sein, die verschiedenen Uhren kennenzulernen und zu vergleichen bspw. durch das Herstellen einer Uhrencollage

(Bilder vieler, verschiedener Uhren aus Katalogen/Prospekten usf. ausschneiden und zu einer Collage zusammenstellen/-kleben).

Es geht aber auch um das Empfinden von Zeit und in diesem Zusammenhang unterschiedlichen Zeitspannen. Das Sprechen (später vielleicht auch das Philosophieren) über Zeit können wir schon mit den Lernenden zum Beginn der Schulzeit einbeziehen: Auch Kinder mit geistiger Behinderung bringen ein Empfinden mit für kurze oder lange Phasen, und es ist spannend zu beobachten, wie die Schüler das Verrinnen des Sandes verfolgen (auch das Warten bewusst aushalten) und die Sanduhren nicht selten nach kurzen und längeren Zeitspannen zu ordnen beginnen (▶ Abb. 6.50).

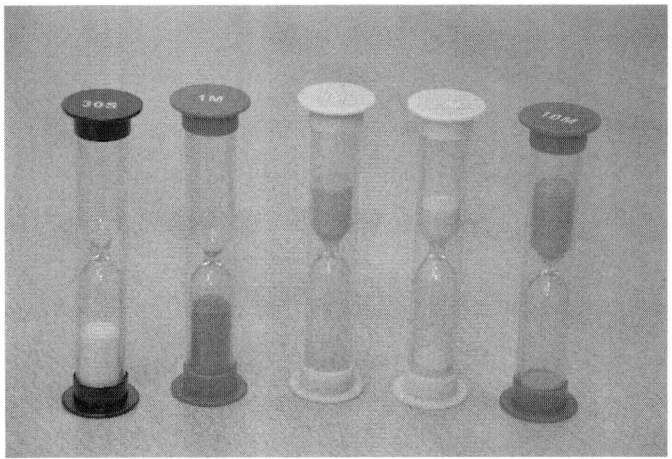

Abb. 6.50: Sanduhren mit Laufzeiten von 1 Minute bis 10 Minuten

Zur Sensibilisierung in der Wahrnehmung von Zeit und einer Vorstellung von Zeitspannen als einem besonderen Größenbereich (Häring 2017) bieten sich im FgE ganzheitlich ausgerichtete Übungen an, die bewusst das Erleben, das Wahrnehmen, das Schätzen und Einordnen von Zeit ermöglichen: Wie lange dauern Unterrichtsgänge im Schulhaus? Wie lange kann ich beim Tauchen im Schwimmbad die Luft anhalten, auf einem Bein stehen bzw. hüpfen? Wie lange dauert das Mittagessen, die Mathestunde oder meine Busfahrt zur Schule?

Zur Visualisierung des Erlebten können die Zeitspannen in einer Tabelle, bspw. mit Hilfe eines Uhrenstempels, angelegt werden. Je nach Dauer können dann analog zur Darstellung des *TimeTimers* Sekunden oder Minuten markiert werden (vgl. hierzu die Abbildung aus der Praxis, ▶ Abb. 6.51), die Zeitspannen werden in der unteren Spalte des Stempels eingetragen (die in anderen Übungssequenzen für den Übertrag der digitalen Uhrzeit gedacht ist). Der Uhrenstempel (sowie andere Stempelmodelle) ist zu beziehen für derzeit 12.90 € bei www.wiemann-lehrmittel.de.

Wenn wir über Uhren sprechen, können wir auch den Blick auf die (historische) Entwicklung der Uhren richten und neben den Analog- und Digitaluhren die

6.4 Größen und Messen

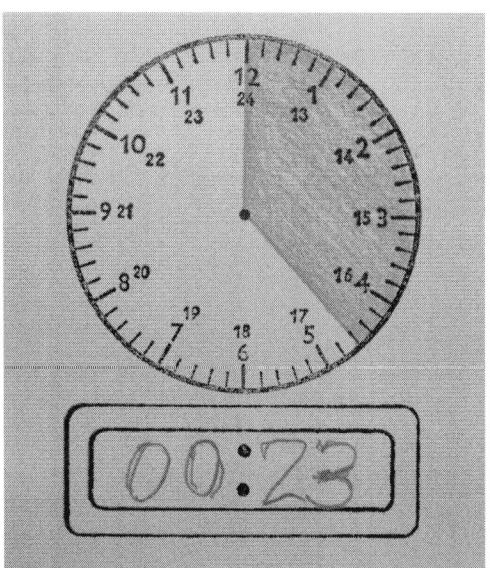

Abb. 6.51: Visualisierung mit dem Uhrenstempel

Sanduhren, die Sonnenuhren, Wasseruhren sowie Lampen- und Kerzenuhren vorstellen und nachbauen (Zolg 2014, S. 51). Alle diese Uhren dien(t)en dem Messen und der Angabe von Zeit (Sonnenuhr) bzw. Zeitspannen (etwa die Sanduhr), jedoch erst konventionelle Vereinbarungen (Stichworte: Weltuhr; Weltzeit, Zeitzonen, Sommer- und Winterzeit usf.) machten die Zeitangaben intersubjektiv vergleichbar und stellen heute Verbindlichkeit her. Und erst wiederum so können die selber hergestellten Sanduhren skaliert werden:

- Der Sand verrinnt vom oberen Glas in das untere Glas (die beiden Deckel sind miteinander verklebt, in deren Mitte je ein Loch gestanzt),
- auf das Kreppband an den Seiten der Gläser werden die Minutenstriche aufgetragen
- und von der Uhr im Klassenraum werden die vergehenden Minuten mit einem Strich auf dem Kreppband übertragen.

Geeignete Hinweise zur Herstellung von Elementaruhren (und deren Skalierung) finden sich in Zolg (2014, S. 56 ff.) und für die weitere Differenzierung bspw. auch im Sekundarstufenbereich I und II im Themenheft von Hildebrandt & Hildebrandt (2014). Dieses Heft wurde in erster Linie für den Unterricht im Förderschwerpunkt Lernen entwickelt, jedoch kann es als Orientierung und mit etwas Phantasie und Modifikation auch gut für die älteren Schüler geeignet sein (bspw. hier die Skalierung der Sanduhren oder später die Umrechnung analoger und digitaler Angaben usf.)

Ganz konkret ist es für die Schüler im FgE schließlich wichtig, den Aufbau und die Funktionalität der Uhr kennen zu lernen und zu erfassen. Vorweg die Grundlagen:

Das Ziffernblatt ist in 12 Abschnitte eingeteilt, der kleine Zeiger (*Stundenzeiger*) benötigt eine Stunde von einer Ziffer zur nächsten, der große Zeiger (*Minutenzeiger*) umrundet das Ziffernblatt in 60 Minuten, der *Sekundenzeiger* benötigt zur Umrundung 60 Sekunden (Franke & Ruwisch 2010) (s. u. Lernwörter Uhr).

Das Herstellen einer eigenen Uhr mit Ziffernblatt und den beiden Zeigern für die Stunden und die Minuten ist für die Schüler motivierend (▶ Abb. 6.52); beginnend kann das Einstellen der Stundenzeiger geübt (»Stelle bitte 3 Uhr ein!«) und entsprechend den individuellen Fähigkeiten der Schüler vertieft und über die Stufen hinweg ausgebaut werden (»Stelle bitte 15.30 Uhr ein!«). Kopiervorlagen finden sich hierzu bspw. in Jansen (1999) und Langemeyer & Langemeyer (2014a). Eine weitere Form der Visualisierung auch für die Darstellung von 12- und 24-Stunden-Unterteilungen ist das Übereinanderlegen der beiden Formate; je nach Bedarf oder auch zur Kontrolle kann die Karte mit »4« über der »16« liegend aufgedeckt werden.

Abb. 6.52: Uhren selber bauen

Für das sachlich stimmige Veranschaulichen der mit einander in Verbindung stehenden Zeigerbewegungen (dreht sich der Minutenzeiger, bewegt sich etwas langsamer hierzu auch der Stundenzeiger) eignen sich spezifische Übungsuhren mit Zahnradfunktion (bspw. www.betzold.de).

> **Lernwörter Uhr**
>
> Stundenzeiger, Minutenzeiger, Sekundenzeiger, Ziffernblatt und Ziffern, Stundenstriche, Minutenstriche

Das Messsystem der Zeit (3)

Meist beschäftigen wir uns als erste Maßeinheit mit dem Tag (Franke & Ruwisch 2010, S. 221 ff.). Der Tag ist überschaubar, und eine erste Gliederung in morgens, mittags und abends ist mit Aktivitäten verbunden, die den Kindern auch im Primarbereich im FgE geläufig sind: Aufstehen, Zähneputzen, Frühstücken, zur Schule fahren, Lernen und Arbeiten, Mittagessen usf. (Langemeyer & Langemeyer 2014a). Die u. g. Werkstätten bieten entsprechende Übersichten für den Tag an, die es dann in die zeitliche Reihenfolge zu bringen gilt (s. u. Info-Box Werkstatthefte Zeit/Kalender). Entsprechende Formen der Differenzierung bieten dann sprachliche Zugänge an, wie etwa davor und danach oder vorher und später.

> **Werkstatthefte Zeit/Kalender**
>
> - Roland Bauer & Renate Schmelzle (2006): Kalender/Zeit. Cornelsen Verlag.
> - Frauke Jansen (1999): Die Zeit- und Uhrenwerkstatt. Verlag an der Ruhr.
> - Saskia Bohnenkamp & Ute Luther (2008): Zeit. Buch Verlag Kempen.
> - Birgit Brandenburg (2009): Erforsche die Zeit. Kohlverlag.
> - Dorothee Raab (1999): Rechnen mit Uhrzeit und Kalender. Carlsen Verlag.
> - Heide Hildebrandt & Rüdiger Hildebrandt (2014): Größen aktiv entdecken. Zeit. Größenvorstellungen entwickeln – mit Maßeinheiten rechnen. Persen Verlag.

Eine auch für den FgE schöne Idee wird im Beitrag von Lüken (2014a; 2014b) mit der Geschichte des kleinen Käfers Immerfrech von Eric Carle vorgestellt, indem die Kinder den kleinen Käfer durch den Tag begleiten und sich dabei mit den vollen Stunden beschäftigen. Für den vorhabenbezogenen Unterricht in Verbindung mit Deutsch, Kunst und Theater kann dies für Kinder mit geistiger Behinderung eine bereichernde und zugleich abwechslungsreiche Grundlage in der Auseinandersetzung mit dem abstrakten Themenfeld Zeit sein.

Gerade für Lernende im FgE sind hinsichtlich zeitlicher Abfolgen konkrete Stützpunktvorstellungen zu entwickeln, die als Orientierungshilfen jeweils Sicherheiten im Tagesablauf bieten können, wie etwa das Schulfrühstück um 10.00 Uhr oder der Schulchor um 14.00 Uhr gemäß Stundenplan. Analog hierzu können im Wochenverlauf Stützpunkte gefunden werden (wie das Schulcafé am Mittwoch oder das Fußballtraining am Freitag) (Benz et al. 2015, S. 257 ff.), und auf das Jahr bezogen dienen wiederum Feste und Feiern der Orientierung im Zeitraum (vgl. das Beispiel Geburtstagskalender von Bobrowski 2008, S. 33 ff.).

Aufbauend auf dieses erste Überblickswissen im Messsystem Zeit müssen sich die Lernenden mit den Maßeinheiten auseinandersetzen. Die (international) vereinbarte Systematik birgt für die Lernenden im FgE zugleich die erste große und oft unüberwindbare Hürde, denn die Einheiten im unmittelbaren Größenbereich Zeit sind weder dekadisch (also im 10er-System) aufgebaut, noch sind die Abkürzungen insgesamt geläufig (▶ Tab. 6.9) (Franke & Ruwisch 2010, S. 221 ff.). Als Ausnahmen sind die sehr kleinen und sehr großen Bereiche zu nennen (die Zehntel- oder die Hundertstelsekunde oder das Jahrzehnt oder das Jahrhundert). Eine weitere Erschwernis liegt zumeist darin, dass das Ablesen der Uhrzeit an Zählkompetenzen von mindestens bis 12 (erweitert bis 24) gebunden ist, die darüber hinausliegenden Minutenangaben bemühen den Zahlenraum bis 60.

Tab. 6.9: Abkürzungen und Umrechnungsfaktoren der Größe Zeit

Einheit (Abkürzungen Lat.)	Bezeichnung	Umrechnung
1 s (pars minuta secunde: der zum zweiten Mal verminderte Teil)	Sekunde	60 s = 1 min
1 min (pars minuta prima: der erste verminderte Teil)	Minute	1 min = 60 s
1 h (hora)	Stunde	1 h = 60 min
1 d (dies)	Tag	1 d = 24 h
1 Woche	Woche	7 d = 1 Woche
1 m (mensis)	Monat	1 m = 28 d bis 31 d
1 a (annus)	Jahr	1 a = 365 d oder 366 d

Gegenüber diesen Erschwernissen können wir im Primarstufenbereich im FgE feststellen, dass die Beschäftigung mit der Uhrzeit wiederum die Zählkompetenzen auf sinnvolle Weise zu stärken scheint: Das Üben der Uhrzeiten mit vollen (und dann erweiternd mit halben und viertel) Stunden wirkt auf die Schüler motivierend, sodass die Zahlwortfolge sozusagen nebenbei gestärkt bzw. sogar ausgebaut werden kann. Ein geeignetes und je nach Ideenreichtum vielfältiges Übungsmaterial bietet hierzu der klasseneigene Stundenplan, mit dem sich die Schüler auch in Form eines Freiarbeitsmaterials zusätzlich zu den täglichen Übungen zur Uhrzeit eigenaktiv auseinandersetzen können (Zuordnung der Stundenplaninhalte zu den jeweiligen Uhrzeiten – je in Variation mit der digitalen und/oder analogen Darstellung der Uhrzeit).

Zeitberechnungen (4)

Bei Zeitangaben wird zwischen dem Zeitpunkt (08.00 Uhr) und der Zeitdauer (25 Minuten) unterschieden. Dadurch lassen sich Zeitberechnungen auch nicht in der üblichen Form als Gleichung aufschreiben. Stattdessen erfordern Zeitberechnungen die Verknüpfung von Anfangszeit, Zeitdauer und Endzeit; aus zwei der drei Daten wird also das dritte Datum berechnet (vgl. hierzu die Variation in Abbildung 6.53; vgl. hierzu auch Roth o. J.).

Außerdem lassen die Bezeichnungen für die Einheiten (anders als bspw. bei »m«, »cm« und »mm«) keine Beziehungen zwischen den Einheiten erkennen (s, min, h, d, a), was zudem erheblich das Umrechnen erschweren kann (▶ Abb. 6.54; vgl. hierzu weiterführend Roth o. J., Folie 61).

Mit diesen Aufgabenstellungen (Zeitdauer, Umrechnen von Einheiten) sehen sich Schüler im FgE im Alltag weniger direkt konfrontiert (meist ist es doch das Ablesen der Uhrzeit); dennoch sollten auch diese komplexeren Aufgabenstellungen entsprechend den Möglichkeiten der Schüler nicht zuletzt als Herausforderung im Sinne einer anschlussfähigen Differenzierung nach oben (bspw. zur Vorbereitung

6.4 Größen und Messen

oder

Wochentage	Schlafenszeit		Dauer der Schlafphase
	von	bis	
Montagnacht	21.40 Uhr	06.45 Uhr	9 h 5 min
Dienstagnacht	21.45 Uhr	06.30 Uhr	8 h 45 min
Mittwochnacht	21.30 Uhr	06.25 Uhr	8 h 55 min

Abb. 6.53: Mögliche Zeitangaben als Zeitdauer

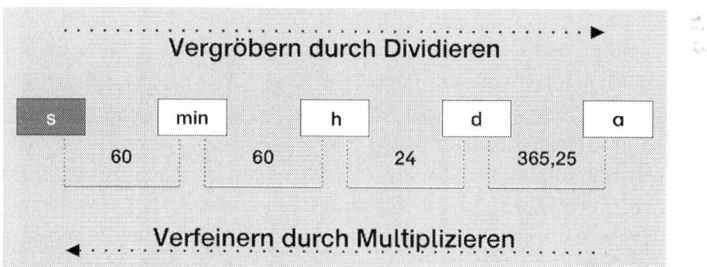

Abb. 6.54: Vergröbern und Verfeinern

auf ein späteres Berufsvorbereitungsjahr oder eine theoriereduzierte Ausbildung o. Ä.) in den Unterricht einfließen.

Hier bieten sich Visualisierungen bspw. auf einem Zeitstrahl an, um zunächst die Herangehensweise zu erläutern; also das darzustellen, was zu errechnen sein wird. Als eine für Jugendliche im Sekundarstufenbereich FgE erfassbare Vorgehensweise erweist sich das schrittweise Vorgehen auf einer Zeitschiene als günstig: In 30- bzw. 60-Minuten-Schritten erschließen die Schüler den Zeitraum und addieren schließlich die Minutenwerte (▶ Abb. 6.55).

Schüler, die in diesem Kontext arbeiten, können sich auch vertiefend mit Materialien aus dem Primarbereich (3. und 4. Klasse; Themenhefte, Klammerkarten) beschäftigen, ergänzend sei auf die medialen Angebote aus der Lernwerkstatt 10 bzw. aus dem Budenberg-Programm verwiesen.

Ferne Zeiten (5)

Das Fließende der Zeit bezieht sich nicht nur auf den Tag, die Woche, den Monat und das Jahr, sondern auch auf das Vergangene und das Zukünftige im Erleben der

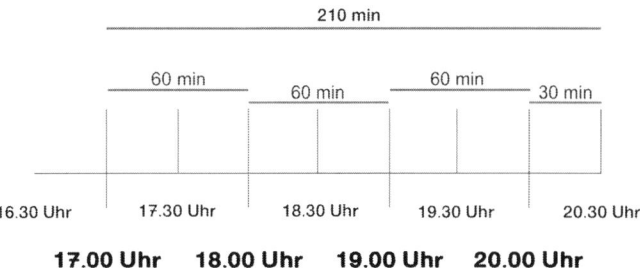

Abb. 6.55: Mögliche Erschließungsform der Zeitdauer

Kinder und Jugendlichen. Konkret: auf die Vergangenheit und die Zukunft. Im Hinblick auf diesbezügliche Kompetenzen von Grundschulkindern (und dahingehende Vorurteile) geht Schreiber (2014) in ihrem Beitrag klärend und für den Lerngegenstand Zeit bestärkend ein und auch für Kinder und Jugendliche mit geistiger Behinderung können wir reklamieren, dass der Umgang mit Geschichte Lerngegenstand sein kann (und muss).

Fachdidaktisch tragfähige Überlegungen für den Unterricht im FgE finden sich in Musenberg & Pech (2011, S. 4) unter dem Gesichtspunkt des historischen Lernens (aktuell auch Schäfer 2019b). Dass wir mit diesen komplexen Herausforderungen nicht bereits im Primarbereich umfassend beginnen, versteht sich von selbst, mögliche Zugänge zur Verdeutlichung von Geschichte und Vergangenem über die Schulstufen hinweg mit je steigendem Abstraktionsniveau können sein:

- die Auseinandersetzung mit der Geschichte der eigenen Familie (Eltern, Großeltern usf., aufgezeigt am Stammbaum),
- die Beschäftigung mit der Geschichte des eigenen Wohnortes (Collagen zu den verschiedenen Orten) und der Schulstadt (als besonders erlebnisreich werden historische Stadtführungen empfunden) sowie
- spezifische Fragestellungen, wie z. B. Telefonieren früher und heute (alte Fahrzeuge, alte Münzen, Waschen früher und heute, Technik früher und heute usf.) (vgl. hierzu auch das Themenheft Praxis Grundschule: Zeit; Heft 6, 2015).

Und auch in die Zukunft können wir unter dem Aspekt »(5) Ferne Zeiten« mit Schülern im FgE blicken, wenn wir bspw. im Zusammenhang mit berufsorientierenden Maßnahmen über Arbeitszeiten und Berufswünsche sprechen und mit Blick auf das spätere Wohnen die individuellen Vorstellungen der zukünftigen Lebens- und Wohnformen (z. B. im Rahmen einer Zukunftswerkstatt) betrachten.

Tatsächlich handelt es sich also bei der Größe Zeit um eine besondere Größe, wie Häring (2017) es zu beschreiben weiß. Eine besondere Größe, die auch die Schüler im FgE unmittelbar berührt und deren Aufarbeitung über die gesamte Schulzeit hinweg bedeutsamer Lerngegenstand sein muss. Vor dem Hintergrund der komplexen Zusammenhänge von

- wiederkehrenden Jahreszeiten → (1) Kalender und Datum,
- Zeiten und Zeitspannen → (2) Uhren und Uhrzeiten,
- und der Berechnung der Zwischen(zeit)räume → (3) Zeitrechnungen,
- deren Einheiten, Umrechnungen und Maße unter- und zueinander → (4) Das Messsystem der Zeit,
- sowie den vergangenen und zukünftigen Geschehnissen → (5) Ferne Zeiten

scheinen Kinder und Jugendliche mit geistiger Behinderung die zur Erfassung notwendigen Kompetenzen in ähnlicher Weise zu entwickeln; jedoch geschieht dies (vergleichbar mit bzw. auch bedingt durch das Feld der Arithmetik) erheblich langsamer und stößt in Teilen an erhebliche Hürden und schließlich finale Grenzen.

Dies kann zugleich die Notwendigkeit einer fachdidaktisch fundierten und an den Bedarfen der schulischen Geistigbehindertenpädagogik ausgerichteten didaktischen und methodischen Aufbereitung des Lernfeldes verdeutlichen (Schäfer 2017a). Je nach individuellem Entwicklungsfortschritt müssen sich die Lernenden im FgE (sowohl hinsichtlich der subjektiven als auch objektiven – und hier normativ ausgerichteten – Wahrnehmung von Zeit) kontinuierlich mit den Herausforderungen zum Kalender und Datum sowie der Uhrzeiten und des Berechnens von Zeit auseinandersetzen können. Eine fachwissenschaftlich tragfähige und an die Bildungsstandards anschließende Orientierungshilfe bieten hierzu die in diesem Kapitel eingangs dargestellten Ausprägungsgrade (APG) im Größenbereich Zeit nach Wollring et al. (2011, S. 58). Schließlich sichert die Gewährleistung einer solchen bildungstheoretischen Ausrichtung die Entfaltung eines möglichst selbstbestimmten Lebens und die Teilhabe in beruflichen und gesellschaftlichen Zusammenhängen.

2. Geld(-Werte)

Durch die unmittelbare Betroffenheit im täglichen Geschehen stellt der Größenbereich Geld auch für die Lernenden im FgE ein sehr attraktives Lernfeld dar (Bitter 2018), und betrachtet man die Vorstellungen der Bildungsstandards, geht es darum, adäquate Wertvorstellungen sowie Stützpunktwissen aufzubauen (KMK 2004, S. 11).

Jedoch anders als etwa bei Längen (die Höhe der Tür liegt bei ca. 2 m) unterliegen die Geldwerte regionalen, nationalen und zeitlichen Besonderheiten und Schwankungen; zugleich spielen individuelle Vorlieben und finanzielle Möglichkeiten eine Rolle: 50 € kann in Verbindung mit einem Paar Schuhe ebenso stehen wie ein Betrag von 200 €. Eine für den FgE geeignete erste Übersicht zu Stützpunktvorstellungen im Zusammenhang mit der Größe Geld und für die Kinder und Jugendlichen bekannten Produkten zeigt hierzu Bitter (2018).

Die Größe Geld verfügt (bedingt durch die unterschiedlichen Währungen der Länder) über keine standardisierte Maßeinheit, Geld ist eine Zählgröße und die Währungen in den Ländern sind unterschiedlich. »Das bedeutet, dass man sich mit dem Größenbereich Geldwerte nicht ausschließlich aus mathematisch-struktureller Sicht beschäftigen kann, dass Fragen, die mit der Rolle des Geldes in der Gesellschaft zu tun haben, nicht ausgeklammert werden können. Dabei spielen ökonomische, philosophische und auch soziale Fragen eine Rolle« (Grassmann 2013, S. 10), die mit den Lernenden im FgE sensibel und in angemessener Reduktion zu besprechen sein werden (bspw. Stichworte wie Lohn und Gehalt, Einkauf von Bio-Produkten usf.).

Im Größenbereich Geld gibt es keine Messgeräte, wie bei Längen oder Gewichten, der Geldwert wird durch verschiedene Faktoren bestimmt (insbesondere Angebot und Nachfrage, Qualität), und die Kinder und Jugendlichen müssen stets zur Entwicklung eines Geldwertgefühls reale Preisvorstellungen entwickeln, also eine Idee davon haben, was man für einen 1 €, für 5 € oder für 10 € bekommen kann.

Für die Lernenden im FgE birgt die Komplexität der Größe Geld von Beginn an zwei zentrale Hürden, die durch die u. g. Thematisierung in den verschiedenen Bereichen aufgearbeitet werden kann:

- Die Anzahl der Münzen (bspw. auch das Gewicht des Kleingeldes) gibt noch keine Auskunft über den Geldwert.
- Die Beträge (bspw. der Preis) können nur durch die Münzen und Scheine zusammengesetzt werden (es gibt keinen 7-Euro-Schein) (Franke & Ruwisch 2010).

In Anlehnung an Grassmann et al. (2008) nennt Bitter (2018) drei aufeinander aufbauende Phasen im Umgang mit Geld, die jedoch nicht linear durchlaufen werden müssen. Die Auseinandersetzung mit diesen Phasen stellt zugleich im FgE eine sich gegenseitig durchdringende Übungsform dar:

- *Kennenlernen und naiver Umgang mit Geld* (allgemeine Fragen zum Geld; Geld und der Umgang damit sind tägliches Thema, wie bspw. im Zusammenhang mit der Klassenkasse, dem Einkauf usf.),
- *Vergleichen* (direktes und indirektes Vergleichen von Geldbeträgen, auch Wechseln von Geld, Vergleichen von Preisen),
- *Rechnen* (Rechnungen bspw. in Einkaufssituationen; Überschlagen und Abschätzen von Beträgen).

Grundsätzlich empfehlen sich bei der Beschäftigung mit der Größe Geld solche Lernumgebungen, die ein aktiv-entdeckendes Lernen zulassen (Scherer & Moser Opitz 2010). Bitter (2018) nennt in seinen aktuellen Ausführungen für den FgE folgende Aufgabentypen (im Sinne eines Aufgabenpools), die sich dementsprechend in einen für den FgE wichtigen handlungsorientierten Unterricht über die Stufen hinweg einbetten lassen:

- *Auseinandersetzung mit dem Euro-Zeichen* (Erkennen und Schreiben des Zeichens),
- *Auseinandersetzung mit Münzen und Scheinen* (Sortieren und Zuordnen, einfache Übungen ohne rechnenden Kontext),
- *Entwicklung von Stützpunktvorstellungen* (Die Schüler verbinden mit dem Betrag von bspw. 10 € einen bestimmten Gegenstand oder eine Situation wie den Kinobesuch.),

- *Bestimmung von Geldbeträgen* (Auszählen einer bestimmten Konstellation an Münzen/Scheinen),
- *Geldbeträge legen* (Zusammenstellung von Beträgen mit echtem Geld/mit Spielgeld nach vorgegebenen Aufgaben)
- *Geldbeträge ergänzen* (Ein vorgegebener Teilbetrag wird auf den Endbetrag hin ergänzt.),
- *100 Cent = 1 €* (Eine wichtige Umrechnung ist der Wechsel von Cent zu Euro – eine große Hürde durch das Handeln im 100er-Zahlenraum. Umso wichtiger ist für die Kinder und Jugendlichen im FgE wiederum das ständige Üben auch mit konkretem Material.).
- *Bündeln* (Durch das Bündeln bspw. von zehn 1-€-Münzen zu wiederum einem 10-€-Schein fällt es den Schülern mit zunehmenden Übungseinheiten leichter, auch die Zusammensetzung und die Relationen der Beträge zueinander zu erfassen. Entsprechend den Schwierigkeitsgraden und den Fähigkeiten der Schüler ist das Material auszuwählen: Die Anforderungen der Multiplikation von 5-mal 2-€-Münzen zu einem 10-€-Schein oder – noch schwerer – zu 2-mal 5-€-Scheinen führen nicht wenige Schüler im FgE an ihre Grenzen.) Das Bündeln von Münzen zu nächstgrößeren Einheiten ist daher zugleich eine für die Lernenden im FgE wichtige Übungsform, da durch die immer gleichen Geldstapel das Zählen auch visuell unterstützt wird. Zugleich wird dabei auch das simultane Erfassen von bis zu 5 angeregt und die Kraft der 5 genutzt (Krauthausen 2018).
- *Geldbeträge vergleichen* (Geldbeträge – auch in unterschiedlichen Darstellungsformen – werden verglichen: 130 Cent < 1,50 €. Die Auseinandersetzung der Schüler im FgE mit diesem Format führt zu einer flexibleren Auseinandersetzung, stellt aber zugleich eine für viele Schüler schwierige Aufgabenstellung dar, da je nach Vorgaben auch umgerechnet werden muss.),
- *Geldbeträge addieren* (Eine der klassischen Aufgabenstellungen in den Lehrwerken der regelhaften Grundschulpädagogik. Durch die Berücksichtigung des Einkaufens an den SFgE können diese Handlungen konkret nachgestellt bzw. entsprechend unterrichtlich vorbereitet werden),
- *Geldbeträge subtrahieren* (Auf diesem Wege können bspw. die Nettowerte von Pfandprodukten bestimmt werden, entweder im Einzelfall: Bruttobetrag – Pfand = Nettobetrag, oder im Gesamtfall: Bruttobetrag aller Einkäufe abzüglich aller Pfandwerte ergibt den Nettobetrag),
- *Geldbeträge multiplizieren* (Hier geht es um die Identifizierung des Gesamtbetrags beim Kauf mehrerer Teile eines Produkts, bspw. 5-mal 5 € sind zusammen 25 €. Schnittstellen zu dieser Übungsform sind die Arbeiten zur Multiplikation im Allgemeinen, sodass durch den Bezug zum Geld konkrete Anreize geschaffen werden können.),
- *Preise dividieren* (Dies bezieht sich auf den konkreten Einkauf, wenn z. B. der Einzelpreis aus einem Paketangebot zu errechnen ist. Zusätzlich erschwert wird diese Handlung dadurch, dass die Preise in der Regel mit –,99 enden und so dieser Wert durch bspw. 6 Anteile oder 8 Anteile zu teilen ist. Der Unterricht im FgE zeigt, dass die Schüler bei solchen Aufgabenstellungen vom Überschlagsrechnen – in diesem Fall vom Aufrunden – profitieren. Bei –,99 wird zum nächsten vollen Euro gerundet und damit weitergerechnet: Statt 3,99 wählt man den Dividenden

4 und teilt durch 4 Anteile. Der Quotient wird für die Lernenden im FgE nun berechenbar: Statt 3,99 € : 4 steht nun 4 : 4 als Rechnung. Jeder Anteil kostet (überschlagen) 1 €.),
- *Überschlagen* (Im Vordergrund stehen die sogenannten Näherungswerte, bspw. 0,50 € statt 0,49 € oder 1 € statt 0,99 €. Dies dient sowohl der Addition beim Einkauf, um den maximalen Zahlbetrag schnell ermitteln zu können, oder als Vereinfachung bei weiteren Berechnungen, wie etwa der Division (s. o.) oder der Multiplikation bei Mehrfachkauf.),
- *Einkaufssituationen* (Eine im regelhaften Grundschulbereich sowie auch in den weiterführenden Schulen eher seltene Form stellt gerade in der SFgE ein Alleinstellungsmerkmal dar. Alleine die Vorbereitung – also der Blick in den Kühlschrank, das Überlegen und Besprechen in der Klasse, das Notieren auf dem Bestellzettel und das Überschlagen der Kosten – bietet schon zahlreiche und sehr konkrete Fragestellungen und wöchentliche mathematische Anlässe auf allen Abstraktionsebenen, s. u.).

Zentrales Element in diesem Zusammenhang ist – neben dem Entfalten von Stützpunktvorstellungen – das Umwandeln, durch das die Schüler mit gleichen Größenangaben rechnen können. Auch die oft gewählte Schreibform bei Warenauszeichnungen muss thematisiert werden, um Rechenfehler möglichst vermeiden zu können. Hier werden meist für Beträge unter einem Euro Striche genutzt (-,99), zugleich wird die Einheit € ausgelassen.

Die Ausführungen zu den Aufgabenformaten und Übungsformen zeigten bereits, dass hier unterschiedliche Schwierigkeitsgrade vorliegen. Dies bedeutet jedoch nicht, dass komplexere Aufgaben zwingend erst in den oberen Klassen thematisiert werden sollten. Vielmehr erscheint es hilfreich, sowohl im Zahlenraum als auch in der Komplexität zu reduzieren. Entsprechende Hinweise für den FgE am Beispiel des Zahlenbuchs (Wittmann & Müller 2012a bis 2012d) gibt Bitter (2018):

»Beim Zahlenbuch (…) wird das Thema Geld in den Gesamtkontext eingebunden, so dass nach der Erarbeitung eines Zahlenraums, Aufgaben zur Größe Geld basierend auf dem jeweiligen Zahlenraum gestellt werden. Auf dieser Grundlage werden im Zahlenraum bis 10 erst nur Euro-Münzen und -Scheine (1 €, 2 €, 5 € und 10 €) thematisiert. Im Zahlenraum bis 20 wird durch Hinzunahme des 20 €-Scheins der Zahlenraum erweitert.

Hinzu kommt noch, dass nach dem Arbeiten mit diesen Münzen und Scheinen auch die 10 Cent und 20 Cent Münze eingeführt wird. Zudem steht die Erarbeitung im Fokus, dass 1 € gleich 100 Cent sind. Im Zahlenraum bis 100 werden dann alle Münzen und Scheine außer dem 200 € und dem 500 €-Schein eingeführt und behandelt. (…)« (ebd.).

Mit Bezug auf die o. g. Ausführungen zur Aneignungstheorie sowie u. a. zum Modell der Zahl-Größen-Verknüpfung (ZGV) nach Krajewski (2013) können sich die hier genannten Phasen auch ergänzen bzw. durchdringen (▶ Kap. 6.2). Eine zwingende Abfolge darf nicht zu einem rezeptartigen Abarbeiten der Buchvorlagen führen (weiterführend Schneider, Küspert & Krajewski 2013).

Die oben gezeigte Vorgehensweise kann als Orientierung, als Ideenpool bei der Erarbeitung der Größe Geld dienen. »Allerdings können die Lernvoraussetzungen der Schüler einen anderen Zugang ermöglichen, so dass die Grenzen der Zahlenräume überschritten werden können. So kann ein Schüler, der im Zahlenraum bis 20 noch Additions- und Subtraktionsaufgaben löst, evtl. schon alle Münzen und Scheine benennen und weiß, dass zwei 50 €-Scheine zusammen 100 € ergeben« (Bitter 2018).

Einen geeigneten diagnostischen Zugang zeigt Bitter (2018) mit einem insgesamt vierseitigen Lernkompetenzraster zur Größe Geld auf: Entsprechend den oben beschriebenen Formaten bietet es für den Lehrer Möglichkeiten, die Kompetenzen der Lernenden einzuschätzen und hieraus wiederum Förderziele über die Schulstufen hinweg zu entwickeln.

Im Bereich Geld spielt dann insbesondere die altersgemäße mediale Aufbereitung eine Rolle: Während in den ersten Schulbesuchsjahren (Primarstufe) die Medien des regelhaften Grundschulbereichs nutzbar sind (wie oben beschrieben u. a. die Zahlenbuchreihe von Wittmann & Müller 2012a usf.), wirken die Darstellungen für Jugendliche ab dem Teenageralter nicht mehr altersgemäß, obwohl die Anforderungen für den FgE aus mathematischer Sicht durchaus entwicklungsgerecht sind. Ein Patentrezept gibt es hier nicht und der Lehrer bzw. das Team der Klasse ist gefordert, angemessene Angebote zusammenzustellen. Aus fachlicher Sicht bietet das Kompetenzraster einen geeigneten Orientierungsrahmen (Downloadmöglichkeiten unter www.lernenkonkret.de).

Historisch bedingt wird der Größenbereich Geld (und der Umgang mit diesem) im FgE oft nicht der Mathematik zugeordnet, sondern fächerübergreifend in Projekten behandelt. Aus fachlicher Sicht birgt dieses Vorgehen den Nachteil, dass eben weniger der Blick auf die Fachdidaktik gerichtet wird und die oben gezeigten Aspekte (mitunter) unberücksichtigt bleiben. Gerade die fachlichen Herausforderungen jedoch sind es, die die mathematische Perspektive auf den Größenbereich Geld erforderlich machen (bspw. auch in Verbindung mit diagnostischen Fragen und der Darstellungsmöglichkeit in einem Lernkompetenzraster).

Erst auf dieser Grundlage werden fächerübergreifende Angebote und eine ganzheitliche Aufbereitung fruchtbar, erst dann entfalten sie Transfermöglichkeiten über die Ebenen der zunächst konkreten Darstellung hinaus (Enaktiv – Ikonografisch – Symbolisch).

Diese ganzheitliche Aufbereitung stellt Grassmann (2013) auch für den regelhaften Grundschulbereich fest, für das Erfassen des Lernfeldes sind außerunterrichtliche Erfahrungen unerlässlich und im FgE umso wichtiger. Während die Altersspanne im Grundschulalter (sowie die bedingt durch die Klassenstärken erheblich eingeschränkte Mobilität) nur ein begrenztes Arbeiten in realen Situation zulassen kann (bspw. das regelmäßige Einkaufen im Kontext lebenspraktischer Bildung), bietet sich die Altersstruktur im FgE dazu an, in den weiterführenden Klassen (Sekundarstufe I und II) den oben skizzierten fächerübergreifenden Ansatz (bei gleichzeitigem Achten der fachlichen Aspekte) zu nutzen (Franke & Ruwisch 2010, S. 231 ff.).

Beispielhaft seien folgende Möglichkeiten genannt:

- Der Besuch einer Sparkasse: Die örtlichen Sparkassen als Landeskassen bieten in der Regel sehr kundenorientiert Beratungen und Führungen in der Bank selber an: »Wo

wird eingezahlt?«; »Wie ziehen wir das Geld am EC-Automaten?«; »Wie wird das Geld sortiert?« und schließlich der Blick in den Tresor sind für die Kinder und Jugendlichen interessante Erfahrungen sowohl im direkten Umgang mit dem Geld als auch mit Blick auf die spätere möglichst selbstständige Lebensführung.
- *Schülerfirma*: Nicht selten entstehen im Zuge berufsorientierender Maßnahmen sogenannte Schülerfirmen, die in kleinem Rahmen Einnahmen generieren und Kosten (also Rechnungen) nach dem Einkauf zu begleichen haben. Sie müssen Buch führen über die Einnahmen und die Ausgaben und somit ganz konkret mit dem Geld arbeiten. Über Gewinne freuen sie sich natürlich ebenso, und auch das Arbeitsfrühstück im Café der Stadt gehört als Lohn dazu.
- *Schulcafé/Schulkiosk*: Ein beliebtes Beispiel und zugleich eine optimale Umsetzungsform ist der Cafébetrieb in der Schule selber, durch den sowohl der Firmencharakter mit den Einnahmen und Ausgaben abgebildet, als auch unter hauswirtschaftlichen Gesichtspunkten Backen, Kochen und Dienstleistungen (Bedienen, Kasse) geübt werden können.
- *Hauswirtschaft*: Nicht nur im Schulcafé lassen sich hauswirtschaftliche Belange in Verbindung mit dem Größenbereich Geld realistisch abbilden. Auch beginnend mit dem wöchentlichen Einkauf für das Frühstück oder das Kochen mit den Klassen bieten sich günstige Möglichkeiten, wie sie auch von Schipper, Ebeling & Dröge (2017c, S. 251 ff.) beschrieben werden: Ermittlung des Bedarfs, Kostenermittlung und Feststellung des zur Verfügung stehenden Betrags, Einkauf und Bezahlen an der Kasse, Durchsicht des Kassenzettels und Kassenabschluss.

Weitere Ausführungen finden sich in Franke & Ruwisch (2010, S. 231 ff.) sowie mit einem Plädoyer für die Anwendungs- und Strukturorientierung der Mathematik (entgegen einer zu vereinfachten Auffassung der Beziehung zwischen Sache und Mathematik) in Krauthausen (2018, S. 152).

Darüber hinaus kann es auch interessant sein (hier sollten der Kenntnisstand und die Interessenslagen der Lernenden besonders beachtet werden), über andere Währungen in anderen Ländern zu sprechen, denn nicht selten berichten die Schülerinnen nach den Sommerferien von den Schweizer Franken oder auch schon mal vom Dollar (ggf. auch durch Kenntnisse aus dem Fernsehen/Internet).

Schließlich sollte das Thema der Preisstabilität (zumindest mit den Sekundarstufe-II-Klassen) in den Blick genommen werden, denn auch die Jugendlichen mit geistiger Behinderung werden den Begriff der Inflation in den Medien lesen/hören und sich (möglicherweise als Mofa-Fahrer) mit tagesaktuellen Preisschwankungen an der Tankstelle auseinandersetzen müssen.[9]

3. Längen

Strukturierte Messinstrumente für die Ermittlung von Längen sind im Alltag in der Regel verfügbar, und auch Kinder und Jugendliche mit geistiger Behinderung setzen

---

[9] Eine Besonderheit bei den Preisangaben an der Tankstelle stellt außerdem die nochmalige Unterteilung des Cents dar.

sich beim Besuch im Baumarkt oder im Möbelhaus durchaus (wie sie das bei ihren Eltern auch sehen) mit Linealen und Messstreifen auseinander, sodass die in der didaktischen Literatur einbezogenen historischen Beispiele (Messen mit Füßen, mit Stocklängen usf.) nicht notwendig erscheinen. Zu Recht plädieren Peter-Koop & Schäfer (2018) daher in ihrem Basisbeitrag zum Größenbereich Längen für die Verwendung von standardisierten Einheiten von Beginn an – auch (und gerade) für den Unterricht im FgE.

Während Lernende im regelhaften Grundschulbereich oftmals Fehlvorstellungen im Messvorgang, die sich durch eine unangemessene Methodenwahl entwickelten (bspw. das Messen mit Stöcken, Seilen usf.), kompensieren können, scheinen Schüler im FgE demgegenüber weniger resilient zu sein und festigen häufig unzureichende oder gar fehlerhafte Vorstellungen innerhalb dieses Größenbereichs: »Die Folge eines solch unreflektierten Einsatzes sind sich manifestierende Fehlvorstellungen und später die daraus resultierende Unfähigkeit, Längen, wie bspw. den linearen Umfang eines Rechtecks, von zweidimensionalen Flächeninhalten zu unterscheiden« (ebd., S. 26.; außerdem Franke & Ruwisch 2010, S. 208 ff.).

Welche Möglichkeiten, welche Zugänge bestehen jedoch, um auch bei den Lernenden im FgE die Kompetenzen des Messens und die Vorstellungen von Längen von Beginn an sachgerecht auszubilden (Stichwort: Stützpunktvorstellungen)? Und welche Besonderheiten sind hier auch bspw. im Hinblick auf berufsorientierende Gegenstandsbereiche zu beachten?

Im o. g. Beitrag nennen Peter-Koop & Schäfer (2018) hierzu vier zentrale Leitlinien, die sowohl an die Mathematikdidaktik für den Grundschulbereich (im Kontext Bildungsstandards) anschließen bzw. aus dieser abzuleiten sind, als auch für den Unterricht im FgE im Zusammenhang mit der Größe *Längen* wichtige Impulse setzen können:

a. *Den Einbezug standardisierter Einheiten von Anfang an*: Forschungsergebnisse (insbesondere aus der Grundschulpädagogik) deuten darauf hin, dass bereits im Elementar- und Primarstufenbereich Kinder verschiedene Vorstellungen zur Bedeutung und Handhabung konventioneller Messwerkzeuge (Lineal, Zollstock) entwickelt haben bzw. in der Lage sind, diese zu nutzen. Diese Kompetenzen können wir auch für den FgE zumindest aus der Praxis in Ansätzen reklamieren, aussagekräftige Studien im engeren Sinne liegen für den deutschen Sprachraum nicht vor (Bräunling & Reuter 2017, S. 44 ff.).

Jedoch erscheint es gerade vor dem Hintergrund eines langen Aneignungsprozesses solcher Kompetenzen im FgE besonders wichtig, mit den Lernenden von Beginn an die Vorzüge standardisierter Einheiten und Messwerkzeuge zu nutzen, auch deshalb, weil sie häufig ein starkes Interesse zeigen, bspw. im Zusammenhang mit der Körpergröße.

»Und genau dieses intrinsische Interesse gilt es aufzugreifen und mathematisch fachgerecht aufzubereiten, um den Auf- und Ausbau von Messverständnis nicht sogar nachhaltig zu behindern« (Peter-Koop & Schäfer 2018, S. 26; Peter-Koop & Nührenbörger 2012, S. 99 ff.).

> **Historischer Exkurs**
>
> »Die Verwendung von individuellen Körpermaßen wie *Elle* oder *Fuß* zum Ausmessen von Längen findet sich bereits in der Antike. Einen ersten Versuch zur Vereinheitlichung des Messwesens unternahm im Mittelalter Karl der Große (742–814 n. Chr.). Er definierte in seinem Reich die Einheit Fuß mit seiner eigenen Schuhgröße – eine Praxis, der in den folgenden 1000 Jahren zahlreiche Herrscher in ganz Europa folgten.
>
> Erst 1793 verfügte Louis XVI. von Frankreich eine neue Längeneinheit – der Meter wurde als der 40-millionste Teil der Länge des Erdmeridians, der durch Paris verläuft, festgelegt. Möglich wurde dies durch die Vermessung des Meridianbogens zwischen Barcelona und Dünkirchen durch die beiden Astronomen Jean-Baptiste Delambre und Pierre Méchain. Der Urmeter wurde als Referenzgröße schließlich 1799 in Platin gegossen und seitdem als Urmeterstab in Paris aufbewahrt.
>
> Schnell wurde jedoch deutlich, dass die alleinige Verwendung des Meters im Alltag unpraktisch war, kam es doch abhängig vom zu messenden Gegenstand zu sehr kleinen Bruchteilen. 1831 schlug daher Carl Friedrich Gauß das absolute Einheitensystem mit den Einheiten Millimeter, Milligramm und Sekunde vor.
>
> Seit 1983 wird der Meter schließlich als die Strecke definiert, die das Licht innerhalb von 1/299.792.458 Sekunde zurücklegt. Diese neuerliche Festlegung ergab sich aus dem Umstand, dass Zeit mithilfe von Atomuhren inzwischen erheblich genauer messbar ist als Längen« (Peter-Koop & Schäfer 2018, S. 27).

b. *Die intensive Erarbeitung des Aufbaus der Skalierung*: Die Nutzung des Lineals, des Geodreiecks oder des Zollstocks als Messinstrument ist Schülern im FgE (wie auch den Kindern in der Grundschule) (Peter-Koop & Nührenbörger 2012) nicht selten schon aus vorschulischen Erfahrungen von zu Hause und aus der Kita bekannt. Meist werden ihre dahingehenden Kompetenzen jedoch unterschätzt und auch die Interessenslagen zu gering eingestuft.

Die Vorerfahrungen, die sich in der Regel noch mehr auf das Ausprobieren und das Nutzen des Lineals als Zeichen- und Malhilfe beziehen, gilt es unbedingt aufzugreifen, um sie im Laufe der Zeit (nicht selten sind es doch einige Schuljahre) zum sicheren Gebrauch der Gerätschaften weiterzuentwickeln. In der Regel stehen folgende Fragen bzw. Erläuterungen im Raum:
– Die Null ist zum Beginn der Skala auch der Startpunkt des Messens, zugleich darf der linke Rand des Lineals nicht als Beginn genutzt (also missverstanden) werden.
– Es stellt sich die Frage, wo das Lineal angelegt werden und wie dann wiederum die Länge abgelesen werden muss.
– Und wie misst man schließlich etwas, was länger ist als die zur Verfügung stehende Skala?

Die Skala als festgelegte Anordnung der Skalenstriche und Zahlen kann gut die Kernideen des Messens verdeutlichen: »(1) die Bedeutung der Zahlen auch in ihrer Anordnung, (2) das Vervielfältigen der konstanten Basiseinheit und die Zerlegung in gleiche Teile sowie (3) die Beziehung zwischen der Zahlenfolge und den räumlichen Abschnitten« (Peter-Koop & Schäfer 2018, S. 28).

Als große Herausforderung erweist sich natürlich der Zahlenraum, der durch die Maßeinheit für das Metermaß im cm-Feld bis 100 geht (Schipper, Ebeling & Dröge 2015b, S. 216 ff.). Nicht zuletzt aus diesem Grund liegt der Schwerpunkt des Messens im Grundschulbereich auch im 2. Schuljahr, in dem der Zahlenraum bis 100 erarbeitet wird (Franke & Reinhold 2016, S. 308 f.). Die Fortführung der Skalierung in Millimeterabschnitte folgt dann im 3. Schuljahr der Grundschulzeit, eine für den FgE schon komplexe (und nicht selten Grenzen setzende) Aufgabenstellung:

> 1 m [Meter] = 10 dm [Dezimeter] = 100 cm [Zentimeter] = 1000 mm [Millimeter]

Franke & Reinhold (2016) nennen folgende Schwierigkeiten, die in besonderer Form bei der Beschäftigung mit Messwerkzeugen im FgE zu beachten sind und zugleich als Ansatz der Förderung verstanden werden können (vgl. auch Peter-Koop & Nührenbörger 2012):
- *Anlegen des Messgerätes am Nullpunkt* (Hier spielen oft Beeinträchtigungen im Bereich der visuellen Wahrnehmung und der Feinmotorik eine wesentliche Rolle, durch die das genaue Anlegen des Lineals parallel zur Geraden erheblich erschwert wird.),
- *Skalen auf beiden Seiten des Lineals* (Z. B. beim Bandmaß oder Zollstock, der dann beim Messbeginn mit null angelegt wird und beim Messende abgelesen wird.),
- *nicht nur die metrische Skala (also in cm) wird abgebildet, sondern auch Skalen in Inch* (Dies muss mit den Schülern klar thematisiert werden; solche Messgeräte sollten zu Beginn vermieden und erst im späteren Verlauf im Sinne von Differenzierungsangeboten eingesetzt werden.),
- *die Maßzahl steht nicht auf dem Lineal* (Auch solche Messgeräte sollten zu Beginn für Übungsphasen vermieden werden.),
- *das Messgerät ist für das zu messende Objekt ungeeignet* (Hier können die Schüler insbesondere bei den klassischen Vorhaben wie *Körper* oder *Verkehrserziehung* im FgE unmittelbare Erfahrungen machen und so im Laufe der Jahre ein Gefühl dafür entwickeln, wozu welche Messgeräte geeignet sind.) (Franke & Reinhold 2016).

Ein Aspekt, der nicht zu unterschätzen ist, ist das Exemplarische der Skalierung im Größenbereich Längen, da die Lernenden auf einer liegenden Skala geeignete Einblicke in den Aufbau und die Untergliederung (m – cm – mm) gewinnen können, während bspw. bei der Analoguhr oder der Analogwaage die Skala im Kreis bzw. im Halbkreis angeordnet ist und somit in der visuellen Wahrnehmung erschwerte Bedingungen mit sich bringt (Rink 2015, S. 28 ff.).

Das Erschließen der Skalenwerte an einem Lineal bspw. scheint für Kinder und Jugendliche mit geistiger Behinderung durch den geradlinigen (linearen) Aufbau zugänglicher zu sein (auch wenn es in der heterogenen Lerngruppe unterschiedlich lange dauert) und zeichnet sich günstig durch die Übertragbarkeit auf die Größen Gewichte (Waage) und Zeit (Analoguhren) aus. Auch hier werden Striche (mm) gebündelt, und in entsprechender Einheit werden übergeordnete Einheiten (cm) durch größere Striche verdeutlicht.

c. *Das Messen als Zählen von Abständen verstehen*: Beim Messen von Längen sind nicht nur Voraussetzungen bspw. im Zahlenraum zu nennen. Zugleich erweitern auch Kinder und Jugendliche mit geistiger Behinderung durch das Zählen von Einheiten (bspw. cm) und Untereinheiten (demzufolge mm) beim Messen der Abstände wiederum ihr Zählkonzept (hierzu mehr in Dönges 2016, S. 12 ff.) (▶ Kap. 2.1, ▶ Kap. 6.2).

Auch dieser Aspekt spricht für die Nutzung standardisierter Einheiten, »der Einsatz willkürlicher Messwerkzeuge, d. h. von Objekten, die eine andere funktionale Bedeutung als das Messen haben, wie z. B. Stifte, Heftklammern oder Papierfüße, erschwert diese zentrale Einsicht« (Peter-Koop & Schäfer 2018). Auch scheinbar eindeutige Hilfsmittel wie bspw. Stäbe in gleicher Länge bieten in Folge der fehlenden Skalierung keine adäquate Funktion, und es werden offensichtlich Objekte gezählt, statt die Werte der Skala zu bestimmen.

Demgegenüber erfordert die Handhabung authentischer (weil skalierter) Messwerkzeuge, dass die Null als Ausgangspunkt identifiziert wird und zwischen dem Start- und dem Endpunkt immer eindeutig der Abstand beschrieben werden kann. Auch hier ist besonderer Wert darauf zu legen, dass die Null bei den Messwerkzeugen in den Unterrichtseinheiten genau in den Blick genommen wird, damit es nicht durch die fehlerhafte Nutzung der Außenkante zu Messfehlern kommt. Wesentliche konkrete Hinweise für die Nutzung des Lineals und des Geodreiecks für den FgE finden sich in Bitter (2017, S. 22 f.).

In diesem Zusammenhang ist nochmal das Bündeln der mm in cm usf. als Erschwernis und Übungsmöglichkeit gleichermaßen zu nennen. Während einerseits die Schüler erfassen müssen, dass nach den 4-mm-Strichen der etwas größere Strich für 5 mm steht und zugleich die Länge eines halben Zentimeters markiert, sind die weiteren 4-mm-Striche zu den 5 bisherigen hinzuzufügen und der eigentlich zehnte mm-Strich wird durch den cm-Strich dargestellt. Zugleich wird die Markierung der Null nicht mitgezählt.

Eine nicht unerhebliche Schwierigkeit zeigt sich im FgE häufig darin, dass sich die Schüler oft noch im Sekundarstufenbereich auf die mm-Striche fokussieren und hier lediglich (simultan bzw. meist quasi-simultan) die Vierergruppen erkennen; die beiden größeren Striche für die 5-mm-Angaben und die cm-Angaben, die zugleich für die Länge eines Millimeters stehen, werden nicht als solche wahrgenommen.

Als eine in diesem Zusammenhang günstige Übung wird oft das Aufschneiden skalierter Messstreifen aus Papier genannt (oft in Baumärkten oder im Möbelhaus zu bekommen, aber auch in einigen Mathematikwerken für das 2. Schuljahr als Kopiervorlage vorhanden) (Pyroth 2017). Natürlich erfordert diese Übung zugleich die feinmotorischen Fertigkeiten im Umgang mit der Schere und ist somit nicht selbstredend im Primarstufenbereich verfügbar.

Als Differenzierungsform bieten solche Übungen jedoch die Möglichkeit, das Band mit einer Länge von einem Meter in zehn gleich lange Teile zu gliedern (später auch in 5 mal 20 cm oder 20 mal 5 cm). Die Gliederung in zehn Zentimeter ist besser erkennbar und in diesem Zahlbereich für die Lernenden im FgE besser fassbar.

Zur Vertiefung des Längenverständnisses und zu einem damit einhergehenden weiteren Auf- und Ausbau des Stützpunktwissens (hierzu vertiefend Pyroth 2017, S. 18 ff.) schlagen Franke & Ruwisch (2010, S. 208 ff.) folgende Zugangsmöglichkeiten vor:

- *Direktes Vergleichen von Repräsentanten*: Hier spielen gleich zwei Dinge eine zentrale Rolle, nämlich sowohl das Bewältigen von Invarianzaufgaben als auch das Versprachlichen der Lösung selber. »Länger als«, »kürzer als« und »genauso lang wie« oder »gleich lang« müssen im Wortspeicher abrufbar sein und nicht selten im FgE immer wieder aufbereitet und geübt werden. Aufgabenstellungen im Sinne einer Thesenformulierung und des Prüfens könnten sein: der Vergleich des Schnürsenkels im Schuh mit der eigenen Armlänge, die gewickelte Lakritz-Schnecke und das 30-Zentimeter-Lineal oder der Umfang des Fußballs und des Stirnbandes. Aber auch weitere Strecken und deren Längen können verglichen (gemessen) werden, wie etwa der Weg zur Turnhalle und zur Toilette (Dieses Beispiel wurde oben auch in Bezug auf die Dauer einer Wegstrecke genannt – so lassen sich ganzheitliche, vernetzte Zugänge zur Darstellung und Vertiefung von Größen herstellen.). Nicht zuletzt dienen solche Übungen auch dem Anbahnen und Vertiefen des Schätzens, also der Hypothesenbildung zur Länge einer Strecke auf der Grundlage von Vorerfahrungen, Stützpunktwissen und längenbezogenen Anhaltspunkten (Franke & Ruwisch 2010, S. 208) (▶ Kap. 6.5).
- *Einbezug anderer standardisierter bzw. unterschiedlicher Messinstrumente*: Die unterrichtlichen Erfahrungen zeigen, dass Kinder und Jugendliche mit geistiger Behinderung schnell an einer einmal eingeführten Methode oder einem Zugang verhaftet bleiben, sodass alleine aus diesem Grund im weiteren Verlauf des Umgangs mit Längen Messwerkzeuge vorgestellt werden sollten, deren Basis zwar die standardisierte Skalierung ist, die sich jedoch in der Handhabung oder im Verwendungszweck unterscheiden (Schipper, Ebeling & Dröge 2015b, S. 216 ff.). »Setzen sich Kinder mit Funktionsweise und Unterschied zum bekannten Mess-Instrument auseinander, wird dieses in seinen konstitutiven Merkmalen noch einmal bewusster wahrgenommen« (Franke & Ruwisch 2010, S. 208–209). Dieser Entwicklungsverlauf kann auch grundsätzlich für Kinder und Jugendliche mit geistiger Behinderung angenommen werden – vielleicht nicht in vergleichbarer Intensität, jedoch im tendenziellen Verlauf profitieren auch sie von einer solchen Aufbereitung mit bspw. Mess-Rad, Maßband aus dem Sportunterricht oder dem Mess-Schieber.
- *Körpermaße – den Körper messen*: Mit der Idee des Körperbuchs nennen Franke & Reinhold (2016) mit Nührenbörger (2001) nur eines der Beispiele, die auch bereits im Primarbereich im FgE umsetzbar sind. Hier können die Schüler sowohl innerhalb der (meist jahrgangsgemischten) Klasse Messerfahrungen sammeln, als auch über die Schulstufen hinweg Vergleiche anstellen.

Auch *der eigene Körper* kann in seinen Teilen vermessen werden: Die Armlänge, die Beinlänge (und auch hier kann zwischen Oberarm und Unterarm bzw. Ober- und Unterschenkel differenziert werden), der Brustumfang und die Fußlängen, die Finger, die Zehen und der Umfang des Kopfes bieten unmittelbare Messerfahrungen, die auch wiederum über die Zeit hinweg verglichen werden können. Beispielhafte Erfahrungen bzw. Fragestellungen sind auch hier möglich: Sind Männer immer größer als Frauen? Ist der dicke Zeh immer auch der längste Zeh? Wie lang können Füße werden? Aber auch in methodischer Hinsicht stellen sich Fragen bezüglich der Angemessenheit der Werkzeuge, bspw. beim Messen des Kopfumfangs mit dem Zollstock.

– Schließlich können *Zusammenhänge zwischen Längen (cm) und Massen (kg)* hergestellt werden: Sind größere Menschen immer schwerer, oder kann auch der kleinere Mensch schwerer sein? Immerhin wird bei der Feststellung des BMI (Body-Maß-Index) die Körpermasse (also das Gewicht »m«) auf das Quadrat der Körpergröße (»l^2«) bezogen.

d. *Aufbau von Stützpunktvorstellungen*: Um die Bezüge zwischen Objekten und Größenordnungen herstellen zu können, benötigen auch Kinder und Jugendliche im FgE ein »Repertoire an Stützpunktvorstellungen« (Winter 1994), »das idealerweise im Mathematikunterricht entwickelt und soweit wie möglich gedächtnismäßig eingeübt wird, um bei späteren schulischen wie außerschulischen Aufgaben und Anforderungen herangezogen werden zu können« (Peter-Koop & Schäfer 2018, S. 29).

Die o. g. Hinweise zum Körperbuch (Nührenbörger 2001) bieten vielfältige Möglichkeiten, über konkrete leibliche Messerfahrungen die geeignete Wahl des Messinstruments und den sachgerechten Umgang damit üben zu können. Schöne Übungen bereits in der Unterstufe sind Messerfahrungen zu den Größen der Kinder, die sowohl in den cm-Angaben quantitativ notiert, als auch durch übertragene Körperbilder (auf Tapete) in den tatsächlichen Größen visualisiert im Klassenraum (oder im Flur) in der entsprechenden Ordnung gezeigt werden können.

Auf diesen Erfahrungen aufbauend, »können weitere Messaktivitäten in anderen Kontexten wie dem Klassenzimmer (z. B. Höhe und Breite der Tür) genutzt werden, um so weit wie möglich geeignete, alltagstaugliche Stützpunktvorstellungen auf- und auszubauen« (Peter-Koop & Schäfer 2018, S. 29).

4. Gewichte

Der Größenbereich der Gewichte wird im Unterricht im FgE nicht selten unter mehr ganzheitlichen (vorhabenspezifischen) Gesichtspunkten aufbereitet, meist im Kontext Hauswirtschaft (Kochen und Backen). Doch auch innerhalb dieses Größenbereichs gilt es, fachliche (also mathematische) Grundlagen zu berücksichtigen, um Stolpersteine in angemessener Form identifizieren und berücksichtigen sowie für die Lernenden im FgE (über die Schulstufen hinweg hin zu berufsbildenden Maßnahmen) sachgemäß aufbereiten zu können. Denn genau wie Kinder schon beim Eintritt in den regelhaften Grundschulbereich Vorerfahrungen mitbringen (Bönig

2015a, S. 4 f.), setzen sich auch Lernende mit geistiger Behinderung nicht erst mit Schuleintritt mit Gewichten auseinander (auch sie heben etwas und werden von anderen gehoben, auch sie spüren das Leichte und das zu Schwere), weshalb eine fachliche Auseinandersetzung von Beginn an (und kontinuierlich fortführend) wichtig ist (▶ Kap. 2.1).

Mit Bezug auf die Arbeiten von Franke & Ruwisch (2010) nennen Bönig, Sack & Sackmann (2018) im »Lernen konkret«-Themenheft *Größen und Messen* (Schäfer 2018a) eine Reihe von Besonderheiten und damit prinzipieller Schwierigkeiten im Zusammenhang mit Gewichten (vgl. hierzu auch Lüthje 2015, S. 6 ff. und Benz & Cheeseman 2015):

- Das Gewicht von Objekten kann nicht durch das visuelle Wahrnehmen alleine erfasst werden, zugleich geschieht es häufiger, dass Kinder größere Gegenstände als (vermeintlich) schwerer einschätzen – eben nur deshalb, weil sie größer sind. Sie setzen noch die Äquivalenzrelationen *größer* und *schwerer* gleich (weiterführend hierzu auch Schipper, Ebeling & Dröge 2017, S. 273 ff.).
- »Das Gewicht von Objekten kann nur in einem relativ kleinen Spektrum direkt durch Anheben oder Tragen wahrgenommen werden« (Franke & Ruwisch 2010, S. 210). Die dahingehende Notwendigkeit standardisierter Messung und entsprechender Instrumente (Waage) erfahren die Schüler sinnvollerweise im unmittelbaren Handeln. Auf diese Weise entwickeln sie geeignete und individuell nutzbare Stützpunktvorstellungen (Reuter 2015, S. 32 ff.).
- Die Umwandlungszahl beträgt stets 1000 (1.000 mg sind 1 g; 1.000 g sind 1 kg; 1000 kg sind 1 t), sodass dahingehende Umrechnungen für viele Schüler im FgE auch zum Ende der Schulzeit nicht (oder nur sehr schwer) leistbar sind (vgl. zu den arithmetischen Kenntnissen die Einschätzungen in Ratz 2012) (▶ Kap. 6.2). Eine dahingehende Lösung scheint bei einigen Schülern das Arbeiten mit Anteilen zu sein, also mit dem Darstellen von Brüchen im Stellenwertsystem (1 kg sind 1.000 kg und die Hälfte sind 500 g und ein Viertel sind 250 g). Diese Angaben finden sich auch an vielen Messbechern, wie Bönig, Sack & Sackmann (2018) in ihrem Beitrag schildern. Schipper, Ebeling & Dröge (2017, S. 284) stellen in diesem Zusammenhang zugleich die Vernetzung der Größenbereiche *Gewichte* und *Rauminhalte* her, für den Unterricht im FgE soll auf diese Verbindung hier verwiesen werden.

Unter Berücksichtigung des didaktischen Stufenmodells bspw. bei Franke & Ruwisch (2010, S. 184 f.) nennen Bönig, Sack & Sackmann (2018) folgende Schwerpunkte:

- das Thematisieren des Messens als Vergleichen,
- das Aufbauen von Stützpunktvorstellungen,
- das Rechnen mit Gewichten (einschließlich dem Umrechnen von Einheiten).

Durch die Umwandlungszahl 1000 (s. o.) und die damit spätere Behandlung im Unterricht (in dieser Form oft erst im Sekundarstufenbereich II) definieren Peter-Koop, Wollring & Schäfer (2018) zwei grundlegende Bereiche des Messens, um nicht schon zu Beginn eine Reduktion auf das mechanische Trainieren bestimmter Fertigkeiten zu verfolgen, »sondern auch die Kernideen des Messens im Fokus des Unterrichts« (Bönig, Sack & Sackmann 2018, S. 22) stets berücksichtigen zu können:

- Messen als Vergleichen mit einer Einheit (»Wie geschieht Messen?«),
- die zentrale Frage nach dem Sinn des Messens (»Wozu dient Messen?«) (ebd.).

Dies entspricht auch der feingliedrigen Erweiterung des o. g. Stufenmodells (Franke & Ruwisch 2010) durch Schipper, Ebeling & Dröge (2017), um die beschriebenen Schwierigkeiten bei der Entwicklung des Gewichtsverständnisses (wohlgemerkt schon im regelhaften Grundschulbereich) angemessen aufgreifen zu können (ebd., S. 274).

Im Sinne einer sensiblen Hinführung zum quantitativen Messen, also dem Wiegen mit standardisierter Einheit (hier: g, kg), und den Erfordernissen, die Bönig (2015a; 2015b) nennt, scheint es nun für Kinder und Jugendliche mit geistiger Behinderung zunächst wesentliche Grundlage zu sein, den o. g. Ideen des Messens zu folgen und den Vorgang an sich handelnd erfassen, durchführen und visualisieren zu können. Hierzu bietet es sich an, mechanische Waagen zu nutzen, die das visuell nicht wahrnehmbare Gewicht in seiner Relation zu einem anderen Gewicht darstellen können (Kovac 2015). Möglichst unmittelbar müssen die Kinder die Massen der unterschiedlichen Gewichte erfahren und die Funktionalität der Waage erleben können. Auch die Wippe auf dem Spielplatz kann eine Bereicherung sein, wenn es darum geht, die vermuteten Gewichtsklassen der Kinder zu prüfen (Wer ist schwerer? Wie viele Kinder zusammen sind schwerer als der Lehrer?).

Nur diese Systeme haben »den Vorteil, dass man das Gleichgewicht und damit die Äquivalenzrelation gut sehen kann« (Franke & Ruwisch 2010, S. 213). Als mechanische Waage ist für die Belange im FgE insbesondere die Balkenwaage (optimal mit Schalen auf beiden Seiten) zu empfehlen, um das Ungleichgewicht bzw. das Gleichgewicht unmittelbar sehen zu können (▶ Abb. 6.56).

Mit Blick auf die Unterscheidungsmöglichkeiten der verschiedenen Waagen nennen Franke & Ruwisch (2010) folgende Gesichtspunkte:

- »*Verwendungsbereich*: Briefwaage/Paketwaage, Küchenwaage, Arztwaage/Personenwaage, Ladenwaage oder Industriewaage;
- *Bauart*: Hebelwaagen (Balkenwaage, Tafelwaage, Laufgewichtswaage, Zeigerwaage), Federzugwaagen (einfache Federwaage, Hängewaage);
- *Elektronische Waagen;*
- *Genauigkeit*: Feinwaage, Präzisionswaage, Handelswaage, Grobwaage« (ebd., S. 213).

Das Thematisieren der verschiedenen Arten (▶ Abb. 6.56) kann im FgE als eine Form der Differenzierung genutzt werden, denn nicht alle Arten müssen (können aber) in der Primarstufe gezeigt werden. So kann die Laufgewichtswaage auch noch in der Sekundarstufe I ein spannender Einstieg sein.

Vor dem Hintergrund der Hinführung zum quantitativen Messen wird in der Literatur immer wieder empfohlen, das Messen auch mit nicht standardisierten Einheiten durchzuführen (bspw. mit Holzwürfeln oder mit Büroklammern), wodurch dann wiederum Aufgabenstellungen und Lösungen entstehen wie: »Der Apfel wiegt so viel wie so und so viele Büroklammern«.

6.4 Größen und Messen

Abb. 6.56: Verschiedene Waagen (© Westermann Gruppe, Braunschweig, Schipper, W./Ebeling, A./Dröge, R. (2015b): Handbuch für den Mathematikunterricht. 2. Schuljahr. Braunschweig: Schroedel, S. 277)

Peter-Koop, Wollring & Schäfer (2018) stehen diesem Vorgehen im Kontext Messen grundsätzlich (auch bspw. im Zusammenhang mit Längen und Flächen) skeptisch gegenüber, und auch im Größenbereich Massen (Gewichte) entwickeln sich gerade für Lernende im FgE ungünstige (möglicherweise nachhaltig verzerrte) Vorstellungen des tatsächlichen (indirekten) Messvorgangs.

Es empfiehlt sich vielmehr, das Wiegen direkt mit standardisierten Gewichten[10] sachgerecht durchzuführen; oft können auch die Lernenden in der Unter- und Mittelstufe bereits auf entsprechende Vorerfahrungen zurückgreifen, bspw. wenn sie schon mit Opa oder Mama gebacken haben. Entsprechende Materialien (auch Waagen) bieten die Lernmittelverlage an, Gewichte findet man auch auf dem Flohmarkt (ggf. auch im Fundes der Schule), für die Schüler wirken diese »Dinge von früher« oft sehr spannend und motivierend (▸ Abb. 6.57).

---

10 Das Urkilogramm (in Zylinderform aus einer Platin-Iridium-Legierung) wird seit 1889 in Paris aufbewahrt. Durch Molekülablagerungen auf der Oberfläche wurde es jedoch in den letzten Jahrzehnten etwas schwerer, weshalb Forscher an einem neuen Definitionsansatz mit Hilfe einer Kristallkugel (aus Silizium-28-Atomen) arbeiten (Lüthje 2015, S. 6 ff.; Fritzlar 2013, S. 4 ff.).

Abb. 6.57: (ältere) standardisierte Gewichte

Entsprechend den Kernideen des Messens (Peter-Koop, Wollring & Schäfer 2018) ist der gesamte Prozess des Messens durch die Frage bestimmt, »*Wozu dient die Messung?*« Diese Frage wird mit den Schülern im FgE immer wieder zu thematisieren sein, denn der Zweck der Messung entscheidet über den Aufwand (Wie genau muss es sein? Welche Einheiten sind dementsprechend zu wählen? Welche Waage ist zu nutzen?). In der konkreten Umsetzung bedeutet dies für die Schüler, sich bei der Nutzung der mechanischen Balkenwaage

a. mit der Frage der (Maß-)Einheit beschäftigen zu müssen (Auswahl der Gewichtsstücke, bspw. 1 g, 10 g, 20 g, 50 g, 100 g usf., oder beginnen wir schon bei 1 kg?),
b. die Einheit wiederholt zu nutzen, wenn das zu Messende größer ist als die Maßeinheit (also das Auflegen der Gewichte auf die eine Seite der Waage, bis das Gleichgewicht entsteht), bzw.
c. die Einheit systematisch zu gliedern, wenn keine zu gliedernde Maßzahl das zu Messende völlig erfassen kann (also das 100-g-Stück gliedern in 5 mal 20-g-Stücke) (ebd.).

Dieses Üben des Wiegens steht auch wiederum in einem unmittelbaren Zusammenhang mit der Beherrschung des Zahlenraums, den sich die Kinder und Jugendlichen im FgE über einen meist sehr langen Zeitraum erschließen müssen und bei dem sie nicht selten an ihre Grenzen kommen. Gerade durch die Umwandlungszahl 1000 bedeutet dies zugleich, dass das Umrechnen von 1 kg in 1000 g (bzw. auch spezifische Aufgaben, wie 1,875 kg = 1.875 g) nicht beherrscht wird.

Diese Grenzen bedeuten jedoch nicht, dass die Schüler sich mit dem Wiegen nicht mehr auseinandersetzen können. Gerade die digitalen Waagen bieten hier mit dem Ziel des »*Wozu messen?*« konkrete Hilfen an, die mit den Schülern auch im FgE geübt werden können. Durch das einfache Einschalten der Digitalwaage (on/off) und das

Auflegen des Gegenstandes sowie der meist automatischen Nullpunkteinstellung (Tara-Funktion)[11] kann das Wiegen bspw. der Lebensmittel beim Backen konkret geübt werden.

Grundsätzlich empfiehlt es sich, über die Schuljahre hinweg sowohl die Nutzung der Digitalwaage zu üben, als auch immer wieder die o. g. Übungen mit unterschiedlichen Gewichten im Sinne des Visualisierens von Gewicht(-en) und Gewichtsunterschieden (Balkenwaage) anzubieten. Nicht zuletzt dient dies auch der Entwicklung von Stützpunktvorstellungen (Tafel Schokolade: 100 g; Butter: 250 g) (Franke & Ruwisch 2010).

5. Inhalte Raum

Zu den Inhaltsbereichen gehört im regelhaften Grundschulbereich die Beschäftigung mit sogenannten Hohlmaßen ebenso wie die Beschäftigung mit Rauminhalten. Hinsichtlich der Maßeinheiten und der Körper und Behälter lässt sich der Inhaltsbereich differenzieren in

- die *Rauminhalte* mit eher geometrischen Körpern, wie bspw. Würfel, Quader und Zylinder, die mit den Einheiten Kubikmeter (m^3), Kubikzentimeter (cm^3) und Kubikmillimeter (mm^3) dargestellt werden,
- und die *Hohlmaße*, die insbesondere mit offenen Behältern und ihrem Fassungsvermögen in Litern (l) und Millilitern (ml) beschrieben werden (Grüßing & Medeke 2018, S. 30 f.).

Im Vergleich zu den oben beschriebenen Zugangsmöglichkeiten im Größenbereich Längen zeichnen sich das Schätzen, Vergleichen und der Aufbau tragfähiger Größenvorstellungen bei Rauminhalten bedingt durch die nun dritte Dimension (H • B • T) durch steigende Komplexität aus. Bräunling & Reuter (2017) nennen drei Ebenen, um Raum und dessen Inhalt für Kinder und Jugendliche erlebbar zu machen:

- »die Vorstellung von Rauminhalten als Fassungsvermögen mit den Einheiten Liter und Milliliter (eventuell auch Dezi-, Zenti- und Hektoliter);
- die Vorstellung von Rauminhalten als zusammengesetzte Größe, bei der Körper mit Einheitswürfeln ausgemessen und konstruiert werden können;
- die Vorstellung, dass Rauminhalte eines Körpers durch den von ihm verdrängten Raum bestimmt werden können« (ebd., S. 55–56).

Franke & Ruwisch (2010) nennen im Kontext Rauminhalte folgende Spezifika, deren fachliche Aspekte auch für den Unterricht im FgE bedeutsam sind:

- Die sonst proportional ausgerichtete Skala verändert sich an trichterförmigen Messbechern (Kegelstumpf). Die Abstände verändern sich also bei größer wer-

---

11 Tara-Funktion: Die Waage wird mit dem Behälter auf der Waagschale auf ›null‹ gestellt, um alleine das Gewicht etwa der Butter oder des Mehls zu wiegen (Nettogewicht). Das Gewicht des Behälters (Tara) wird vom Gesamtgewicht (Brutto) abgezogen.

dendem Trichter, jedoch können im unteren Bereich auch kleinere Mengen günstig gemessen werden.
- Häufig sind die Angaben auf den Messbechern (aber auch in Rezepten) in der Bruchschreibweise zu finden, die in einem bisherigen Verständnis in der Mathematik im FgE selten vorkam. Durch den konkreten Umgang mit den Mengen im Messvorgang (bspw. ½ l Milch) und die ablesbare Anzeige auf dem Messbecher erscheint es aus unterrichtspraktischer Erfahrung jedoch sinnvoll (und wichtig), auch diese Darstellungsform in den Übungsprozess im FgE mit einzubeziehen. Geeignet erscheinen dazu Umschüttversuche und praktische Tätigkeiten aus dem lebenspraktischen (hauswirtschaftlichen) Umfeld.
- Inhalte in Flaschen sind wiederum in Dezimalschreibweise angegeben: 0,33 l; 0,75 l usf. Auch diese häufigste Schreibweise »sollte in den Unterricht integriert werden, lassen sich doch erst mit vielfältigen Alltagsgegenständen Größenvorstellungen entwickeln« (ebd., S. 226).
- Je nach Altersstufe (bspw. Sekundarstufe II) und Differenzierungsgrad (Vorbereitung auf ein nachschulisches Beschäftigungsverhältnis auf dem allgemeinen Arbeitsmarkt, z. B. Hauswirtschaft) können/sollten auch weitere Maßeinheiten eingeführt und mit konkreten Erfahrungen angereichert werden.

Als Parallele zum Flächeninhalt lässt sich aus geometrischer Sicht zum Rauminhalt definitorisch Folgendes feststellen:

> »Zwei Objekte haben den gleichen Rauminhalt, wenn sie
>
> a. in ihrer Form und Größe übereinstimmen,
> b. zerlegungsgleich sind, d. h. jedes der Objekte kann in dieselben Teile zerlegt oder als Umkehrung aus denselben Teilen zusammengesetzt werden,
> c. mit der gleichen Anzahl von Einheitskörpern (Würfeln, Quadern) lückenlos ausgefüllt oder gebaut werden können« (Franke & Reinhold 2016, S. 319).

Dementsprechend lassen sich mit Ruwisch (2012) folgende Aktivitäten im Unterricht unterscheiden:

- »Unterrichtsaktivitäten, die das Fassungsvermögen eines Körpers und die alltagsrelevanten Einheiten Liter und Milliliter in den Mittelpunkt rücken,
- Übungen, die stärker auf die Volumenberechnung und die Erarbeitung der Volumenformel in der Sekundarstufe ausgerichtet sind, und
- Experimente, die untersuchen, wie viel Raum durch das Volumen eines Körpers verdrängt wird« (Franke & Reinhold 2016, S. 320 f.).

Für den Unterricht im FgE scheint in einer gewissen Analogie zur Thematisierung von Hohlmaßen im dritten und vierten Grundschuljahr (auch mit Bezug auf den Zahlenraum) eine intensivere Betrachtung in der Sekundarstufe sinnhaft zu sein. Erste Übungen im hauswirtschaftlichen Unterricht oder im Rahmen von Vorhaben sind in der Primarstufe jedoch denkbar und bieten im spielerischen Rahmen und in handlungsbezogenen Einheiten erste Zugänge (Fischer 2005; 2008; Fischer &

Schäfer 2019). So kann bspw. beim Vorhaben Wasser der Wasserverbrauch einer Familie thematisiert und in Darstellungen überblicksartig gezeigt werden, wie viel Wasser im Haushalt durchschnittlich verbraucht wird (vgl. hierzu die Darstellungen in Fiegel & Schwarz 1998, S. 47)

Ein im Zusammenhang mit Rauminhalten komplexer Bereich ist die Vernetzung der Größenbereiche Gewichte und Rauminhalte. Schipper, Ebeling & Dröge (2017) schlagen für das dritte Grundschuljahr dahingehende Versuche vor, in denen das Messen von Flüssigkeiten in Verbindung mit dem Wiegen gebracht wird. Entsprechend können die Kinder gemäß der Faustregel:

> »Ein Liter Wasser wiegt bei Raumtemperatur ein Kilogramm.« (ebd., S. 285)

einen wichtigen Baustein in ihrem Stützpunktwissen ausbauen. Auch beim Wiegen von Säften können sie feststellen, dass die Abweichungen meist nur marginal sind und sie dahingehendes Stützpunktwissen mitnehmen können.

6. Inhalte Flächen

Wollring & Schäfer (2018) richten in ihrem Beitrag zum Schätzen, Messen und Vergleichen von Flächen im FgE den Fokus auf alltägliche Messwerkzeuge und authentische Anlässe. In diesem Zusammenhang stellen sie fest, dass es häufig um das (formale) Bestimmen von Flächeninhalten geht, ohne jedoch zu klären, wozu die Flächenbestimmung überhaupt dienen soll. »Dies erscheint (…) unzureichend, weil der Zweck der Flächenbestimmung wesentlichen Einfluss darauf haben kann, auf welche Art und mit welcher Genauigkeit man diese durchführt« (ebd., S. 32).

Gerade durch die Komplexität des Rechenvorgangs (Länge mal Breite beim Rechteck) sollte im FgE nicht das Rechnen überbetont werden. Selbst für den regelhaften Grundschulbereich zeigen Franke & Reinhold (2016) mit den Studien von Fraedrich (1991) auf, »dass Kinder bis zum Wechsel in weiterführende Schulen häufig noch keine klaren Begriffsvorstellungen vom Flächeninhalt haben« (ebd., S. 309). Die darauf (sowie auf mögliche Fehlvorstellungen) hinweisenden Indikatoren (außerdem Lafrenz & Eichler 2004) lassen sich auch bei Lernenden im FgE in mindestens ähnlicher (meist größerer) Ausprägung beobachten:

- »mangelnde Ausbildung von Flächenvorstellungen aufgrund der Liniendominanz ebener Figuren,
- Unsicherheit darin, was man unter der Größe Fläche versteht,
- zu wenig Einsicht in das Prinzip der Flächeninvarianz, das die Unabhängigkeit der Flächengröße von Figuren gegenüber bestimmten Formveränderungen und gegenüber Veränderungen durch eine Zerlegung beinhaltet,
- Unsicherheit im Schätzen von Flächeninhalten,
- zu wenig Erfahrung auf der Stufe des qualitativen Flächenvergleichs,
- Mangel an Vorerfahrungen aus Alltag und Umwelt: Im Alltag werden Flächeninhalte nicht im Sinne von Auslegen gemessen, sondern aus Streckenlängen berechnet,
- Verwechseln von Fläche und Umfang« (ebd.).

Vielmehr scheint es deshalb für den Unterricht bei Kindern und Jugendlichen mit geistiger Behinderung ergiebig zu sein, den Schwerpunkt »auf das Schätzen im Zusammenhang mit geometrischen Aktivitäten zu legen, bei denen Flächen so umstrukturiert (und somit auch für die Schüler begreifbar werden), dass die zu bestimmenden Flächeninhalte gleich bleiben« (Wollring & Schäfer 2018, S. 32).

Durch das Aufgreifen von ggf. Vorerfahrungen, durch das Ermöglichen konkreter Erfahrungen zum qualitativen und quantitativen Vergleichen von Flächen sowie das Ausbilden von Vorstellungen zur Fläche in Abgrenzung von der Randlinie einer Figur erfahren die Kinder,

> dass zwei Flächen den gleichen Flächeninhalt haben, wenn sie
>
> a. »deckungsgleich sind, d. h., sie können so übereinandergelegt werden, dass sie sich gegenseitig genau abdecken und von keiner Fläche etwas übersteht,
> b. zerlegungsgleich sind, d. h., jede der Flächen kann in dieselben Teilfiguren zerlegt oder als Umkehrung dazu aus denselben Teilfiguren zusammengesetzt werden,
> c. auslegungsgleich sind, d. h., jede Figur kann lückenlos und ohne Überlappen mit der gleichen Anzahl von Einheitsflächen (z. B. Quadern, Dreiecken oder Sechsecken) ausgelegt werden« (Franke & Reinhold 2016, S. 310).

Im Sinne einer anschlussfähigen Hinführung scheint es für die Behandlung von Flächen (ebenso wie im Größenbereich Längen, s. o.) von großer Bedeutung zu sein, von Beginn an mit standardisierten Maßen zu arbeiten, um das Einschleichen und Manifestieren von Fehlvorstellungen zu vermeiden. Anders als bei den Größen Gewichte, Längen oder Zeit finden wir zu den Messungen von Flächeninhalten keine spezifischen Messinstrumente, wie eben die Waage, das Lineal und die Uhr (Schipper, Ebeling & Dröge 2017). Die Ermittlung erfolgt im späteren Verlauf bei Rechtecken durch das normierte Messen der Seitenlängen und deren Produktermittlung, für das Meterquadrat führt Pyroth (2015, S. 13) nachstehendes Beispiel an (▸ Abb. 6.58).

Für die Annäherung im FgE scheinen Medien sinnvoll zu sein,

- »die im schulischen Alltag leicht verfügbar und allgemein bekannt sind,
- das Messen von Flächeninhalten zumindest näherungsweise unterstützen und
- darüber hinaus mit standardisierten Einheiten arbeiten oder durch diese bestimmt sind« (Wollring & Schäfer 2018, S. 32).

Beispielhaft seien folgende Zugänge des Beitrags zu nennen:

- *Dezimeterquadrate*: Quadrate mit einer Fläche von einem Quadratdezimeter (also 1 dm² = 10 cm mal 10 cm) lassen sich gut aus Moosgummi herstellen und bieten den Schülern auch in haptischer Hinsicht ein geeignetes Material, um Flächen auch quantitativ zu vergleichen. Zusammengelegt kann wiederum aus 100 dieser Moosgummiflächen das Meterquadrat abgebildet werden, also der für die Kinder nicht selten geläufige Quadratmeter.

6.4 Größen und Messen

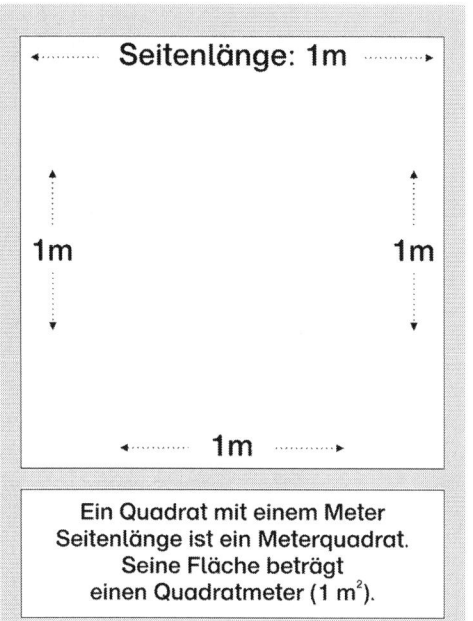

Abb. 6.58: Wie groß ist ein Meterquadrat?

Pyroth (2015, S. 13 ff.) schlägt für die Ermittlung von Flächen oder das Einschätzen von Zimmerflächen (bspw. das Klassenzimmer, die Turnhalle, die Eingangshalle usf.) weiter das Nutzen von Meterquadraten vor. Durch das Auslegen der Raumböden mit entsprechenden Papier- oder Papp-Flächen von einem Quadratmeter können die Flächen zunächst ungefähr bestimmt werden und verschiedene Klassenräume ggf. auch quantitativ miteinander verglichen werden. Von besonderer Bedeutung erscheint hier auch der tatsächlich handelnde Umgang beim ersten ›Ermessen‹ von Flächen mit einer Referenzfläche von $1\,m^2$.

Als Differenzierungsform bieten sich für die weiterführenden Klassen im Sekundarstufe-II-Bereich dann auch das Zusammenführen von Länge und Breite des Klassenraums an, besondere Flächen sind entsprechend zu thematisieren (Winkel und Vorsprünge im Raum, schräge Nischen usf.). In solchen Fällen können bspw. auch Annäherungen geschaffen werden, wie das Halbieren oder das Vierteln des Meterquadrats. Eine weitere feingliedrige Fassung zeigt außerdem das nächste Beispiel zum Format DIN A4.

- *DIN-A4-Formate*: Mit den normierten DIN-A4-Papieren können kleinere Flächen, wie etwa Tische oder Teilstücke des Raumbodens, gemessen werden. »Das DIN-A4-Papier hat zwar keine glatten Randmaße (210 mm • 297 mm mit einem Seitenverhältnis von 1: $\sqrt{2}$), dafür aber gemäß der Festlegung des Deutschen Instituts für Normierung (DIN) ein wohldefiniertes Flächenmaß, denn 16 DIN-A4-Seiten haben genau die Fläche $1\,m^2$ « (ebd., S. 32). Demzufolge lässt sich die Fläche von

vier DIN-A4-Seiten als ¼ Quadratmeter darstellen, 8 DIN-A4-Seiten ergeben demzufolge ein halbes Meterquadrat.
- *Würfel*: Durch die Verwendung von Würfeln mit festgelegten Maßen (also 5-cm- oder 10-cm-Kanten) lassen sich über das reine Vergleichen ihrer Seitenflächen mit anderen Flächen auch die Zusammenhänge der Oberflächen verschiedener Körper verdeutlichen. Zahlreiche Übungen hierzu finden sich auch in den Mathebüchern für die Grundschule dahingehend, dass entweder aus den Vorlagen selber Würfel zu bauen sind, oder aber Fragestellungen zu den gegenüberliegenden Seiten eines Würfels entwickelt werden.

Ein geeignetes Beispiel zum Schätzen und Vergleichen von Flächen innerhalb authentischer Kontexte zeigen Wollring & Schäfer (2018) in ihrem Beitrag zum Schätzen, Messen und Vergleichen von Flächen im FgE. Sie wählen hierzu das Verpacken von Gegenständen mit Papier und behandeln die Fragestellung entlang der Verpackung von Butter. »Das Beispiel zielt darauf ab, das Schätzen von Flächeninhalten an authentischen (aus dem Alltag bekannten) Anlässen zu verankern. Es hat zwei Besonderheiten:

- Nicht alle Flächen sind unmittelbar sichtbar, die Fläche muss auf eine bestimmte Art abgewickelt werden.
- Aus technischen Gründen gibt es bei Verpackungen ein Übermaß an Papierfläche« (ebd., S. 33).

Im Rahmen einer solchen Erkundungsaufgabe beschäftigen sich die Schüler mit dem Vergleichen der Flächen untereinander, sie erkennen bspw., dass die beiden gegenüberliegenden Seitenflächen gleich groß sind, jedoch beim Auspacken die Oberfläche anders als die Unterseite bemessen wird. Dies hat verpackungstechnische Gründe.

Es geht bei diesem Beispiel weniger darum, exakt die Oberfläche des Butterpakets auszurechnen, als vielmehr darum, sich mit den Flächen und deren Eigenschaften zueinander zu befassen. Eine vergleichbare Fragestellung stellt sich den Schülern auch, wenn sie ein Geschenk (bspw. einen Karton oder ein Buch) verpacken sollen. Auch hier bedarf es flächenmäßig mehr Verpackungsmaterial als die reine Oberfläche des Verpackungsgegenstandes.

»Ausgehend von diesen Erfahrungen im Zusammenhang mit Verpackungen lassen sich Anhaltspunkte und Verfahrensweisen für allgemeine Probleme finden, bspw. stehen so auch bei Wohnungsfragen (als Gegenstandsbereich spätestens in der Sekundarstufe II) Fragen der Brutto- und Netto-Wohnflächen im Raum. Und nicht zuletzt spielen in einem grundsätzlichen Rahmen das Schätzen und schließlich das normierte Messen im Sinne einer exakten Flächenbestimmung für die Schüler im FgE eine wichtige Rolle, die bspw. Arbeitsverhältnisse wie Schreiner, Maurer, Maler oder Landschaftsgärtner (auch im theoriereduzierten Rahmen) anstreben« (ebd.).

6.5 Daten, Häufigkeit und Wahrscheinlichkeit

Dieser Bereich wird in der Grundschulpädagogik weniger prominent aufgegriffen als bspw. die Inhaltsbereiche *Zahlen und Operationen* oder *Größen und Messen* (vgl. hierzu bspw. Schipper 2015b, S. 276 ff.) (▶ Kap. 6.2, ▶ Kap. 6.4), obwohl es immer wieder (begründete) Bestrebungen gegeben hat, auch dieses Feld mehr in die grundschulpädagogischen Curricula einzubeziehen (Neubert 2012). Aktuell stellt hierzu Eichler (2017a) grundsätzlich fest, dass Daten und deren Darstellungen »die Grundlage wirtschaftlicher, gesellschaftlicher oder politischer Entscheidungen« bilden (ebd., S. 88).

Der verbindliche Einbezug dieses Inhaltsbereiches änderte sich erst mit den Bildungsstandards (KMK 2004), die für die Grundschulpädagogik den Bereich Daten, Häufigkeit und Wahrscheinlichkeit als eine der fünf Leitideen zur Entwicklung inhaltsbezogener Kompetenzen verbindlich festlegten. Die Bildungsstandards legen folgende Kompetenzfelder mit der entsprechenden Ausdifferenzierung vor: (1) *Daten erfassen und darstellen* und (2) *Wahrscheinlichkeiten von Ereignissen in Zufallsexperimenten vergleichen*.

Daten, Häufigkeit und Wahrscheinlichkeit

Daten erfassen und darstellen:

- In Beobachtungen, Untersuchungen und einfachen Experimenten Daten sammeln, strukturieren und in Tabellen, Schaubildern und Diagrammen darstellen,
- aus Tabellen, Schaubildern und Diagrammen Informationen entnehmen.

Wahrscheinlichkeiten von Ereignissen in Zufallsexperimenten vergleichen:

- Grundbegriffe kennen (z. B. sicher, unmöglich, wahrscheinlich),
- Gewinnchancen bei einfachen Zufallsexperimenten (z. B. bei Würfelspielen) einschätzen.

(KMK – Kultusministerkonferenz (2004): Bildungsstandards im Fach Mathematik für den Primarbereich. Beschluss vom 15.10.2004. Luchterhand, S. 11)

Diese orientierungsgebenden (im FgE nicht verbindlichen!) Themenfelder finden in der Mathematik im FgE bisher gänzlich keine Beachtung, die vermeintliche Untauglichkeit für den Alltag wird seitens der Praxis diesem Inhaltsbereich gegenübergestellt.

Auf der Grundlage einer sachlichen Auseinandersetzung mit diesem Inhaltsbereich fällt jedoch auf, dass Kinder und Jugendliche mit geistiger Behinderung sehr wohl den unterschiedlichen Darstellungsformen von Daten und Häufigkeiten begegnen und sich mit der Frage von Wahrscheinlichkeiten auseinandersetzen. Selbstredend stehen diese Felder nicht zu Beginn in der Primarstufe im Fokus mathematischen Handelns, jedoch erschließen auch die Lernenden im FgE zunehmend über die Schulbesuchsdauer hinweg ihre Umwelt. Und diese Umwelt stellt sich auch für diese Schülerschaft zunehmend mehr in Daten und Grafiken, Tabellen und Diagrammen dar.

Nachstehend einige Beispiele (bzw. Fragen) aus der Praxis:

- Im Schulcafé werden jeweils mittwochs verschiedene Kuchen angeboten, und im Sinne von Nachhaltigkeit gilt es zu ermitteln, welche Kuchen bevorzugt bestellt werden. Die ursprüngliche Strichliste kann in ein Diagramm übertragen werden, und über das Schuljahr hinweg können hierzu jahreszeitliche Vergleiche auf der Grundlage der ermittelten Daten angestellt werden (Schokokuchen mehr im Winter und Obstkuchen mehr im Sommer; Streusel ist durchgehend Lieblingskuchen).
- Wenn wir mit unseren Schülern im Zuge politischer Bildung über die Bundestagswahlen sprechen oder mit der Schülervertretung die Wahlergebnisse betrachten, sind die Sitzverteilung und die Ergebnisdarstellung in Diagrammen visualisiert.
- Häufiges Thema ist nach den Wochenenden der Sport und im Besonderen die Fußball-Bundesliga; und auch hier spielen Diagramme und Häufigkeiten eine nicht unwesentliche Rolle, die von den Schülern verstanden werden wollen. Im Übrigen ein günstiger Punkt, Motivation aufzugreifen und für den Unterricht nutzbar zu machen.
- Schließlich gehört das Betrachten des Wetters zu den täglichen Aufgaben im Zusammenhang mit Datum und Kalender, sodass auch hier die Lernenden bei der Durchsicht in der Zeitung immer wieder auf tabellarische Darstellungsformen stoßen werden.

6.5.1 Überblick und Orientierung

Worum geht es also beim Inhaltsbereich Daten, Häufigkeit, Wahrscheinlichkeit? Mitnichten stehen hier die Vorarbeiten für stochastisches Arbeiten im Mittelpunkt, vielmehr gilt es analog zur Grundschulpädagogik mehr darum, »Kenntnisse über den Zufall zu erwerben und damit langfristig zu der Überzeugung (zu) kommen, dass der Zufall kalkulierbar ist und dass zufällige Ereignisse mit mathematischen Mitteln modelliert werden können« (Hasemann et al. 2012, S. 141).

Im Kompetenzstufenmodell zu den Bildungsstandards für den Primarbereich der KMK (2013) findet sich hierzu folgende didaktische Aufgabenstellung: »Jede Darstellung von Daten hat einen bestimmten Informationswert. Damit die Daten ihren Informationswert bekommen, müssen sie so strukturiert werden, dass die zu vermittelnde Information vom Leser aus der Darstellung entnommen werden kann. Bei der Auswahl der Darstellungsform muss man sich folglich überlegen, welche Information bzw. welcher Aspekt, der in den Daten enthalten ist, verdeutlicht werden soll. Entsprechend erfordert das Lesen und Verstehen von Diagrammen, Kenntnisse darüber, was mit dem jeweiligen Diagramm ausgedrückt werden kann, welche Informationen also in einer bestimmten Darstellungsform enthalten sein können und welche nicht« (Hasemann et al. 2007, zitiert in KMK 2013, S. 8).

Der Inhaltsbereich klingt auf dieser darstellenden Ebene sehr komplex, und bestimmt werden nicht alle Kinder und Jugendlichen im FgE aus allen Darstellungsformen Informationen entnehmen können oder umgekehrt Ideen entwickeln, wie gesammelte Daten in Darstellungsformen informativ übertragen werden können. Diese Erkenntnis darf jedoch nicht dazu führen, diesen Inhaltsbereich per se auszuklammern. Vielmehr muss es Intention sein, im Rahmen der individuellen Fähigkeiten des Schülers (möglicherweise auch erst in der Sekundarstufe II) die nachstehend gezeigten Felder unterrichtlich einzubeziehen und grafische Darstellungsformen auch für Lernende im FgE weitestgehend und so gut wie möglich (auch kritisch) erschließbar zu machen.

6.5.2 Daten erfassen und darstellen

Neubert (2012) beschreibt Daten als »logisch gruppierte Informationseinheiten, die auch gespeichert und übertragen werden können. (…) Die Verwendung des Plurals weist darauf hin, dass es sich bei Daten immer um eine größere Anzahl handelt« (ebd., S. 8). Zugleich bieten die Daten immer nur dann einen hohen Informationswert, wenn sie systematisch und im Optimalfall auch grafisch aufbereitet werden. Zugleich gilt es, die Kompetenz zu entwickeln, der grafischen Aufbereitung wiederum die zentralen Informationen entnehmen (also die Grafik lesen) zu können (Eichler 2017a, S. 90).

Kinder und Jugendliche mit geistiger Behinderung neigen in diesen Aufgabenfeldern weniger dazu, sozusagen genuin Lösungsstrategien entwickeln und vernetzende Kategorien zu einzelnen Bereichen (transferierend) bilden zu können. Hier benötigen sie ein weitaus höheres Maß an Unterstützung und Begleitung, an Anschauung und Übung, als dies Kinder im regelhaften Grundschulbereich bedürfen. Die große Herausforderung für den Lehrer wird darin bestehen, so viel wie möglich entdeckend lernen zu lassen und zugleich sensibel auf notwendige Unterstützungsbedarfe einzugehen.

Folgende Lernziele lassen sich auch für den FgE in diesem inhaltlichen Kompetenzbereich nennen (Hasemann, Mirwald & Hoffmann 2012):

- Erfassen von Daten über Objekte oder Ereignisse (zählen, auszählen, Übersichten und einfache Tabellen anlegen),
- Dokumentation von flüchtigen (vergänglichen) Daten (bspw. Strichlisten),
- Festlegung von Kriterien vor der Datenerhebung zur Unterscheidung der beobachteten Objekte oder Ereignisse,
- übersichtliche Darstellung der erfassten Daten in Tabellen und Diagrammen (auch für andere Personen nachvollziehbar) (bspw. die öffentliche Bekanntgabe der Wahlergebnisse der Schülervertretung),

- ggf. noch weitere Bearbeitung zur Erhöhung des Informationswertes (Ausdifferenzierung, bspw.: Gab es noch Präferenzen bei den Obstkuchen im Schulcafé? War der Erdbeerkuchen doch der beliebteste Kuchen?) (s. o.),
- Entnahme von Informationen und Nutzung der Daten für das weitere Handeln (Planungen beim Backen).

Wie an den o. g. Beispielen gezeigt werden konnte, lassen sich auch im Schulleben im FgE vielfältige Möglichkeiten für das Sammeln von Daten im schulischen und außerschulischen Kontext finden, wie bspw. relationale Häufigkeiten und das Wachstum von Tieren und Pflanzen (bspw. das Gemüse im Schulgarten oder der Umfang der Bäume auf dem Schulgelände, Temperaturen in ihren Dimensionen (wärmster und kältester Tag, Regenhäufigkeiten usf.), Schulveranstaltungen (Sport usf.), Hobbys der Schüler der Klasse (oder der Schule, mit Erhebungen durch einen Fragebogen).

Entsprechend den möglichen Darstellungsformen (vgl. hierzu weiterführend auch Biehler & Engel 2015) können die sich langsam entwickelnden Kompetenzen der Schüler auch auf der enaktiven und auf der ikonischen Repräsentationsebene Berücksichtigung finden, ohne direkt zu Beginn mit Säulendiagrammen arbeiten zu müssen. Günstige Schnittstellen ergeben sich hier im Übrigen auch zum Inhaltsbereich *Größen und Messen* (▶ Kap. 6.4).

Mit Bezug auf Hasemann (2009) nennt Krauthausen (2018) vier Meilensteine, »an denen (am regelhaften Entwicklungsverlauf) orientiert sich die Kompetenzentwicklung der Kinder im Sinne eines Spiralcurriculums fördern lässt« (ebd., S. 164):

- Meilenstein 1 – Daten sammeln,
- Meilenstein 2 – Daten festhalten,
- Meilenstein 3 – Daten gezielt aufbereiten,
- Meilenstein 4 – aus Diagrammen Informationen entnehmen (ebd.).

Eine der wesentlichen Herausforderungen im FgE wird stets darin bestehen, das Bilden von Kategorien bei der Sammlung, Darstellung und auch schließlich der Deutung der gesammelten Daten zu entwickeln. Oft stehen die Daten in vielerlei Zusammenhängen zueinander, und es müssen Fragen zur Intention der Erfassung gestellt und beantwortet werden:

- Möchte ich eine zeitliche Entwicklung bei der Messung des Baumumfangs auf dem Schulhof dokumentieren?
- Oder zum selben Zeitpunkt alle Bäume auf dem Schulhof messen, um diese wiederum zu vergleichen?
- Oder möchte ich die Entwicklung aller Bäume erfassen und die i. d. R. schneller wachsenden Bäume identifizieren (um beim nächsten Baumkauf auf diese Erkenntnis zurückgreifen zu können)?
- Und wie stehen unsere Ergebnisse zu anderen Erhebungen (bspw. was sagt hierzu der Förster)?

Die Erfahrungen aus der Unterrichtspraxis lassen vermuten, dass es möglicherweise wesentlich bedeutsamer ist, mit den Schülern gemeinsam über diese Fragen zu sprechen und dahingehende Problemkonstellationen zu entdecken und zu erklären, zu notieren und in einen Überblick zu bringen, als hier lineare (vermeintlich feststehende) Muster zu üben (die es in diesem Feld ohnehin nicht geben wird). Zugleich kann das gemeinsame Sprechen über das Problemlösen auch zu tiefergehenden Erkenntnissen führen, diese sozusagen evozieren und wiederum Lernen (Erkenntnis) im sozialen Kontext ermöglichen (vgl. hierzu auch Schipper, Ebeling & Dröge 2017, S. 305 ff.).

Für den Grundschulbereich reklamiert Eichler (2017b), die Fähigkeiten im Problemlösen schon von Beginn an entfalten zu können (also nicht erst im 3. oder 4. Grundschuljahr zu beginnen), in Ausrichtung an Polya (1949) bezieht er sich auf folgende Schritte des Problemlösens:

1. Verstehen der Aufgabe,
2. Ausdenken eines Plans,
3. Ausführen des Plans,
4. Rückschau.

Hier geht es auch um die innere Haltung des Lehrers, Kindern und Jugendlichen mit geistiger Behinderung sozusagen aus dem eigenen Denken (Nachdenken) heraus Lösungen (bzw. auch zu Beginn das Bemühen um Lösungen) zuzutrauen. Die Erfahrungen aus der Praxis heraus zeigen in diesem Zusammenhang, dass sich entsprechende Effekte auch im FgE nicht ausschließen lassen und diese deutlich für die Berücksichtigung des o. g. Inhaltsbereichs sprechen. In kleinen Schritten und mit viel Geduld bahnen sich auch einige Schüler im FgE den Weg in diesem Handlungsfeld – die Aufgaben der Pädagogik bestehen in der Begleitung und im Zutrauen.

6.5.3 Wahrscheinlichkeiten vergleichen

Der zweite Teil des Inhaltsbereiches »Daten, Häufigkeit, Wahrscheinlichkeit« fokussiert auf die Wahrscheinlichkeiten und ist den Ausführungen von Neubert (2012) und Eichler (2017a) folgend auch im regelhaften Grundschulbereich ein noch häufig zu begründendes Thema[12] und (vergleichbar mit dem Umgang mit Daten) meist noch nicht systematisch vorliegendes Handlungsfeld (Krauthausen 2018, S. 161).

Dies führt im Übrigen auch zu dem weiteren Effekt, dass in den Lehrwerken im Wesentlichen sporadisch und unsystematisch »oder mit einer vergleichsweise zufallsgesteuerten Auswahl der Sachsituationen oder Experimentierumgebungen« (ebd.) zu rechnen ist. Entsprechend gering werden dahingehend wiederum die möglichen Aufgabenstellungen für den Unterricht im FgE ausfallen.

---

12 Während Schipper, Ebeling & Dröge (2017) im Kontext der Stochastik neben der Statistik und der Wahrscheinlichkeit durch die Berücksichtigung in den Schulbüchern auch noch die Kombinatorik einbeziehen, sollen sich die Ausführungen für den Bereich der schulischen Geistigbehindertenpädagogik auf die beiden Teilbereiche Statistik und Wahrscheinlichkeiten beschränken.

So kann es auch im FgE nicht um Relationen und den Zufall gehen, sondern vielmehr darum, dass bei einer Datenerfassung das Abschätzen von Wahrscheinlichkeiten und mit Zunahme der Datenmenge stetig zutreffendere Prognosen über Entwicklungen möglich werden. Die Grundschuldidaktik nennt in diesem Zusammenhang folgende Gesichtspunkte:

1. Entwicklung von Grundvorstellungen zur Wahrscheinlichkeit,
2. Festigung der Wahrscheinlichkeitsbegriffe »sicher«, »möglich« und »unmöglich«,
3. Einschätzen und Vergleichen der Eintrittswahrscheinlichkeiten von Ereignissen (Schipper, Ebeling & Dröge 2017, S. 330 ff.).

In diesem Zusammenhang werden für die regelhafte Grundschulzeit nun folgende Ziele formuliert, die wiederum in sich und für Kinder und Jugendliche ohne Beeinträchtigungen ein großes Spektrum an Variationen und Entwicklungslinien aufzeigen:

1. »Die Kinder erfahren, dass es Ereignisse gibt die nicht sicher vorhergesagt werden können.
2. Sie lernen, die Wahrscheinlichkeit von Ereignissen auf einer Skala von unmöglich bis sicher qualitativ einzuschätzen. Dabei benutzen sie auch Formulierungen wie wahrscheinlicher als, weniger wahrscheinlich als und gleich wahrscheinlich.
3. Sie verstehen, dass bei symmetrischen Zufallsgeneratoren (wie z. B. Münzen, Würfeln) eine Gleichverteilung angenommen werden kann.
4. Bei einfachen Zufallsexperimenten (mit Münzen bzw. Würfeln) können sie die Anzahl aller möglichen Ereignisse auch mithilfe von kombinatorischen Überlegungen ermitteln und durch mehr oder weniger systematisches Zählen die Anzahl der günstigen Ereignisse bestimmen. Auf dieser Basis schätzen sie die Gewinnchancen auch quantitativ als das Verhältnis aller günstigen zu allen möglichen Fällen ein« (Schipper 2015b, S. 285).

Wenn also in Punkt 2 von symmetrischen Zufallsgeneratoren gesprochen wird, dann sind auch dies mögliche Versuche, die mit Kindern und Jugendlichen mit einer geistigen Behinderung durchaus durchführbar sind – natürlich unter entsprechenden Bedingungen, inhaltlicher Reduktion und sprachlicher Begleitung. Neubert (2012) beschreibt zu Recht die hohe intrinsische Motivation bei Aufgabenstellungen zur Wahrscheinlichkeit. Erste Übungen können sich bspw. auch schon im Primarbereich mit der Frage auseinandersetzen, wie oft die 6 bei einem 6-seitigen Würfel oben liegt und wie die anderen Zahlen über die Häufigkeit des Würfelns hinweg verteilt sind. Dieses Vorgehen steht dann wiederum unmittelbar im Kontext »Daten darstellen« und schließt außerdem die prozessbezogenen Kompetenzen ein (▸ Kap. 5.1).

Und auch solche Experimente mit Würfelaugen stehen im Zusammenhang mit der begrifflichen Annäherung (sicher – nicht sicher, usf.), denn die Schüler erfahren, dass es wahrscheinlich ist eine 6 zu würfeln, jedoch unwahrscheinlich sein wird, dauerhaft keine 6 zu bekommen. Der Spieler ist nur mittelbar (vermeintlich) dem Zufall ausgesetzt, im Grunde genommen sind jedem Spieler vergleichbare Chancen gegeben – zumindest den Würfel betreffend.

Dieser Prozess der Erkenntnis und des Verstehens des Wahrscheinlichkeitsbegriffs wird schon für Kinder ohne geistige Behinderung als eine langfristig angelegte Entwicklungslinie verstanden. Zugleich belegen Studien, dass der günstige Beginn (im Sinne einer propädeutischen, also einer vorwissenschaftlichen Annäherung) schon in der Primarstufe liegen kann (Neubert 2012). Es kann damit auch für Kinder und Jugendliche mit geistiger Behinderung (deren Zahlerwerb im Entwicklungsverlauf zu dem nicht beeinträchtigter Kinder gleichgesetzt werden kann) nur folgerichtig sein, möglichst früh dahingehende Angebote in den Mathematikunterricht einzubeziehen (vgl. auch Schnepel 2019).

Mit Bezug auf die Ausführungen zur Angebotsstruktur und zur Durchführung von Zufallsexperimenten gilt es auch im FgE die von Schipper, Ebeling & Dröge (2015a; 2015b) für die beiden ersten Grundschuljahre genannten Dinge zu beachten. Mit folgenden Medien und Materialien kann im Sinne eines spiralcurricularen Ansatzes gearbeitet werden:

- Plättchen, Münzen, Korken ... werfen,
- Kugeln, Perlen, Plättchen, Lose, Ziffernkarten ... ziehen,
- Kreisel, Glücksräder ... drehen,
- Kugeln in Bahnen rollen lassen,
- Zahlenschlösser öffnen (knacken) (hier ist zugleich ein Verweis auf die o. g. Kombinatorik möglich),
- Spiele mit einem oder mehreren Würfeln (vgl. hierzu weiterführend Schipper, Ebeling & Dröge 2017, S. 333).

Unabhängig der Altersstufen im FgE (also auch in der Abschlussstufe) empfehlen sich für die Durchführung von Experimenten folgende Vorgehensweisen:

- In den Erprobungsphasen ausreichend Zeit geben, ggf. auch in der folgenden Stunde an ein Experiment anschließen bzw. es wiederholen.
- Die Schüler sollten unbedingt die Möglichkeit haben, sich bei Gruppen- und/oder Partnerarbeiten untereinander zu beraten und die Argumente für die jeweiligen Vermutungen austauschen zu können.
- Entsprechend der individuellen Entwicklung können den Schülern auch methodische Hinweise zu einem phasengeleiteten Vorgehen gegeben werden: (1) Vermutungen aufstellen, (2) Experimentieren und Dokumentieren, (3) Verifizieren und Begründen, (4) Vergleichen mit anderen Erfahrungen und (5) ggf. allgemeine Regeln zur Vermutung aufstellen (ebd.).

Literatur

Aebli, H. (1963a): Über die geistige Entwicklung des Kindes. Stuttgart: Klett.
Aebli, H. (1963b): Psychologische Didaktik. Didaktische Auswertung der Psychologie von Jean Piaget. Stuttgart: Klett.
Aebli, H. (1989): Zwölf Grundformen des Lernens. Stuttgart: Klett.
Agner, U. (o. J.): Aufbau arithmetischer Grundvorstellungen. (https://slideplayer.org/slide/655639/)
Aßmus, D./Fritzlar, T. (2017): Formen, Farben, Kombinationen. Ein Legematerial für geometrische Erkundungen. In: Lernen konkret 4 (36), S. 26–27.
Bachler, U./Dietz, M. (2015): Mathematik für den Berufsalltag. Motivierende und lebensnahe Aufgaben zur sonderpädagogischen Förderung. Persen Verlag.
Baroody, A. J. (1984a): Children's Difficulties in Subtraction: Some Causes and Questions. In: Journal of Research in Mathematics Education, S. 203–213.
Baroody, A. J. (1984b): Children's Difficulties in Subtraction: Some Causes and Cures. In: AT, S. 14–19.
Baroody, A. J. (1999): The Development of Basic Counting, Number, and Arithmetic Knowledge among Children Classified as Mentally Handicapped. In: International Review of Research in Mental Retardation, 22, S. 51–103.
Bauersfeld, H. (1993a): Drei Gründe, Geometrisches Denken in der Grundschule zu fördern. In: mathematica didactica 1 (16), S. 3–36.
Bauersfeld, H. (1993b): Grundschul-Stiefkind Geometrie. In: Die Grundschulzeitschrift, Heft 7, S. 8–11.
Bayrisches Staatsministerium für Unterricht und Kultus (2003): Lehrplan für den Förderschwerpunkt geistige Entwicklung genehmigt mit Bekanntmachung des Bayrischen Staatsministeriums für Unterricht und Kultus vom 08. Juli 2003, Nr. IV. 7–5 S 8410–4.65869.
BeB – Bundesverband evangelische Behindertenhilfe e. V. (2007): Schau doch meine Hände an. Reutlingen: Diakonie-Verlag.
Benz, Ch. (2005): Erfolgsquoten, Rechenmethoden, Lösungswege und Fehler von Schülerinnen und Schülern bei Aufgaben zur Addition und Subtraktion im Zahlenraum bis 100. Hildesheim: Verlag Franzbecker.
Benz, Ch./Cheeseman, J. (2015): Tricky Party Bags. Kinder vergleichen und ordnen Gewichte. In: Mathematik differenziert 4 (6), S. 16–21.
Benz, Ch./Peter-Koop, A./Grüßing, M. (2015): Frühe mathematische Bildung. Wiesbaden: Springer Verlag.
Bieber, M. (2012): Bis zu den Ferien … Kinder erfinden FEMI-Aufgaben – Voraussetzungen und Organisation. In: Grundschule 10 (44), S. 17–20.
Biehler, R./Engel, J. (2015): Stochastik: Leitidee Daten und Zufall. In: Bruder, R./Hefendehl-Hebeker, L./Schmidt-Thieme, B./Weigand, H.-G. (Hrsg.): Handbuch der Mathematikdidaktik. Heidelberg: Springer Verlag, S. 221–254.
Bitter, D. (2017): Lineal, GEO-Dreieck und Zirkel. Zeichengeräte im Mathematikunterricht. In: Lernen konkret 4 (36), S. 22–25.
Bitter, D. (2018): Der Größenbereich Geld – Rechnen mit Euro und Cent. In: Lernen konkret 4 (37), S. 16–21.
Bobrowski, S. (2008): »Jetzt sehe ich genau, wann ich Geburtstag habe!« – Anbahnung des Zeitbewusstseins im Kindergarten. In: Praxis Grundschule, 5, S. 33–35.

Bönig, D. (2015a): Gewichte von Anfang an. Spiralförmiger Aufbau von Gewichtskompetenzen im Mathematikunterricht. In: Mathematik differenziert 4 (6), S. 4–5
Bönig, D. (2015b): Der Apfel wiegt genau so viel wie die Möhre und ein 50er-Gewicht. Einstiege in eine systematische Behandlung der Gewichte in Klasse 3. In: Mathematik differenziert 4 (6), S. 22–31.
Bönig, D./Sack, N./Sackmann, F. (2018): Der Größenbereich Gewichte. Unterrichtliche Möglichkeiten im Förderschwerpunkt geistige Entwicklung. In: Lernen konkret 4 (37), S. 30–31.
Bräunling, K./Reuter, D. (2017): Messen und Größen. In: Leuders, J./Philipp, K. (Hrsg.): Mathematik – Didaktik für die Grundschule. Berlin: Cornelsen Verlag, S. 44–57.
Brügelmann, H. (2005): Schule verstehen und gestalten: Perspektiven der Forschung auf Probleme von Erziehung und Unterricht. Libelle Verlag.
Bruner, J. S. (1966): Studies in Cognitive Growth. New York.
Bruner, J. S. (1971): Über kognitive Entwicklung. In: Bruner, J. S./Oliver, R. R./Greenfield, P. M. (Hrsg.): Studien zur kognitiven Entwicklung. Stuttgart: Klett Verlag, S. 21–44.
Bundschuh, K./Winkler, Ch. (2014): Sonderpädagogische Diagnostik. München: Reinhardt.
Bundschuh, K./Schäfer, H. (2016): Grundlagen der individuellen Förderplanung im FgE. In: Lernen konkret 1 (35), S. 14–19.
Bundschuh, K./Schäfer, H. (2019a): Diagnostik I: Grundlagen. In: Schäfer, H. (Hrsg.): Handbuch Förderschwerpunkt geistige Entwicklung. Grundlagen – Spezifika – Fachorientierung – Lernfelder. Weinheim: Beltz. S. 143–152.
Bundschuh, K./Schäfer, H. (2019b): Diagnostik II: Förderplanung. In: Schäfer, H. (Hrsg.): Handbuch Förderschwerpunkt geistige Entwicklung. Grundlagen – Spezifika – Fachorientierung – Lernfelder. Weinheim: Beltz. S. 153-166.
Caepenter, T. P./Moser, J. M. (1984): The Acquisition of Addition and Subtraction Concepts in Grades One through Three. In: Journal of Research in Mathematics Education 3 (15), S. 179–202.
Caluori, F. (2003): Die numerische Kompetenz von Vorschulkindern. Theoretische Modelle und empirische Befunde. Hamburg: Verlag Dr. Kovač.
Caluori, F. (2004). Die numerische Kompetenz von Vorschulkindern. Theoretische Modelle und empirische Befunde. Hamburg: Verlag Dr. Kovač.
Carpenter, T./Moser, J./Romberg, T. (Hrsg.) (1982): Addition and Subtraction: A Developmental Perspective. Hillsdale: Erlbaum.
Claaßen, Ch. (2014): In welchen Raum passen alle rein? Problemorientierte Bestimmung von Flächeninhalten. In: Praxis Grundschule 3 (47), S. 28–29.
Clements, D. H. (1984). Training Effects on the Development and Generalization of Piagetian Logical Operations and Knowledge of *Number*. Journal of Educational Psychology 5 (76), S. 766–776.
Cottmann, K. (2006): Von Partnern und Zwillingen. In: Grundschule Mathematik Nr. 11, S. 6–9.
Dank, S. (Hrsg.) (o. J.): Übungsreihen für Geistigbehinderte – Konzepte und Materialien (bspw. Lehrgang A Umgang mit Mengen, Zahlen und Größen: Heft A 8.1 bis Heft A 8.3).
Daseking, M./Lemcke, J./Petermann, F. (2006): Vorläuferstörungen schulischer Fertigkeiten: Erfassung von kognitiven Leistungen im Kindergartenalter. In: Petermann, U./Petermann, F. (Hrsg.): Diagnostik sonderpädagogischen Förderbedarfs. Test und Trends. Göttingen: Hogrefe S. 211–238 (= Jahrbuch der pädagogisch-psychologischen Diagnostik. Band 15)
Dehaene, S. (1992): Varieties of Numerical Abilities. Cognition 44, S. 1–42.
Dehaene, S. (1997): The Number Sense. Oxford: University Press.
Dehaene, S. (1999): Der Zahlensinn oder warum wir rechnen können. Basel: Birkhäuser.
Deuscher, Th. (2013): Kannst du das nachmachen? Was fehlt? Was passt? In: Grundschule Mathematik, Nr. 36, S. 18–23.
Dönges, Ch. (2016): Didaktische Ansatzpunkte mathematischer Förderung im FgE. In: Lernen konkret 4 (35), S. 12–15.
Dworschak, W./Kannewischer, S./Ratz, Ch./Wagner, M. (Hrsg.) (2012): Schülerschaft mit dem Förderschwerpunkt geistige Entwicklung (SFGE). Eine empirische Studie. Oberhausen: Athena.
Eggert, J. (2016): Schnell-Diagnosetests Mathematik. Lernstände von Kindern mit Lerndefiziten feststellen, Klasse 1–4. Persen.

Eichler, K.-P. (2014): Zahlenstrahl und Rechenstrich von Klasse 1 an. Veranschaulichungsmittel über die Grundschulzeit hinaus. In: Mathematik differenziert 4 (5), S. 34–39.

Eichler, K.-P. (2017a): Daten und Zufall. In: Leuders, J./Philipp, K. (Hrsg.): Mathematik – Didaktik für die Grundschule. Berlin: Cornelsen, S. 88–101.

Eichler, K.-P. (2017b): Das Problem mit den Problemen. Problemlösen im Mathematikunterricht. In: Mathematik differenziert 4 (8), S. 6–9.

Eichler, U./Herder, S. (2005): Hüpfkästchen. Münster: Coppenrath.

Erichson, Ch. (2003): Simulation und Authentizität – wie viel Realität braucht das Sachrechnen? In: Baum, M./Wielpütz, H. (Hrsg.): Mathematik in der Grundschule. Seelze: Kallmeyer, S. 185–194.

Fischer, E. (2005): Vorhaben und Unterrichtseinheiten. Lehren und Lernen im Förderschwerpunkt geistige Entwicklung. Dortmund: Borgmann.

Fischer, E. (2008): Bildung im Förderschwerpunkt geistige Entwicklung. Bad Heilbrunn: Klinkhardt.

Fischer, E./Schäfer, H. (2017): Bildung im Förderschwerpunkt geistige Entwicklung. In: Behinderte Menschen. Zeitschrift für gemeinsames Leben, Lernen und Arbeiten 6 (40), S. 11–17.

Fischer, E./Schäfer, H. (2019): Bildung im FgE. In: Schäfer, H. (Hrsg.): Handbuch Förderschwerpunkt geistige Entwicklung. Weinheim: Beltz, S. 74–84.

Fliegl, H./Schwarz, U. (1998): Sachkunde kreativ unterrichten. Wasser, Grundschule 2 bis 4. Hamburg: Oldenburg.

Fraedrich, A. M. (1991): Flächenauslegen in der 1./2. Klasse. In: Grundschule 2, S. 20–24.

Franke, M. (2007): Didaktik der Geometrie in der Grundschule. Heidelberg: Spektrum.

Franke, M./Reinhold, S. (2016): Didaktik der Geometrie. In der Grundschule. Berlin: Springer.

Franke, M./Ruwisch, S. (2010): Didaktik des Sachrechnens in der Grundschule. Wiesbaden: Springer.

Fritz, A./Ricken, G. (2009): Grundlagen des Förderkonzepts »Kalkulie«. In: Fritz, A./Ricken, G./Schmidt, S. (Hrsg.): Handbuch Rechenschwäche. Lernwege, Schwierigkeiten und Hilfen bei Dyskalkulie. Weinheim: Beltz, S. 374–395.

Fritz, A./Ricken, N. (2008): Rechenschwäche. München: Reinhardt.

Fritzlar, T. (2013): Massenhaft Gewichte. Der Größenbereich Gewichte im Mathematikunterricht der Grundschule. In: Praxis Grundschule 5, S. 4–7.

Fritzlar, T. (2018): Achsensymmetrie. In: Praxis Grundschule 2 (41), S. 6–9.

Fuson, K. (1988): Children's Counting and Number Concept. New York: Springer.

Fuson, K./Wearne, D./Hiebert, J. C./Murray, H. G./Human, P. G./Olivier, A. I./Carpenter, T. P./ Fennema, E. (1997): Children`s Conceptual Structures for Multidigit Numbers and Methods of Multidigit Addition and Subtraction. In: Journal of Research in Mathematics Education 2 (28), S. 130–162.

Fuson, K. C./Carroll, W. M./Drueck, J. V. (2000): Achievement Results for Second and Third Graders. Using the Standards-Based-Curriculum Everyday Mathematics. In: Journal of Research in Mathematics Education 3 (31), S. 277–295.

Gaidoschik, M. (2009): Didaktogene Faktoren bei der Verfestigung des Zählenden Rechnens. In: Fritz, A./Ricken, G./Schmidt, S. (Hrsg.): Handbuch Rechenschwäche. Lernwege, Schwierigkeiten und Hilfen bei Dyskalkulie. Weinheim: Beltz, S. 166–180.

Gaidoschik, M. (2015): Vermeidbare und unvermeidbare Hürden beim Rechnenlernen. In: Steinweg, A. S. (Hrsg.): Entwicklung mathematischer Fähigkeiten von Kindern im Grundschulalter. Tagungsband des AK Grundschule in der GDM 2015, S. 25–38.

Gaidoschik, M. (2016): Ein Plädoyer für das – fachlich geleitete – Fingerrechnen. In: Lernen konkret 4 (35), S. 22–25.

Gaidoschik, M. (2017): Zur Rolle des Unterrichts bei der Verfestigung des zählenden Rechnens. In: Fritz, A./Schmidt, S/Ricken, G. (Hrsg.): Handbuch Rechenschwäche. Lernwege, Schwierigkeiten und Hilfen bei Dyskalkulie. Weinheim: Beltz, S. 111–125.

Ganser, B: (2004): Theoretische Grundbausteine. In: Akademie für Lehrerfortbildung und Personalführung Dillingen (Hrsg.): Rechenstörungen. Hilfen für Kinder mit besonderen Schwierigkeiten beim Erlernen der Mathematik. Donauwörth: Auer Verlag, S. 6–25.

Garrote, A./Moser Opitz, E./Ratz, Ch. (2015): Mathematische Kompetenzen von Schülerinnen und Schülern mit dem Förderschwerpunkt geistige Entwicklung: Eine Querschnittsstudie. In: Empirische Sonderpädagogik, Heft 1, S. 24–40.
Gasteiger, H. (2010): Elementare mathematische Bildung im Alltag der Kindertagesstätte. Münster: Waxmann.
Gebauer, M./Schrenk, M. (2014): Kinder erleben vier Jahreszeiten. In: Praxis Grundschule extra. Wie die Zeit vergeht. Ideen und Materialien zu Uhr, Kalender und Geschichte. Braunschweig: Westermann S. 64–67.
Gelman, R./Gallistel, C. R. (1986): The Childs Understandig of Number. Harvard: University Press.
Gerster, H.-D. (1994): Arithmetik im Anfangsunterricht. In: Abele, A./Kalmbach, H. (Hrsg.): Handbuch zur Grundschulmathematik. Band 1. Stuttgart: Klett, S. 35–102.
Gerster, H.-D. (2003): Schwierigkeiten beim Erwerb arithmetischer Konzepte im Anfangsunterricht. In: Lernart, F./Holzer, N./Schaupp, H. (Hrsg.): Rechenschwäche, Rechenstörung, Dyskalkulie. Graz: Leykam Verlag, S. 154–160.
Gerster, H.-D. (2009): Schwierigkeiten bei der Entwicklung arithmetischer Konzepte im Zahlenraum bis 100. In: Fritz, A./Ricken, G./Schmidt, S. (Hrsg.): Handbuch Rechenschwäche. Lernwege, Schwierigkeiten und Hilfen bei Dyskalkulie. Weinheim: Beltz, S. 248–268.
Gerster, H.-D./Schultz, R. (2000): Schwierigkeiten beim Erwerb mathematischer Konzepte im Anfangsunterricht. Forschungsbericht. Freiburg: Institut für Mathematik und Informatik und ihre Didaktiken. (https://phfr.bsz-bw.de/files/16/gerster.pdf)
Götze, D. (2016): »Ich habe gelernt, wie man die Fachsprache spricht.« Sprachförderung sowohl vom Kind als auch vom Fach aus. In: Mathematik differenziert 2, S. 34–39.
Grassmann, M. (2013): Größenvorstellungen von Geldwerten entwickeln. In: Mathematik differenziert 4, S. 9–11.
Grassmann, M./Klunter, M./Köhler, E./Mirwald, E./Raudies, M./Thiel, O. (2008): Kinder wissen viel – auch über die Größe Geld? Teil 3. Potsdam: Universitätsverlag.
Graumann, G. (2015): Allgemeine Ziele des Mathematikunterrichts eingebettet in ein ganzheitliches Konzept von Menschenbildung. Theoretische Erörterungen und beispielhafte Erläuterungen. In: mathematica didactica, 1 (38), S. 92–110.
Grüßing, M. (2012): Räumliche Fähigkeiten und Mathematikleistung: Eine empirische Studie mit Kindern im 4. Schuljahr. Münster: Waxmann.
Günthner, W. (2018): Lesen und Schreiben lernen bei geistiger Behinderung: Grundlagen und Ubungsvorschläge zum erweiterten Lese- und Schreibbegriff (Ubungsreihen für Geistigbehinderte): Dortmund: Verlag modernes lernen.
Häring, G. (2015): Wenn vorne hinten ist, ist rechts links. Wie Kinder lernen, gedanklich andere Standorte einzunehmen. In: Grundschule Mathematik, 45, S. 4–5.
Häring, G. (2017): Zeit lässt sich nicht nur an der Uhr ablesen. Zeitspannen im Alltag bewusst wahrnehmen. In: Grundschule Mathematik, Nr. 54, S. 21–23.
Hasemann, K. (2009): Meilensteine in der Kompetenzentwicklung im Bereich Daten. Grundschule Mathematik, H. 21, S. 14–17.
Hasemann, K./Gasteiger, H. (2014): Anfangsunterricht Mathematik. Berlin: Springer.
Hattermann, M./Kadunz, G./Rezat, S./Sträßer, R. (2015): Geometrie: Leitidee Raum und Form. In: Bruder, R./Hefendehl-Hebeker, L./Schmidt-Thieme, B./Weigand, H.-G. (Hrsg.): Handbuch der Mathematikdidaktik. Heidelberg: Springer, S. 185–220.
Haug, R./Leuders, T. (2017): Raum und Ebene. In: Leuders, J./Philipp, K. (Hrsg.): Mathematik – Didaktik für die Grundschule. Berlin: Cornelsen, S. 58–73.
Hefendehl-Hebeker, L./Schwank, I. (2015): Leitidee: Arithmetik. In: Bruder, R./Hefendehl-Hebeker, L./Schmidt-Thieme, B./Weigand, H.-G. (Hrsg.): Handbuch der Mathematikdidaktik. Heidelberg: Springer, S. 77–116.
Heidenreich, M./Kinkel-Craciunescu, M./Kropf, T./Laubis, Th./Wieland, K. (2010): Matheiger. Band 2. Offenburg: Mildenberger.
Heine, H. (2004): Das schönste Ei der Welt. Weinheim: Beltz.
Herzog, M./Fritz, A./Ehlert, A. (2017): Entwicklung eines tragfähigen Stellenwertsystems. In: Fritz, A./Schmidt, S./Ricken, G. (Hrsg.): Handbuch Rechenschwäche. Lernwege, Schwierigkeiten und Hilfen bei Dyskalkulie. Weinheim: Beltz, S. 266–285.

Heymann, H. W. (2013): Allgemeinbildung und Mathematik. Weinheim: Beltz.
Hinze, G. (2013): Mit der Schere auf der Suche nach Symmetrie. In: Grundschule Mathematik 36, S. 14–17.
Hohnstein, E. (2015): Wie die Zeit vergeht! Zeitbegriff und Uhrzeit im FgE. In: Lernen konkret 3 (34), S. 28–29.
Holzäpfel, L./Leuders, T. (2017): Entdeckendes Lernen und produktives Üben. In: Leuders, J./Philipp, K. (Hrsg.): Mathematik – Didaktik für die Grundschule. Berlin: Cornelsen, S. 117–129.
Hölzel, B. (2013): Farben, Linien und Flächen wie bei Mondrian. In: Grundschule Mathematik 36, S. 10–13.
Hölzel, B. (2014): Vom ersten Schultag an. In: Grundschule Mathematik. Sammelband Anfangsunterricht Mathematik, S. 46–47.
Hölzel, B. (2014a): Zeichnen ohne Hilfsmittel von Anfang an. In: Grundschule Mathematik. Sammelband Anfangsunterricht Mathematik, S. 4–7.
Hölzel, B. (2014b): In der Zählwerkstatt. In: Grundschule Mathematik. Sammelband Anfangsunterricht Mathematik, S. 8–11.
Hölzel, B. (2014c): Vom ersten Schultag an. In: Grundschule Mathematik. Sammelband Anfangsunterricht Mathematik, S. 46–47.
Hölzel, B. (2014d): Gewichte – von Anfang an. In: Grundschule Mathematik. Sammelband Anfangsunterricht Mathematik, S. 52–54.
Iff, R. (2014): Mathematische Kompetenzen von Erwachsenen mit einer intellektuellen Beeinträchtigung. Unveröffentlichte Lizenziatsarbeit. Universität Zürich.
Ifrah, G. (1991): Universalgeschichte der Zahlen. Frankfurt a. M.: Campus-Verlag.
Ingenkamp, K. H./Lissmann, U. (2008): Lehrbuch der Pädagogischen Diagnostik. Weinheim: Beltz.
Jandl, S./Moser Opitz, E. (2017): Mathematische Förderung von Kindern mit intellektueller Beeinträchtigung. Über welches fachspezifische professionelle Wissen verfügen Sonderschullehrkräfte? In: Sonderpädagogische Förderung heute 2 (62), S. 195–208.
Johnson, V. E. (2008): Mathe kann man anfassen! 225 Ideen und Materialien für den handlungsorientierten Anfangsunterricht. Verlag an der Ruhr.
Käpnick, F. (2014): Mathematiklernen in der Grundschule. Berlin: Springer.
Kaufmann, L./Nürk, H.-Ch./Graf, M./Krinzinger, H./Delazer, M./Willmes, K. (2009): TEDI-MATH – Test zur Erfassung numerisch-rechnerischer Fertigkeiten vom Kindergarten bis zur 3. Klasse. Bern: Huber. (www.Testzentrale.de)
Kaufmann, S. (2003): Früherkennung von Rechenstörungen in der Eingangsklasse der Grundschule und darauf abgestimmte remediale Maßnahmen. Frankfurt a. M.: Peter Lang Verlag.
Kaufmann, S. (2011): Handbuch für die frühe mathematische Bildung. Braunschweig: Schroedel.
Klafki, W. (1959): Das pädagogische Problem des Elementaren und die Theorie der kategorialen Bildung. Weinheim: Beltz.
Klafki, W. (1963): Studien zur Bildungstheorie und Didaktik. Weinheim: Beltz.
Klafki, W. (2007): Neue Studien zur Bildungstheorie und Didaktik. Zeitgemäße Allgemeinbildung und kritisch-konstruktive Didaktik. Weinheim. Beltz.
Klieme, E./Avenarius, H./Blum, W./Döbrich, P./Gruber, H./Prenzel, M./Reiss, K./Riquarts, K./Rost, J./Tenorth, H. E./Vollmer, H. J. (2003): Zur Entwicklung nationaler Bildungsstandards. Eine Expertise. Berlin: BMBF und KMK.
KMK – Kultusministerkonferenz (1979): Empfehlungen für den Unterricht in der Schule für Geistigbehinderte (Sonderschule). Beschluss vom 09.02.1979. Bonn (Neuauflage 1982).
KMK – Kultusministerkonferenz (1994): Empfehlungen zur sonderpädagogischen Förderung in den Schulen in der Bundesrepublik Deutschland. Beschluss vom 06.05.1994. Bonn.
KMK – Kultusministerkonferenz (1998): Empfehlungen zum Förderschwerpunkt geistige Entwicklung. Beschluss vom 26.06.1998. Bonn.
KMK – Kultusministerkonferenz (2004): Bildungsstandards im Fach Mathematik für den Primarbereich. Beschluss vom 15.10.2004. Luchterhand.

KMK – Kultusministerkonferenz (2013): Kompetenzstufenmodell zu den Bildungsstandards im Fach Mathematik für den Primarbereich (Jahrgangsstufe 4). Auf Grundlage des Ländervergleichs 2011 überarbeitete Version in der Fassung vom 11. Februar 2013.

Koch, A. (2008): Die Kulturtechnik Lesen im Unterricht für Schüler mit geistiger Behinderung. Lesen lernen ohne Phonologische Bewusstheit? Herzogenrath: Shaker.

Koch, A./Euker, N. (2017): Deutsch im Förderschwerpunkt geistige Entwicklung. In: Behinderte Menschen. Zeitschrift für gemeinsames Leben, Lernen und Arbeiten 6 (40), S. 63–66.

Koch, A./Euker, N. (2019): Grundlagen des Schriftspracherwerbs im Förderschwerpunkt geistige Entwicklung. In: Schäfer, H. (Hrsg.): Handbuch Förderschwerpunkt geistige Entwicklung. Weinheim: Beltz, S. 461–468.

Kollosche, D. (2015): Mathematik und Bildung aus kritischer Sicht. In: mathematica didactica 1 (38), S. 111–131.

Kovac, D. (2016a): Rechnen an Punktfeldern. In: Lernen konkret 4 (35), S. 20–21.

Kovac, D. (2016b): Mathematikhefte im FgE. In: Lernen konkret 4 (35), S. 26–29.

Kovac, D. (2017): Lineal, Geodreieck und Zirkel – Zeichengeräte im Mathematikunterricht. In: Lernen konkret (im Druck).

Krajewski, K. (2003): Vorhersage von Rechenschwäche in der Grundschule. Hamburg: Verlag Dr. Kovač.

Krajewski, K. (2005): Vorschulische Mengenbewusstheit von Zahlen und ihre Bedeutung für die Früherkennung von Rechenschwäche. In: Hasselhorn, M./Marx, H./Schneider, W. (Hrsg.): Diagnostik von Mathematikleistungen. Test und Trends. Göttingen: Hogrefe, S. 49–70 (= Jahrbuch der pädagogisch-psychologischen Diagnostik. Band 4).

Krajewski, K./Ennemoser, M. (2013): Entwicklung und Diagnostik der Zahl-Größen-Verknüpfung zwischen 3 und 8 Jahren. In: Hasselhorn, M./Heinze, A./Schneider, W./Trautwein, U. (Hrsg.): Diagnostik mathematischer Basiskompetenzen. Göttingen: Hogrefe, S. 41–66 (= Jahrbuch der pädagogisch-psychologischen Diagnostik. Band 11).

Krauthausen, G. (1995): Die »Kraft der Fünf« und das denkende Rechnen. In: Müller, G. N./Wittmann, E. Ch. (Hrsg.): Mit Kindern rechnen. Beiträge zur Reform der Grundschule Band 96. Frankfurt a. M. Grundschulverband, S. 87–108.

Krauthausen, G. (2003): Forschende Kinder und forschende Lehrer – wechselseitiges Reflektieren über gehaltvolle Aufgabenstellungen. In: Baum, M./Wielpütz, H. (Hrsg.): Mathematik in der Grundschule. Seelze: Kallmeyer, S. 137–146.

Krauthausen, G. (2018): Einführung in die Mathematikdidaktik – Grundschule. Berlin: Springer.

Krauthausen, G./Lorenz, J.-H. (2012): Computereinsatz im Mathematikunterricht. In: Walther, G./Heuvel-Panhuizen, M. van den/Granzer, D./Köller, O. (Hrsg.): Bildungsstandards für die Grundschule: Mathematik konkret. Berlin: Cornelsen, S. 162–183.

Krauthausen, G./Scherer, P. (2003/2007): Einführung in die Mathematikdidaktik. Heidelberg: Spektrum.

Krinzinger, H. (2017): Entwicklung des Zahlenverständnisses aus neurokognitiver Sicht. In: Fritz, A./Schmidt, S./Ricken, G. (Hrsg.): Handbuch Rechenschwäche. Lernwege, Schwierigkeiten und Hilfen bei Dyskalkulie. Weinheim: Beltz, S. 32–46.

Kruse, M. (2017): Der SOMA-Würfel. Differenzierte Einsatzmöglichkeiten im FgE. In: Lernen konkret 4 (36), S. 28–33.

Kultusministerium Hessen (2013): Richtlinien für Unterricht und Erziehung im Förderschwerpunkt geistige Entwicklung. Erlass vom 24. Januar 2013 11.3 – 170.000.061–0026 – Gült. Verz. Nr. 721.

Kuntze, S. (2013): Vielfältige Darstellungen nutzen im Mathematikunterricht. In: Sprenger, J./Wagner, A./Zimmermann, M. (Hrsg.): Mathematik lernen, darstellen, deuten, verstehen. Wiesbaden: Springer, S. 17–36.

Lafrenz, H./Eichler, K. P. (2004): Vorerfahrungen von Schulanfängern zum Vergleichen und Messen von Längen und Flächen. In: Grundschulunterricht 7/8, S. 42–47.

Langemeyer, M.-E./Langemeyer, I. (2014a): Wie spät ist es. In: Praxis Grundschule extra. Wie die Zeit vergeht. Ideen und Materialien zu Uhr, Kalender und Geschichte. Braunschweig: Westermann S. 6–21.

Langemeyer, M.-E./Langemeyer, I. (2014b): Kinder, wie die Zeit vergeht. In: Praxis Grundschule extra. Wie die Zeit vergeht. Ideen und Materialien zu Uhr, Kalender und Geschichte. Braunschweig: Westermann S. 68–89.
Lanzinger, H. (1997): Mengen – Größen – Abenteuer. In: Lernen konkret 16 (2), S. 2.
Lernen konkret (1997): Mengen – Größen – Abenteuer. Überlegungen zur Mathematik an der Schule für Geistigbehinderte 16 (2).
Lernen konkret (2015): Mengen – Größen – Welterschließung. Grundlagen der Mathematik 34 (3).
Lernen konkret (2016): »Zahlen bitte!« Grundlagen der Arithmetik 35 (4).
Lernen konkret (2017): Raum und Form – Grundlagen der Geometrie 36 (4) (im Druck).
Leuders, J. (2017a): Veranschaulichungen. In: Leuders, J./Philipp, K. (Hrsg.): Mathematik – Didaktik für die Grundschule. Berlin: Cornelsen, S. 148–159.
Leuders, J. (2017b): Hochbegabung und Rechenschwäche. In: Leuders, J./Philipp, K. (Hrsg.): Mathematik – Didaktik für die Grundschule. Berlin: Cornelsen, S. 160–172.
Leuders, J. (2017c): Diagnose und Leistungsbewertung. In: Leuders, J./Philipp, K. (Hrsg.): Mathematik – Didaktik für die Grundschule. Berlin: Cornelsen, S. 173–188.
Leuders, T. (2015): Aufgaben in Forschung und Praxis. In: Bruder, R./Hefendehl-Hebeker, L./Schmidt-Thieme, B./Weigand, H.-G. (Hrsg.): Handbuch der Mathematikdidaktik. Heidelberg: Springer, S. 435–460.
Leuders, T./Philipp, K. (2017): Differenzierung. In: Leuders, J./Philipp, K. (Hrsg.): Mathematik – Didaktik für die Grundschule. Berlin: Cornelsen, S. 130–147.
Lorenz, J. H. (1989): Zähler und Fingerrechner – Was tun? In: Die Grundschulzeitschrift 3 (24), S. 8–9.
Lorenz, J. H. (1992): Größen und Messen in der Grundschule. In: Grundschule 11 (4), S. 12–14.
Lorenz, J. H. (2003): Lernschwache Rechner fördern. Berlin: Cornelsen.
Lorenz, J. H. (2005): Diagnostik mathematischer Basiskompetenzen im Vorschulalter. In: Hasselhorn, M./Marx, H./Schneider, W. (Hrsg.): Diagnostik von Mathematikleistungen. Test und Trends. Göttingen: Hogrefe, S. 29–48 (= Jahrbuch der pädagogisch-psychologischen Diagnostik. Band 14).
Lorenz, J. H. (2006): Mathematik ist die Regel. In: Grundschule Mathematik, Nr. 8, S. 4–5.
Lorenz, J. H. (2012): Kinder begreifen Mathematik. Frühe mathematische Bildung und Förderung. Stuttgart: Kohlhammer.
Lorenz, J. H. (2013a): Operatives und Produktives Üben. Über Ziel und Form einer ungeliebten Tätigkeit. In: Mathematik differenziert 1 (4), S. 4–6.
Lorenz, J. H. (2013b): Zur Sache: Aspekte des operativen und produktiven Übens. Übungsformen und Erweiterungsmöglichkeiten im Bereich Addition und Subtraktion. In: Mathematik differenziert 1 (4), S. 7–11.
Loscher, T. (2014): Diagnostik elementarer Kompetenzen von Schülerinnen und Schülern mit dem Förderschwerpunkt geistige Entwicklung. Hausarbeit im Rahmen der ersten Staatsprüfung für das Lehramt an Sonderschulen. Heidelberg.
Lüken, M. (2014a): Die Struktur von Anschauungsmitteln. In: Mathematik differenziert 4, S. 14–17.
Lüken, M. (2014b): Der kleine Käfer Immerfrech. Die volle Stunde im fächerübergreifenden Unterricht. In: Praxis Grundschule extra. Wie die Zeit vergeht. Ideen und Materialien zu Uhr, Kalender und Geschichte. Braunschweig: Westermann, S. 22–30.
Lüthje, Th. (2015): Von Gewichten und Schwergewichten. Zum Umgang mit Gewichten im Mathematikunterricht der Grundschule. In: Mathematik differenziert 4 (6), S. 6–9.
Maaß, Ch./Schäfer, H. (2019): Kommunikation III: Leichte Sprache. In: Schäfer, H. (Hrsg.): Handbuch Förderschwerpunkt geistige Entwicklung. Weinheim: Beltz, S. 433–444.
Maaß, K. (2017): Sachrechnen und Modellieren. In: Leuders, J./Philipp, K. (Hrsg.): Mathematik – Didaktik für die Grundschule. Berlin: Cornelsen, S. 102–116.
Mann, A./Fischer, U./Nürk, H.-Ch. (2013): TEDI-MATH – Test zur Erfassung numerisch-rechnerischer Fertigkeiten vom Kindergarten bis zur 3. Klasse. In: Hasselhorn, M./Heinze, A./Schneider, W./Trautwein, U. (Hrsg.): Diagnostik mathematischer Kompetenzen. Test und Trends. Göttingen: Hogrefe, S. 97–112 (= Jahrbuch der pädagogisch-psychologischen Diagnostik. Band 11).

Marschall, A./Petry, L. (2016): Flächeninhalt und Umfang. Arbeitsblätter und handlungsorientierte Aufgaben. Persen.
Merschmeyer-Brüwer, C. (2013a): Erfahrungen zur Symmetrie. In: Mathematik differenziert 3 (4), S. 4–5.
Merschmeyer-Brüwer, C. (2013b): Zur Sache: »Spieglein, Spieglein an der Wand...« Kompetenzen für einen Symmetriebegriff in der Grundschule. In: Mathematik differenziert 3 (4), S. 6–9.
Merschmeyer-Brüwer, C. (2013c): Räumliches Symmetrieverständnis fördern. Spiegelungen von Würfelbauwerken. In: Mathematik differenziert 3 (4), S. 41–46.
Merschmeyer-Brüwer, C. (2014): Vorstellungen für Zahlen und Operationen entwickeln. Die Bedeutung von Veranschaulichungsmitteln für verschiedene Repräsentationen. In: Mathematik differenziert 4, S. 4–5.
Ministerium für Kultus, Jugend und Sport Baden-Württemberg (2009): Bildungsplan für die Schule für Geistigbehinderte, Lehrplanheft Reihe C, Nr. 5.
Mitchell, D. (2014): What Really Works in Special and Inclusive Education? Using Evidence-Based Teaching Strategies. Routledge: London.
Monjallon, A. (1970): Einführung in die moderne Mathematik. Braunschweig: Vierweg.
Moser Opitz, E. (2008): Zählen – Zahlbegriff – Rechnen. Theoretische Grundlagen und eine empirische Untersuchung zum mathematischen Erstunterricht in Sonderklassen. Bern: Haupt.
Moser Opitz, E. (2016): Inklusiver Mathematikunterricht – auch für Schülerinnen und Schüler mit dem Förderschwerpunkt Geistige Entwicklung (FGE). In: Steinweg, A. (Hrsg.): Inklusiver Mathematikunterricht – Mathematiklernen in ausgewählten Förderschwerpunkten. Tagungsband des AK Grundschule in der GDM. Bamberg, S. 57–60.
Moser Opitz, E./Garrote, A./Ratz, Ch. (2014): Mathematische Kompetenzen von Schülerinnen und Schülern mit dem Förderschwerpunkt Geistige Entwicklung. Erste Ergebnisse einer Pilotstudie. In: Sonderpädagogische Förderung heute 1 (59), S. 19–31.
Moser Opitz, E./Nührenbörger, M. (2015): Diagnostik und Leistungsbeurteilung. In: Bruder, R./Hefendehl-Hebeker, L./Schmidt-Thieme, B./Weigand, H.-G. (Hrsg.): Handbuch der Mathematikdidaktik. Heidelberg: Springer, S. 491–512.
Moser Opitz, E./Schindler, V. (2017): Mathematiklernen im Kontext von sprachlichen Faktoren. In: Fritz, A./Schmidt, S./Ricken, G. (Hrsg.): Handbuch Rechenschwäche. Lernwege, Schwierigkeiten und Hilfen bei Dyskalkulie. Weinheim: Beltz, S. 141–155.
Moser Opitz, E./Schnepel, S./Ratz, Ch./Iff, R. (2016): Diagnostik und Förderung mathematischer Kompetenzen. In: Kuhl, J./Euker, N. (Hrsg.): Evidenzbasierte Diagnostik und Förderung von Kindern und Jugendlichen mit intellektueller Beeinträchtigung. Göttingen: Hogrefe, S. 123–152.
Mühl, H. (1979): Handlungsbezogener Unterricht mit Geistigbehinderten. Bonn: Verlag Dürrsche Buchhandlung.
Mühl, H. (2008): Kontrollierte Einzelfallforschung in der Pädagogik bei geistiger Behinderung. In: Nußbeck, S./Biermann, A./Adam, H. (Hrsg.): Sonderpädagogik der geistigen Entwicklung. Göttingen: Hogrefe, S. 631–649 (= Handbuch Sonderpädagogik. Band 4).
Müller, G. N. (1995): Kinder rechnen mit der Umwelt. In: Müller, G. N./Wittmann, E. Ch. (Hrsg.): Mit Kindern rechnen. Beiträge zur Reform der Grundschule. Band 96. Frankfurt a. M. Grundschulverband, S. 42–64.
Müller, G. N./Steinbring, H./Wittmann, E. Ch. (1997): 10 Jahre »mathe 2000«. Bilanz und Perspektiven. Stuttgart: Klett.
Mulligan, J. T./Mitchelmore, M. C. (1997): Young Children's Intuitive Models of Multiplication and Division. In: Journal of Research in Mathematics Education 3, S. 309–330.
Musenberg, O./Pech, D. (2011): Geschichte thematisieren – historisch lernen. In: Ratz, Ch. (Hrsg.): Unterricht im Förderschwerpunkt geistige Entwicklung. Oberhausen: Athena, S. 217–240.
Musenberg, O./Riegert, J./Dworschak, W./Ratz, Ch./Terfloth, K./Wagner, M. (2008): In Zukunft Standardbildung? Fragen im Hinblick auf den Förderschwerpunkt geistige Entwicklung. In: Sonderpädagogische Förderung heute 3 (53), S. 306–316.

Neubert, B. (2012): Leitidee: Daten, Häufigkeit und Wahrscheinlichkeit. Aufgabenbeispiele und Impulse für die Grundschule.
Neuhäuser, G./Steinhausen, H.-Ch. (2013a): Epidemiologie, Risikofaktoren und Prävention. In: Neuhäuser, G./Steinhausen, H.-Ch./Häßler, F./Sarimski, K. (Hrsg.): Geistige Behinderung. Grundlagen, Erscheinungsformen und klinische Probleme, Behandlung, Rehabilitation und rechtliche Aspekte. Stuttgart: Kohlhammer, S. 15–29.
Neuhäuser, G./Steinhausen, H.-Ch. (2013b): Klinische Diagnostik und Früherkennung. In: Neuhäuser, G./Steinhausen, H.-Ch./Häßler, F./Sarimski, K. (Hrsg.): Geistige Behinderung. Grundlagen, Erscheinungsformen und klinische Probleme, Behandlung, Rehabilitation und rechtliche Aspekte. Stuttgart: Kohlhammer, S. 193–211.
Niedermeyer, I. (2015): Du siehst was, was ich nicht sehe. Anforderungen in Aufgaben zur räumlichen Perspektivübernahme. In: Grundschule Mathematik 45, S. 6–9.
Nolte, M. (2009): Auswirkungen von sprachlicher Verarbeitung auf die Entwicklung von Rechenschwächen. In: Fritz, A./Ricken, G./Schmidt, S. (Hrsg.): Handbuch Rechenschwäche. Weinheim: Beltz, S. 214–229.
Nugent, G. (2014): Mathe kann man anfassen! 230 Ideen und Materialien für den handlungsorientierten Unterricht. Verlag an der Ruhr.
Nührenbörger, M. (2001): Mein Körperbuch. In: Die Grundschulzeitschrift 141, S. 3–7.
Nührenbörger, M. (2014): Das Vorwissen von Kindern zum Umgang mit Längen. In: Grundschule Mathematik. Sammelband Anfangsunterricht Mathematik, S. 42–45.
Nußbeck, S. (2008): Der Personenkreis der Menschen mit geistiger Behinderung. In: Nußbeck, S./Biermann, A./Adam, H. (Hrsg.): Sonderpädagogik der geistigen Entwicklung. Göttingen: Hogrefe, S. 5–17 (= Handbuch Sonderpädagogik. Band 4)
Obersteiner, A./Reiss, K. (2017): Interventionsstudien zur Förderung numerischer Basiskompetenzen rechenschwacher Kinder – ein Überblick über theoretische Grundlegungen und Förderansätze. In: Fritz, A./Schmidt, S./Ricken, G. (Hrsg.): Handbuch Rechenschwäche. Lernwege, Schwierigkeiten und Hilfen bei Dyskalkulie. Weinheim: Beltz, S. 308–322.
Padberg, F. (1996): Didaktik der Arithmetik. Heidelberg: Spektrum.
Padberg, F. (2012): Elementare Zahlentheorie. Heidelberg: Spektrum.
Padberg, F./Benz, Ch. (2011): Didaktik der Arithmetik. Heidelberg: Spektrum.
Padberg, F./Büchter, A. (2015): Einführung Mathematik Primarstufe – Arithmetik. Heidelberg: Spektrum.
Pädagogik, Heft 4, 2019: Lernen in einer digitalen Welt. Weinheim: Beltz
Pech, D. (2015): Leben ist Zeit. Zugänge zu einem komplexen Thema. In: Praxis Grundschule 6 (38), S. 6–7.
Peter-Koop, A. (2001): Authentische Zugänge zum Umgang mit Größen. In: Die Grundschulzeitschrift 14, S. 6–11.
Peter-Koop, A. (2016): »Zahlen bitte!« Zur Bedeutung numerischer Kompetenzen für das Rechnenlernen. In: Lernen konkret 4 (35), S. 4–9.
Peter-Koop, A./Grüßing, M. (2011): ElementarMathematisches BasisInterview EMBI KiGa. Offenburg: Mildenberger.
Peter-Koop, A./Wollring, B./Grüßing, M./Spindeler, B. (2007/2013): ElementarMathematisches BasisInterview EMBI Zahlen und Operationen. Offenburg: Mildenberger.
Peter-Koop, A./Nührenbörger, M. (2012): Größen und Messen. In: Walther, G./van den Heuvel-Panhuizen, M./Granzer, D./Köller, O. (Hrsg.): Bildungsstandards für die Grundschule: Mathematik konkret. Berlin: Cornelsen, S. 89–117.
Peter-Koop, A./Rottmann, T. (2013): Zahlenwerkstatt 1, Zerlegungskarten. Braunschweig: Schroedel.
Peter-Koop, A./Schäfer, H. (2018): Vom Zählen zum Messen – Entwicklung von Längenvorstellungen und Messkompetenzen im FgE. In: Lernen konkret 4 (37), S. 26–29.
Peter-Koop, A./Wollring, B. (2015a): Geometrieunterricht für hands-on learners. Grundsätze, Inhalte und Kontexte aus fachdidaktischer Sicht. In: Lernen konkret 3 (34), S. 20–24.
Peter-Koop, A./Wollring, B. (2015b): Handlungsleitende Diagnostik mit dem ElementarMathematischen BasisInterview (EMBI). In: Lernen konkret 3 (34), S. 32–35.
Peter-Koop, A./Wollring, B. (2017): Förderergiebige mathematische Diagnostik im Inhaltsbereich Raum und Form. In: Lernen konkret 4 (36), S. 18–21.

Peter-Koop, A./Wollring, B./Schäfer, H. (2018): Der Kompetenzbereich Größen und Messen. Fachliche und fachdidaktische Perspektiven im FgE. In: Lernen konkret 4 (37), S. 4–7.
Peucker, S./Weißhaupt, St. (2017): Entwicklung frühen numerischen Wissens. In: Fritz, A./Schmidt, S./Ricken, G. (Hrsg.): Handbuch Rechenschwäche. Lernwege, Schwierigkeiten und Hilfen bei Dyskalkulie. Weinheim: Beltz, S. 47–65.
Pfister, M./Stöckli, M./Moser Opitz, E./Pauli, Ch. (2015): Inklusiven Mathematikunterricht erforschen: Herausforderungen und erste Ergebnisse aus einer Längsschnittstudie. In: Unterrichtswissenschaft 1 (43), S. 53–66.
Philipp, K. (2017): Muster und Strukturen. In: Leuders, J./Philipp, K. (Hrsg.): Mathematik – Didaktik für die Grundschule. Berlin: Cornelsen, S. 74–87.
Pitsch, H.-J./Thümmel, I. (2011): Zur Didaktik und Methodik des Unterrichts mit geistig Behinderten. Oberhausen: Athena.
Pitsch, H.-J./Thümmel, I. (2015a): Methodenkompendium für den Förderschwerpunkt geistige Entwicklung. Band 1: Basale, perzeptive, manipulative, gegenständliche und spielerische Tätigkeit. Oberhausen: Athena.
Pitsch, H.-J./Thümmel, I. (2015b): Methodenkompendium für den Förderschwerpunkt geistige Entwicklung. Band 2: Lernen in der Schule. Oberhausen: Athena.
Pitsch, H.-J./Thümmel, I. (2017): Methodenkompendium für den Förderschwerpunkt geistige Entwicklung. Band 3: Lernen in der Sekundarstufe II. Oberhausen: Athena.
Pixner, S. (2017): Vorschulische mathematische Kompetenzen und Risikofaktoren für die Entwicklung einer Rechenschwäche oder einer Rechenstörung. In: Fritz, A./Schmidt, S./Ricken, G. (Hrsg.): Handbuch Rechenschwäche. Lernwege, Schwierigkeiten und Hilfen bei Dyskalkulie. Weinheim: Beltz, S. 96–110.
Polya, G. (1949): Schule des Denkens. München.
Praxis Grundschule extra. Wie die Zeit vergeht. Ideen und Materialien zu Uhr, Kalender und Geschichte. Braunschweig: Westermann.
Prediger, S. (2016): Wer kann es auch erklären? Sprachliche Lernziele identifizieren und verfolgen. In: Mathematik differenziert, Heft 2, S. 6–9.
Pyroth, S. (2013): Bilder aus Kreisen. In: Grundschule Mathematik 36, S. 6–9.
Pyroth, S. (2015): »Wie groß ist unsere Klasse?« Mit Meterquadraten den Klassenraum ausmessen. In: Grundschule Mathematik 47, S. 13–15.
Pyroth, S. (2017): »1 m geht mir bis hier«. Stützpunktvorstellungen zu Längen aufbauen. In: Grundschule Mathematik 54, S. 18–20.
Radatz, H. (1983): Untersuchungen zum Lösen eingekleideter Aufgaben. In: Journal für Mathematik-Didaktik, 3 (4), S. 205–217.
Radatz, H./Schipper, W. (1983): Handbuch für den Mathematikunterricht an Grundschulen. Hannover: Schroedel.
Rasch, R. (2017): Grundlagen der Geometrie. Fachdidaktische Perspektiven. In: Lernen konkret 4 (36), S. 10–14.
Rasch, R./Schütte, S. (2012): Zahlen und Operationen. In: Walther, G./van den Heuvel-Panhuizen, M./Granzer, D./Köller, O. (Hrsg.): Bildungsstandards für die Grundschule: Mathematik konkret. Berlin: Cornelsen, S. 66–88.
Rasch, R./Sitter, K. (2016): Module für den Geometrieunterricht in der Grundschule. Geometrie handlungsorientiert unterrichten und beziehungshaltig entdecken. Seelze: Kallmeyer.
Ratz, Ch. (2009): Aktiv-entdeckendes Lernen im Mathematikunterricht bei Schülern mit geistiger Behinderung. Eine qualitative Studie am Beispiel von mathematischen Denkspielen. Oberhausen: Athena.
Ratz, Ch. (Hrsg.) (2011a): Unterricht im Förderschwerpunkt geistige Entwicklung. Fachorientierung und Inklusion als didaktische Herausforderung. Oberhausen: Athena.
Ratz, Ch. (2011b): Zur Bedeutung einer Fächerorientierung. In: Ratz, Ch. (Hrsg.): Unterricht im Förderschwerpunkt geistige Entwicklung. Fachorientierung und Inklusion als didaktische Herausforderung. Oberhausen: Athena, S. 9–40.
Ratz, Ch. (2012): Mathematische Fähigkeiten von Schülern mit dem Förderschwerpunkt geistige Entwicklung. In: Dworschak, W./Kannewischer, S./Ratz, Ch./Wagner, M. (Hrsg.):

Schülerschaft mit dem Förderschwerpunkt geistige Entwicklung (SFGE). Eine empirische Studie. Oberhausen: Athena, S. 133–148.
Ratz, Ch. (2016): Wie soll man Zahlen bis 10 darstellen? In: Lernen konkret 4 (35), S. 16–19.
Ratz, Ch./Moser Opitz, E. (2015): Aktiv-entdeckendes Lernen im Mathematikunterricht. In: Lernen konkret 3 (24), S. 14–15.
Ratz, Ch./Wittmann, E. Ch. (2011): Mathematisches Lernen im FgE. In: Ratz, Ch. (Hrsg.): Unterricht im Förderschwerpunkt geistige Entwicklung. Oberhausen: Athena, S. 129–154.
Rechtsteiner, Ch. (2017): Mittel zum Zweck. In: Grundschule, Heft 6, S. 13–15.
Rechtsteiner-Merz, Ch. (2015): Rechnen entwickeln – Flexibilität fördern. In: Steinweg, A. S. (Hrsg.): Entwicklung mathematischer Fähigkeiten von Kindern im Grundschulalter. Tagungsband des AK Grundschule in der GDM, S. 55–70.
Reisel, M./Egloff, B./Hedderich, I. (2016): Partizipative Forschung. In: Hedderich, I./Biewer, G./Hollenweger, J./Markowetz, R. (Hrsg.): Handbuch Inklusion und Sonderpädagogik. Bad Heilbrunn: Klinkhardt, S. 636–644.
Reiss, K./Obersteiner, A. (2017): Kompetenzmodelle und Bildungsstandards: Mathematikleistung messen, beschreiben und fördern. In: Fritz, A./Schmidt, S./Ricken, G. (Hrsg.): Handbuch Rechenschwäche. Lernwege, Schwierigkeiten und Hilfen bei Dyskalkulie. Weinheim: Beltz, S. 66–79.
Resnick, L. (1983): A Developmental Theory of Number Understanding. In: Ginsburg, H. (Hrsg.): The Developmental of Mathematic Thinking. Academic Press, S. 109–151.
Reuter, D. (2015): Wie schwer sind eigentlich 200 g? Stützpunktvorstellungen aufbauen und anwenden. In: Mathematik differenziert 4 (6), S. 32–36.
Riley, M. S./Greeno, J. G./Heller, J. I. (1983): Development of Children's Problem Aolving Ability in Arithmetic. In: Ginsburg, H. (Hrsg.): The Development of Mathematical Thinking. New York: Academic Press.
Rink, R. (2015): »Das kann ich damit doch nicht messen, oder?« Messkompetenzen erheben. In: Grundschule Mathematik 47, S. 28–31.
Ross, S. H. (1989): Parts, Wholes and Place Value: A Developmental View. In: The Arithmetic Teacher 6 (36), S. 47–51.
Roth, H. (1967): Pädagogische Psychologie des Lehrens und Lernens. Hannover: Schroedel.
Roth, J. (o. J.): Didaktik der Grundschulmathematik. Kapitel 3: Didaktik des Sachrechnens. http://www.dms.uni-landau.de/roth/lehre/skripte/did_grundschulmathematik/Did_GS_II_Sachrechnen_5_Groessen.pdf (Zugriff: 04.10.2017 und 15.06.2018)
Rottmann, Th. (2014): Rechenstrategien beim Dividieren. Vom Kopfrechnen zur schriftlichen Division. In: Mathematik differenziert 2 (5), S. 10–13.
Ruwisch, S. (2008): Gute Aufgaben für die Arbeit mit Größen. Erkundungen zum Größenverständnis von Grundschulkindern als Ausgangsbasis. In: Ruwisch, S./Peter-Koop, A. (Hrsg.): Gute Aufgaben im Mathematikunterricht der Grundschule. Offenburg: Mildenberger, S. 211–227.
Ruwisch, S. (2012): Hohlmaß, Fassungsvermögen, Rauminhalt oder Volumen? In: Grundschule Mathematik 34, S. 40–43.
Ruwisch, S. (2013a): Geometrie und Kunst – einander anziehende Gegensätze? In: Grundschule Mathematik 36, S. 4–5.
Ruwisch, S. (2013b): Mit Kunstwerken zur Geometrie und mit der Geometrie zur Kunst. In: Grundschule Mathematik, Nr. 36, S. 40–43.
Ruwisch, S. (2013c): Begriffsklärung: Symmetrie – ein vielfältiger Begriff. In Mathematik differenziert 3 (4), S. 10–13.
Ruwisch, S. (2014a): Grundvorstellungen zur Division – auch mit Rest. Divisionstypen und -situation. In: Mathematik differenziert 2 (5), S. 6–9.
Ruwisch, S. (2014b): Divisionssituationen im ersten Schuljahr. Durch Spielen und Handeln teilen lernen. In: Mathematik differenziert 2 (5), S. 14–19.
Sarimski, K. (2013a): Psychologische Theorien geistiger Behinderung. In: Neuhäuser, G./Steinhausen, H.-Ch./Häßler, F./Sarimski, K. (Hrsg.): Geistige Behinderung. Grundlagen, Erscheinungsformen und klinische Probleme, Behandlung, Rehabilitation und rechtliche Aspekte. Stuttgart: Kohlhammer, S. 44–58.

Sarimski, K. (2013b): Psychologische Diagnostik. In: Neuhäuser, G./Steinhausen, H.-Ch./Häßler, F./Sarimski, K. (Hrsg.): Geistige Behinderung. Grundlagen, Erscheinungsformen und klinische Probleme, Behandlung, Rehabilitation und rechtliche Aspekte. Stuttgart: Kohlhammer, S. 212–232.

Schäfer, H. (2015a): Mengen – Größen – Welterschließung. Didaktische Grundlagen der Mathematik im FgE. In: Lernen konkret 34 (3), S. 4–9.

Schäfer, H. (2015b): Methodische Grundlagen zur Mathematik im Förderschwerpunkt geistige Entwicklung. In: Lernen konkret 34 (3), S. 10–13.

Schäfer, H. (Hrsg.) (2015c): Mengen – Größen – Welterschließung. Grundlagen der Mathematik. Themenheft Lernen konkret 3 (34).

Schäfer, H. (2016a): Arithmetik im FgE. Anschlussfähige Gedanken und (Neu-)Ausrichtung. In: Lernen konkret 4 (35), S. 4–5.

Schäfer, H. (Hrsg.) (2016b): »Zahlen bitte!« Grundlagen der Arithmetik im FgE. Grundlagen der Mathematik. Themenheft. Lernen konkret 4 (35).

Schäfer, H. (2017a): Unterrichtsplanung im Förderschwerpunkt geistige Entwicklung. Das MehrPerspektivenSchema als didaktischer Orientierungsrahmen. Weinheim: Beltz.

Schäfer, H. (Hrsg.) (2017b): Raum und Form. Grundlagen der Geometrie im FgE. Themenheft. Lernen konkret 4 (36).

Schäfer, H. (2017c): Unterricht im Kontext geistige Behinderung. In: Behinderte Menschen. Zeitschrift für gemeinsames Leben, Lernen und Arbeiten 6 (40), S. 18–22.

Schäfer, H. (2017d): Das MehrPerspektivenSchema als curricularer Orientierungsrahmen im Förderschwerpunkt geistige Entwicklung. In: Zeitschrift für Heilpädagogik 3 (68), S. 124–139.

Schäfer, H. (Hrsg.) (2018a): Euro, Stunden, Zentimeter. Größen und Messen im FgE. Themenheft. Lernen konkret 4 (37).

Schäfer, H. (2018b): Wie die Zeit vergeht. Fachdidaktische Annäherungen an die vergängliche Größe Zeit im Förderschwerpunkt geistige Entwicklung. In: Lernen konkret 4 (37), S. 8–15.

Schäfer, H. (Hrsg.) (2019a): Handbuch Förderschwerpunkt geistige Entwicklung. Grundlagen – Spezifika – Fachorientierung – Lernfelder. Weinheim: Beltz.

Schäfer, H. (2019b): Historisches Lernen – Geschichte unterrichten. In: Schäfer, H. (Hrsg.): Handbuch Förderschwerpunkt geistige Entwicklung. Grundlagen – Spezifika – Fachorientierung – Lernfelder. Weinheim: Beltz. S. 515–530.

Schäfer, H./Bundschuh, K. (2017): Diagnostik und Förderplanung im Förderschwerpunkt geistige Entwicklung. In: Behinderte Menschen. Zeitschrift für gemeinsames Leben, Lernen und Arbeiten 6 (40), S. 27–33.

Schäfer, H./Peter-Koop, A./Wollring, B. (2019): Grundlagen der Mathematik. In: Schäfer, H. (Hrsg.): Handbuch Förderschwerpunkt geistige Entwicklung. Weinheim: Beltz, S. 478–497.

Schäfer, H./Wittmann, E. Ch. (2017): Zur Entwicklung geometrischen Denkens. Gründe und Möglichkeiten im Förderschwerpunkt geistige Entwicklung. In: Lernen konkret 4 (36), S. 4–9.

Scherer, P. (1995): Ganzheitlicher Einstieg in neue Zahlenräume – auch für lernschwache Schüler?! In: Müller, G. N./Wittmann, E. Ch. (Hrsg.): Mit Kindern rechnen. Beiträge zur Reform der Grundschule. Band 96. Frankfurt a. M.: Grundschulverband, S. 151–164.

Scherer, P. (2009): Produktives Mathematiklernen – auch in der Förderschule?! In: Fritz, A./Ricken, G./Schmidt, S. (Hrsg.): Handbuch Rechenschwäche. Weinheim: Beltz, S. 434–447.

Scherer, P. (2017): Produktives Mathematiklernen für alle – auch im inklusiven Mathematikunterricht. In: Fritz, A./Schmidt, S./Ricken, G. (Hrsg.): Handbuch Rechenschwäche. Lernwege, Schwierigkeiten und Hilfen bei Dyskalkulie. Weinheim: Beltz, S. 478–491.

Scherer, P./Moser Opitz, E. (2010/2012): Fördern im Mathematikunterricht der Primarstufe. Heidelberg: Spectrum.

Schipper, W. (2002): »Schulanfänger verfügen über hohe mathematische Kompetenzen.« Eine Auseinandersetzung mit einem Mythos. In: Peter-Koop, A. (Hrsg.): Das besondere Kind im Mathematikunterricht der Grundschule. Oldenburg: Mildenberger, S. 119–140.

Schipper, W. (2014): Bilder im Kopf. Zur Rolle mentaler Vorstellungen beim Mathematiklernen. In: Mathematik differenziert, Nr. 4, S. 6–9.

Schipper, W. (2015): Handbuch für den Mathematikunterricht an Grundschulen. Braunschweig: Schroedel.
Schipper, W. (2015a): Diagnostik und Förderung arithmetischer Kompetenzen in heterogenen Lerngruppen (BIRTE 2). In: Schäfer, H./Rittmeyer, Ch. (Hrsg.): Handbuch Inklusive Diagnostik. Weinheim: Beltz, S. 182–199.
Schipper, W. (2015b): Handbuch für den Mathematikunterricht an Grundschulen. Braunschweig: Schroedel.
Schipper, W./Ebeling, A./Dröge, R. (2015a): Handbuch für den Mathematikunterricht. 1. Schuljahr. Braunschweig: Schroedel.
Schipper, W./Ebeling, A./Dröge, R. (2015b): Handbuch für den Mathematikunterricht. 2. Schuljahr. Braunschweig: Schroedel.
Schipper, W./Ebeling, A./Dröge, R. (2017): Handbuch für den Mathematikunterricht. 3. Schuljahr. Braunschweig: Schroedel.
Schipper, W./Ebeling, A./Dröge, R. (2018): Handbuch für den Mathematikunterricht. 4. Schuljahr. Braunschweig: Schroedel.
Schlüter, H. (2014): Jahrgangsübergreifend Muster und Parkette legen. Arbeiten am 4er- und 8er-Quadratfeld. In: Mathematik differenziert, Heft 3, S. 20–24.
Schmassmann, M. (2013): Gestütztes Üben. Eine Brücke zwischen konkret und abstrakt. In: Mathematik differenziert, Heft 1, S. 12–15.
Schmidt-Thieme, B./Weigand, H.-G. (2009): Medien. In: Bruder, R./Hefendehl-Hebeker, L./Schmidt-Thieme, B./Weigand, H.-G. (Hrsg.): Handbuch der Mathematikdidaktik. Heidelberg: Springer, S. 461–490.
Schmitz, G./Scharlau, R. (1985): Mathematik als Welterfahrung. Rheinbreitbach: Dürr & Kessler.
Schneider, W./Küspert, P./Krajewski, K. (2013): Die Entwicklung mathematischer Kompetenzen. Bad Heilbrunn: Schöningh.
Schnepel, S. (2019): Mathematische Förderung von Kindern mit einer intellektuellen Beeinträchtigung. Eine Längsschnittstudie in inklusiven Klassen. Empirische Studien zur Didaktik der Mathematik, Band 36. Münster: Waxmann.
Schnepel, S./Krähenmann, H. (2016): Von ungefähr bis ganz genau. Förderung der Größenvorstellung. In: Lernen konkret 4 (35), S. 10–11.
Schnepel, S./Krähenmann, H./Moser Opitz, E./Hepberger, B./Ratz, C. (2015): Integrativer Mathematikunterricht – auch für Schülerinnen und Schüler mit intellektueller Beeinträchtigung. In: Schweizerische Zeitschrift für Heilpädagogik 4 (21), S. 6–12.
Schreiber, W. (2014): Grundschulkinder gehen reflektiert mit Geschichte um. In: Praxis Grundschule extra. Wie die Zeit vergeht. Ideen und Materialien zu Uhr, Kalender und Geschichte. Braunschweig: Westermann, S. 104–106.
Schuberth, A./Schuberth, M. (2017): Körper- und Rauminhalte. Arbeitsblätter und handlungsorientierte Aufgaben. Persen.
Schuler, St. (2017): Zahlen und Operationen. In: Leuders, J./Philipp, K. (Hrsg.): Mathematik – Didaktik für die Grundschule. Berlin: Cornelsen, S. 12–43.
Schultz, R./Jacob, E./Gerster, H.-D. (2017): Teile-Ganzes-Denken über Zahlen und Operationen: Herausforderung und Leitidee des Anfangsunterrichts. In: Fritz, A./Schmidt, S./Ricken, G. (Hrsg.): Handbuch Rechenschwäche. Lernwege, Schwierigkeiten und Hilfen bei Dyskalkulie. Weinheim: Beltz, S. 206–224.
Schulz, A. (2009): Zahlen begreifen lernen. In: Fritz, A./Ricken, G./Schmidt, S. (Hrsg.): Handbuch Rechenschwäche. Weinheim: Beltz, S. 396–412.
Schulz von Thun, F. (2001): Miteinander reden 1. Störungen und Klärungen. Dortmund: Rororo.
Schuppener, S. (2005): Selbstkonzept und Kreativität von Menschen mit geistiger Behinderung. Bad Heilbrunn: Klinkhardt.
Schuppener, S. (2019): Forschung und Forschungsfragen im Förderschwerpunkt geistige Entwicklung. In: Schäfer, H. (Hrsg.): Handbuch Förderschwerpunkt geistige Entwicklung. Weinheim: Beltz, S. 243–257.
Schütte, U./Schlummer, W. (2016): Schülermitverantwortung. Förderschulen und inklusive Schule erfolgreich gestalten. Stuttgart: Kohlhammer.

Selter, Ch. (1995): Eigenproduktionen im Arithmetikunterricht. In: Müller, G. N./Wittmann, E. Ch. (Hrsg.): Mit Kindern rechnen. Beiträge zur Reform der Grundschule. Band 96. Frankfurt a. M.: Grundschulverband, S. 138–150.
Selter, Ch./Spiegel, H. (1997): Wie Kinder rechnen. Leipzig: Klett.
Selter, Ch./Spiegel, H. (2003): Wie Kinder Mathematik lernen. In: Baum, M./Wielpütz, H. (Hrsg.): Mathematik in der Grundschule. Seelze: Kallmeyer, S. 47–66.
Siegemund, St. (2016): Kognitive Lernvoraussetzungen und mathematische Grundbildung von Schülerinnen und Schülern mit dem Förderschwerpunkt geistige Entwicklung. Athena.
Sitter, K. (2015): Zum Einfluss außerschulischer Lernorte auf einen nachhaltigen Erkenntnisgewinn im Geometrieunterricht der Grundschule. In: Karpa, D./Lübbece, G./Adam., B. (Hrsg.): Außerschulische Lernorte: Theorie, Praxis und Erforschung außerschulischer Lerngelegenheiten. Immenhausen: Prolog-Verlag, S. 274–294.
Söbbeke, E./Nührenbörger, M. (2016): Anschauliche Sprachförderung in der Grundschule. Sprache und Mathematiklernen? In: Mathematik differenziert, Heft 2, S. 10–15.
Speck, O. (2019): Menschen mit geistiger Behinderung – ein Lehrbuch zu Erziehung und Unterricht. München: Reinhardt.
Spiegel, H./Selter, Ch. (2003 & 2008): Kinder und Mathematik. Was Erwachsene wissen sollten. Seelze: Kallmeyer.
Spindeler, B./Lack, C. (2014): Division: Teilen und Aufteilen. Herausforderung und Chance für den Mathematikunterricht. In: Mathematik differenziert 2 (5), S. 4–5.
Steinbring, H. (1995): Zahlen sind nicht nur zum Rechnen da! In: Müller, G. N./Wittmann, E. Ch. (Hrsg.): Mit Kindern rechnen. Beiträge zur Reform der Grundschule. Band 96. Frankfurt a. M.: Grundschulverband, S. 225–239.
Steinweg, A. S. (2001): Zur Entwicklung von Zahlenmusterverständnissen bei Kindern. Epistemologisch pädagogische Grundlegung. Münster: LIT.
Stern, E. (1998): Die Entwicklung des mathematischen Verständnisses im Kindesalter. Lengerich u. a.: Pabst Science Publishers.
Thielbeer, R. (2018): Symmetrie mit Tablets und Co. In: Praxis Grundschule 2 (41), S. 20–23.
Tulodziecki, G. (2006): Funktionen von Medien im Unterricht. In: Arnold, K.-H./Sandfuchs, U./Wiechmann, J. (Hrsg.): Handbuch Unterricht. Bad Heilbrunn: Klinkhardt, S. 387–394.
Van Hiele, P. M. (1986): Structure and Insight. A Theory of Mathematics Education. Academic.
Van Luit, J. E. H./van de Rijt, B. A. M./Hasemann, K. (2001): OTZ – Osnabrücker Test zur Zahlbegriffsentwicklung. Göttingen: Hogrefe (www.Testzentrale.de).
Van Nieuwenhoven, C./Noël, M.-P./Grégoire, J. (2001): Diagnostique des compétences de base en mathématiques (TEDI-MATH).
Vygotski, L. (1986): Denken und Sprechen. Frankfurt a. M.: Fischer.
Vygotskij, L. S. (1978): Mind in Society. The Development of Higher Psychological Processes. Cambridge: MA.
Wachsmuth, S. (2008): Unterstützte Kommunikation. In: Nußbeck, S./Biermann, A./Adam, H. (Hrsg.): Sonderpädagogik der geistigen Entwicklung. Göttingen: Hogrefe, S. 327–344 (= Handbuch Sonderpädagogik. Band 4)
Walther, G./Selter, Ch./Neubrand, J. (2012): Die Bildungsstandards Mathematik. In: Walther, G./van den Heuvel-Panhuizen, M./Granzer, D./Köller, O. (Hrsg.): Bildungsstandards für die Grundschule: Mathematik konkret. Berlin: Cornelsen, S. 16–41.
Wartha, A./Schulz, S. (2012): Rechenproblemen vorbeugen. Berlin: Cornelsen.
Weigel, J. (2014): Divisionswege finden und vergleichen. In: Mathematik differenziert 2 (5), S. 20–27.
Weißhaupt, St./Peucker, S. (2009): Entwicklung arithmetischen Vorwissens. In: Fritz, A./Ricken, G./Schmidt, S. (Hrsg.): Handbuch Rechenschwäche. Weinheim: Beltz, S. 52–76.
Wember, F. B. (1996): Mathematik lehren und Mathematik lernen. In: Baudisch, W./Schmetz, D. (Hrsg.): Mathematik und Sachunterricht im Primar- und Sekundarbereich. Frankfurt a. M.: Diesterweg, S. 11–44.
Wember, F. B. (2014): Mathematik unterrichten – eine subsidiäre Angelegenheit. Nicht nur bei Kindern mit Lernschwierigkeiten. In: Scherer, P. (Hrsg.): Produktives Lernen für Kinder mit Lernschwächen. Leipzig: Persen, S. 230–247.

Werner, B. (2009): Dyskalkulie – Rechenschwierigkeiten. Diagnose und Förderung rechenschwacher Kinder an Grund- und Sonderschulen. Stuttgart: Kohlhammer.
Wiater, W. (1998): Der Praktikumsbegleiter. Donauwörth: Auer.
Winter, H. (1986): Zoll, Fuß und Elle – alte Körpermaße neu zu entdecken. In: Mathematik lehren 19, S. 6–9.
Winter, H. (2001): Mensch und Maß – ein kurzes Kapitel leiblicher Mathematik. In: Die Grundschulzeitschrift 141, (15), S. 46–49.
Winter, H. (2003): Sachrechnen in der Grundschule. Berlin: Cornelsen.
Wittmann, E. Ch. (1993): »Weniger ist mehr«: Anschauungsmittel im Mathematikunterricht der Grundschule. Beiträge zum Mathematikunterricht. Bad Salzdetfurth, S. 394–397.
Wittmann, E. Ch. (1995): Aktiv-entdeckendes und soziales Lernen im Rechenunterricht. In: Müller, G. N./Wittmann, E. Ch. (Hrsg.): Mit Kindern rechnen. Beiträge zur Reform der Grundschule. Band 96. Frankfurt a. M.: Grundschulverband, S. 10–41.
Wittmann, E. Ch. (2003): Was ist Mathematik und welche pädagogische Bedeutung hat das wohlverstandene Fach für den Mathematikunterricht auch in der Grundschule. In: Baum, M./Wielpütz, H. (Hrsg.): Mathematik in der Grundschule. Seelze: Kallmeyer, S. 18–46.
Wittmann, E. Ch. (2016): Aufbauendes fachliches Lernen von Mathematik. … auch im Förderschwerpunkt geistige Entwicklung. In: Lernen konkret 4 (35), S. 30–33.
Wittmann, E. Ch./Müller, G. N. (2007): Blitzrechenoffensive! Anregungen für eine intensive Förderung mathematischer Basiskompetenzen (http://www.mathematik.uni-dortmund.de/ieem/mathe2000/pdf/Blitzrechenoffensive.pdf)
Wittmann, E. Ch./Müller, G. N. (2009): Das Zahlenbuch. Handbuch zum Frühförderprogramm. Stuttgart: Klett.
Wittmann, E. Ch./Müller, G. N. (2009a): Das Zahlenbuch. Handbuch zum Frühförderprogramm. Stuttgart: Klett.
Wittmann, E. Ch./Müller, G. N. (2009b): Das Zahlenbuch. Spiele zur Frühförderung 1. Stuttgart: Klett.
Wittmann, E. Ch./Müller, G. N. (2009c): Das Zahlenbuch. Spiele zur Frühförderung 2. Stuttgart: Klett.
Wittmann, E. Ch./Müller, G. N. (2009d): Das Zahlenbuch. Malheft zur Frühförderung 1. Stuttgart: Klett.
Wittmann, E. Ch./Müller, G. N. (2012a): Muster und Strukturen als fachliches Grundkonzept. In: Walther, G./van den Heuvel-Panhuizen, M./Granzer, D./Köller, O. (Hrsg.): Bildungsstandards für die Grundschule: Mathematik konkret. Berlin: Cornelsen, S. 42–65.
Wittmann, E. Ch./Müller, G. N. (2012b): Das Zahlenbuch 1. Begleitband. Stuttgart: Klett.
Wittmann, E. Ch./Müller, G. N. (2015a): Das Zahlenbuch 1. Stuttgart: Klett.
Wittmann, E. Ch./Müller, G. N. (2015b): Das Zahlenbuch 3. Stuttgart: Klett.
Wittmann, E. Ch./Müller, G. N. (2015c): Das Zahlenbuch 0. Stuttgart: Klett.
Wittmann, E. Ch./Müller, G. N. (2015d): Das Zahlenbuch 0. Arbeitsheft. Stuttgart: Klett.
Wittmann, E. Ch./Müller, G. N. (2015c): Fördern und Diagnose mit dem Blitzrechenkurs. Handreichung für die Praxis. Stuttgart: Klett.
Wittmann, E. Ch./Müller, G. N. (2016a): Das Zahlenbuch 2. Stuttgart: Klett.
Wittmann, E. Ch./Müller, G. N. (2016b): Das Zahlenbuch 4. Stuttgart: Klett.
Wittmann, E. Ch./Müller, G. N. (2017): Handbuch produktiver Rechenübungen. Band I: Vom Einspluseins zum Einmaleins. Neufassung. Stuttgart: Klett.
Wollring, B./Peter-Koop, A. (2017): Drei grundlegende Ideen zum Messen im FgE. In: Lernen konkret 4 (36), S. 16–17.
Wollring, B./Peter-Koop, A./Grüßing, M. (2013): Das ElementarMathematische BasisInterview EMBI. In: Hasselhorn, M./Heinze, A./Schneider, W./Trautwein, U. (Hrsg.): Diagnostik mathematischer Basiskompetenzen. Göttingen: Hogrefe, S. 81–96 (= Jahrbuch der pädagogisch-psychologischen Diagnostik. Band 11).
Wollring, B./Peter-Koop, A./Haberzettl, N./Becker, N./Spindeler, B. (2011): ElementarMathematisches BasisInterview EMBI Größen und Messen, Raum und Form. Offenburg: Mildenberger.
Wollring, B./Peter-Koop, A./Haberzettl, N./Becker, N./Spindeler, B. (2014): ElementarMathematisches BasisInterview. Größen und Messen, Raum und Form. Offenburg: Mildenberger.

Wollring, B./Rinkens, H.-D. (2012): Raum und Form. In: Walther, G./van den Heuvel-Panhuizen, M./Granzer, D./Köller, O. (Hrsg.): Bildungsstandards für die Grundschule: Mathematik konkret. Berlin: Cornelsen, S. 118–140.

Wollring, B./Schäfer, H. (2018): Flächen schätzen, messen und vergleichen im FgE. Alltägliche Messwerkzeuge und authentische Anlässe. In: Lernen konkret 4 (37), S. 34–35.

Zolg, M. (2014): Zeitmessung früher und heute. In: Praxis Grundschule extra. Wie die Zeit vergeht. Ideen und Materialien zu Uhr, Kalender und Geschichte. Braunschweig: Westermann S. 51–63.